**KOSMOS** *praxiswissen jagd*

Norbert Happ

# Hege und
# Bejagung
# des Schwarzwildes

**KOSMOS**

# Vorwort

Das Schwarzwild hat in den letzten Jahrzehnten von allen Wildarten die höchste Zunahme an Bestand, Strecke und Lebensraumausdehnung aufzuweisen. Vor gar nicht so langer Zeit war es in vielen Revieren noch fast ein Exot. In einer kleinen Stadt am Rhein erhielten vor dem zweiten Weltkrieg einmal die Kinder schulfrei, damit sie ein tags zuvor erlegtes Wildschwein besichtigen konnten. Vorübergehend ganz hohe Bestände kurz nach dem letzten Weltkrieg waren nach Wiederlangung der Jagdhoheit bald wieder abgebaut, stellenweise sogar ausgelöscht. War damals irgendwo eine Sau fest, strömte eine unglaublich große Jägerschar zusammen und es herrschte eine Stimmung, als gelte es, das Vaterland zu retten.

Nach dem Verschwinden der großen Beutegreifer zum „Schadwild" Nr. 1 aufgerückt, wurde das Schwarzwild gnadenlos verfolgt. Schon vor dem ersten Weltkrieg zahlte die königlich preußische Forstverwaltung allen Forst- und Jagdbediensteten – auch außerhalb des Staatswaldes – hohe Prämien für den Sommerabschuss von Sauen; nicht zu deren Regulierung, sondern zu ihrer Vertilgung. Hermann Löns zog 1911 in seinem lesenswerten Buch „Kraut und Lot" literarisch dagegen zu Felde.

Zurzeit haben wir es vielerorts mit zu hohen, dabei desorganisierten Beständen, mit enormen Wildschäden und in einigen Bundesländern mit Schweinepestherden zu tun. Wir Jäger müssen lernen, verantwortungsvoll, konsequent und in Solidargemeinschaften der Feld- und Waldjäger mit dem Schwarzwild richtig umzugehen. Solides Grundwissen, Fleiß, Anstand, Disziplin und am meisten die vielbeschworene Liebe zu dieser urigen Wildart braucht der Schwarzwildjäger. Mit heißem Herzen und kühlem Verstand muss er an seinen Gesetzesauftrag herangehen. Die Regulierung des Schwarzwildes und eine sinnvolle Hege kann nur gelingen, wenn die Jäger das denn wirklich wollen, wie Prof. Dr. A. Siefke es einmal so treffend formuliert hat. An dieser Wildart, die wir Jäger mehr beeinflussen können als alle anderen, werden wir uns messen lassen müssen. Wenn es bei allen Wildarten heißt: „Jagen wollen, heißt hegen müssen", so muss es beim Schwarzwild heißen: „Hegen wollen, heißt jagen müssen." Biologisch richtig und handwerklich gekonnt muss gejagt werden, dabei waidgerecht in des Wortes ursprünglichster Bedeutung.

Wenn dieses Buch dazu ein wenig beiträgt, hat es seinen Zweck erfüllt. Bei seiner Erstellung habe ich von Freunden vielfältige Unterstützung erfahren, dafür möchte ich ihnen herzlich danken. Ein besonderer Dank gilt meiner Frau Maria für die Toleranz, die sie meiner Schwarzwildbegeisterung stets entgegengebracht hat.

Forsthaus Schönwaldhaus, Bonn
*Norbert Happ*

# Schwarzwildjagd ist kein Gelegenheitsvergnügen

Die Jagdstrecke an Schwarzwild betrug im Durchschnitt der Jahre 1936-1938 gerade einmal über 10.000 Stück, im Jagdjahr 1999 wurden in Deutschland annähernd 420.000 Sauen erlegt – die höchste Schwarzwildstrecke, die es belegbar je gegeben hat. Dass die Anzahl im Jagdjahr 2000 auf gut 350.000 sank, bedeutete durchaus keinen Rückgang des Bestandes, sondern spiegelt eher den geringeren Einzeljagderfolg in einem Jahr mit großräumiger Waldvollmast wider.

Klassische Schwarzwildreviere sind „gefüllt bis an den Rand", über die Trittsteine großflächiger Anbauflächen von Mais und Raps – Fraß und Deckung zugleich – erobern die Sauen immer neue Räume. Oft werden sie dabei in waldarmen Revieren und schwarzwilduntauglichen Höhenlagen künstlich gebunden.

Wie nun kommen die hohen Schwarzwildbestände zustande?

### ▶ Die Bestandesexplosion

Die Vermehrungsrate dieses Wildes ist eine völlig andere als die aller anderen Schalenwildarten. Das Reh ist nach dem Schwarzwild das Schalenwild mit dem höchsten jährlichen Zuwachs. Ein Bestand von 100 Rehen im Ausgangsbestand hat beim Geschlechterverhältnis von 1:1 einen Zuwachs von 50 Kitzen. Ein Schwarzwildbestand von 100 Stück im Grundbestand vor dem Frischen vermehrt sich hingegen jährlich um 100 bis 200 Frischlinge in Abhängigkeit von Ernährungs- und Witterungssituation des Bezugsjahres.

Ausschlaggebend für die jährliche Vermehrungsrate des Schwarzwilds ist seine Winterernährung, entscheidend bestimmt durch die Waldmasten. Diese wiederholen sich seit zwei Jahrzehnten fast jährlich, nur unterbrochen durch Spätfrost oder Schädlingsfraß. Stickstoffeintrag und die Gegenreaktion der Bäume auf Schadstoffstress können die Gründe sein. Bei markierten Sauen habe ich einen Rückgang der Frischlingszahlen um ein Drittel nach mastlosen Wintern im Verhältnis zu Mastjahren feststellen können. Fällt die Mast einmal aus, kommt in vielen Revieren der Schwarzwildjäger mit dem Futtersack, eher noch mit Karre und Wagen, und arbeitet durch Futtereintrag der natürlichen Entwicklung entgegen. Er schiebt also die ohnehin hohe Vermehrung erneut an. Darüber hinaus ist der Futtereintrag durch übertriebene Mengen an Ablenkungsfütterungen und Kirrungen allenthalben zu hoch.

Bestandesexplosionen wird weiter Vorschub geleistet durch den Irrglauben mancher Jäger, man könne Schwarzwildbestände ohne Eingriff in die reproduktive Klasse des weiblichen Wildes regulieren. Man kann das bei den Sauen ebenso wenig wie bei allen anderen Wildarten ohne Fressfeinde.

### ▶ Wie wird gejagt?

Das Schwarzwild unterliegt weder der Abschussplanung noch einer Vollzugskontrolle, abgesehen von der Planung eines Mindestabschusses in Mecklenburg-Vorpommern und Brandenburg oder fallweise in Thüringen. Für die Schalenwildart mit dem höchsten Zuwachs bei großen jährlichen Schwankungen lässt sich ohnehin der Abschuss nicht annähernd genau planen. Hoher Zuwachs und große Bestände erfordern eine intensive Bejagung, die wiederum starken Jagddruck zeitigt. Beschießt man eine Sau aus einer kopfstarken Rotte und liegt sie nicht im Knall, wirkt sich dies wie bei jedem Wild als Stresssituation auf alle Stücke aus. Im Felde hat das zwar die zur Schadensabwehr erwünschte Wirkung, insgesamt aber wird die Beobachtbarkeit des Schwarzwildes gemindert. Die Hauptbejagung findet sozusagen „bei Nacht und Nebel" statt. Die Sauen geraten in eine diffuse Ano-

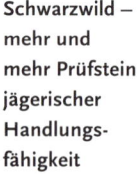

Schwarzwild –
mehr und
mehr Prüfstein
jägerischer
Handlungs-
fähigkeit

nymität; die Risikobereitschaft der Jäger steigt.

Die psychologische Hemmschwelle beim Schuss auf das Schwarzwild ist geringer als bei anderem Schalenwild, obwohl die meisten Jäger Sauen als ihre Lieblingswildart bezeichnen. Wer bei hellem Licht eine geringe Bache mit ihren kleinen Frischlingen beobachtet, kommt sicher nicht auf die Idee, diese Bache zu strecken. Bei schlechtem Licht sieht er vielleicht nur die eine schwache Sau. Die Masse der Sauen wird aber nun einmal bei schlechtem Licht oder mehr oder weniger flüchtig auf Bewegungsjagden beschossen.

Die Wildschäden, die das Schwarzwild verursacht, sind sicher der Hauptgrund, es heftig zu verfolgen. Hohe Jagdpachten werden eher toleriert als Wildschäden. Allerdings gehören die Schwarzwildschäden in vielen Revieren zu den absoluten Unwägbarkeiten, zumal dann, wenn es keine über Hegegemeinschaften abgestimmte Strategie zur Verhinderung und Verminderung der Schäden gibt, wobei Art und Intensität der Bejagung am bedeutendsten sind.

▶ **Verantwortung wahrnehmen**

Unsere wichtigsten nicht jagenden Partner sind die Jagdgenossen, in der Mehrzahl Landwirte. Sie leben wirtschaftlich nicht gerade auf der Sonnenseite unserer Gesellschaft. Der Bauer, der noch eine natürliche Einstellung zu seinem Beruf hat, möchte seine Ernte in Stall und Scheuer sehen und nicht nur als Wildschadensersatz in seiner Geldbörse. Und er möchte einen gesunden Viehbestand haben und nicht seine Schweine wegen der Schweinepest keulen müssen. Wenn uns auch alle Experten nicht weismachen können, dass die großen Sprünge der Schweinepestausbrüche in Deutschland überwiegend durch das Schwarzwild verursacht sind, so haben wir Jäger doch die Pflicht und Schuldigkeit zu verhindern, dass durch übersetzte Schwarzwildbestände der Ausbreitung der Krankheit Vorschub geleistet wird.

Wir müssen mit allen verfügbaren und gerechten Mitteln die Regulierung der Bestände betreiben – zur Verhinderung und Verminderung von Wildschäden, zur Eindämmung der Schweinepest, aber auch zur Erzielung gut aufgebauter Schwarzwildpopulationen mit bestmöglicher jagdlicher Nutzung hinsichtlich Zahl und Qualität. Alle bewährten Jagdmethoden sind gemeinschaftlich zu pflegen und zu optimieren, wobei großflächige, revierübergreifende Bewegungsjagden eine wichtige Rolle spielen. Schwarzwildjagd darf kein Gelegenheitsvergnügen sein, hier stehen alle Schwarzwildjäger in der permanenten Verantwortung für Natur und Gesellschaft.

# Sauen im Revier

## Fraßbilder

Die Anwesenheit von Schwarzwild im Revier macht sich auf mannigfaltige Weise schneller bemerkbar und ist leichter festzustellen als das Vorhandensein aller anderen Schalenwildarten. Im Walde stellt man sehr bald fest, wenn Sauen da sind, da sie das einzige Wild sind, das bei der Futtersuche den Boden aufwühlt – mit Ausnahme des Dachses. Wenn der Einzelgänger Dachs im Waldboden wurzelt und auf der Suche nach Untermast trichterförmige Einzellöcher gräbt, hinterlässt er dabei ein Bild, das man mit dem Gebräch einer einzelnen Sau verwechseln kann. Zur Unterscheidung muss man dann einzelne Trittsiegel, die Dachsspur oder eben die Saufährte finden.

Eine ganze Rotte Sauen bricht dagegen flächig oder ihre einzelnen Rottenmitglieder mehrstreifig. Wie der Dachs werfen die einzelnen Stücke dabei nicht nur Laub und Streu auf, sondern drehen auch Rasenplaggen und Erdschollen intensiver herum und wühlen auf der Suche nach Mäusenestern und von Nagern verbuddelten Baumfrüchten mitunter ganz tiefe Löcher in den Waldboden. Diese gebrochenen Vertiefungen sind aber leicht von den mit den Vorderpranten gegrabenen Dachstrichtern zu unterscheiden.

**Dem Landwirt ein Graus – hier waren viele Sauen am Werk.**

### ▶ Fressen und Brechen in der Feldflur

Beim Graben nach Ernteresten und Mäusen wühlt das Schwarzwild auch im Felde mitunter erhebliche Löcher. Im Sommer und Frühherbst sind solche Aktivitäten bald festzustellen, wenn man sich die Mühe macht, einmal tiefer in die Feldschläge hineinzugehen. Bei hoch stehendem Getreide und besonders bei Mais lassen die Sauen in der Regel nämlich einen Deckungsstreifen an

## Tipp

Dachse können im Felde ebenfalls erheblichen Schaden anrichten. Sie tun dies vor allem, wenn bevorzugte Schläge in der Nähe ihrer Baue liegen. Nach Diezel (1983) verursachen Dachse Schäden in Hafer und Mais wie das Schwarzwild während der Milchreife. Im Gegensatz zur Sau frisst der Dachs beim Mais aber nur die Körner und nicht die Kolbenspindel. Um Schäden wirklich genau zuordnen zu können, sollte der Jäger immer versuchen, Saufährten oder Dachsspuren zu finden.

den Rändern unberührt, der leicht einen intakten Schlag vortäuscht, wenn man Ein- und Auswechsel übersehen hat.

Ist Schwarzwild neu im Revier, sind die Landwirte deren Schäden nicht gewöhnt – der Jäger erfährt von den kleinsten Untaten der Sauen dann sehr bald, oft in Verbindung mit dem dringenden Appell, diesen Untieren doch unverzüglich den Garaus zu machen.

Die Tätigkeit des Schwarzwildes in Wiesen und Weiden bleibt weder dem Landwirt noch dem Jäger lange verborgen, da diese Flächen meist weit und leicht einsehbar sind. Die Sauen brechen hier auf der Suche nach tierischem Eiweiß und mitunter auch zur Aufnahme von Pflanzenwurzeln.

## Trittsiegel und Fährte

Tritt und Fährte des Schwarzwildes kann man immer dann leicht von denen anderer Schalenwildarten unterscheiden, wenn man die oft leicht gerundeten

Afterklauen im Fährtenbild – hinten seitlich versetzt – vorfindet. In der Literatur wird oft beschrieben, dass bei der Schwarzwildfährte das Geäfter immer mit im Erdboden abgedrückt ist. Das stimmt so nicht, denn das Geäfter drückt sich nur ab, wenn je nach Stärke des Stückes der Schalentritt zwischen einem und drei Zentimetern in den Boden eindringen kann. Im Jahresschnitt sehe ich mehr Schwarzwildfährten, vor allem auf Wegen und Straßen, ohne sichtbaren Geäfterabdruck als mit.

▶ **Schwarzwild und Rotwild im Vergleich**

Beim Rotwild ist das Geäfter noch wesentlich seltener und nur in der Fährte zu sehen, wenn die Läufe tief in Boden oder Schnee eingedrungen sind, am ehesten bei der Fluchtfährte. Die Afterklauen des Rotwildes sind relativ kürzer und gerader als die des Schwarzwildes. Bei ersterem drücken sie sich hinter der Außenlinie der Schalen ab, bei letzterem seitlich versetzt. Die Schalen sind beim Rotwild immer fast gleich lang und zeigen nach F.v. RAESFELD (1988) bei der vertrauten Fährte einen ausgeprägten Zwang, während der Schwarzwildtritt stets eine deutliche Spreizung aufweist. Diese Spreizung wird beim Keiler mit zunehmendem Gewicht aber erheblich geringer. Zusätzlich sind die Schalenlängen beim Schwarzwild ab Überläuferalter sehr oft unterschiedlich. Die Außenschalen überragen die Innenschalen mitunter beträchtlich. Mit Zunahme von Alter und Stärke nähern sich die Schalenlängen des Keilers oft an, als sicheres Alterszeichen taugt dieses Merkmal aber nicht. Bei sehr alten Bachen habe ich hingegen schon beobach-

Schalensohlen
im Vergleich:
Der Hirsch (l.)
„zwängt"
stärker, sein
Geäfter steht
hinter den
Vorderschalen,
das des Keilers
nach außen
versetzt.

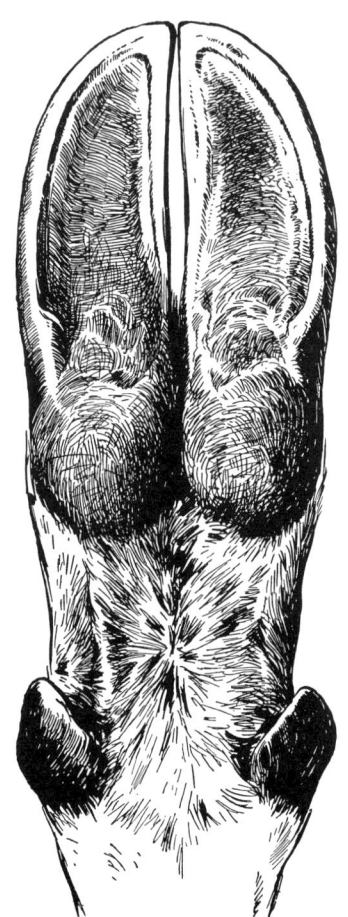
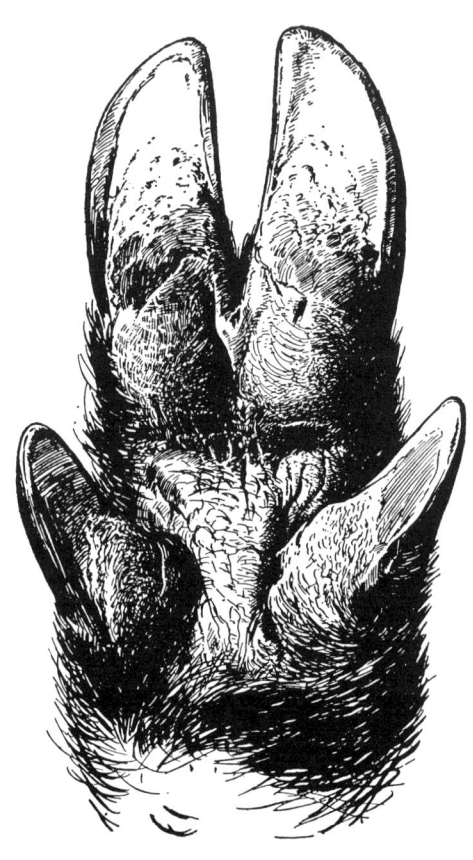

tet, dass die Außenschalen so lang aus-
gewachsen waren, dass es die Stücke
beim Ziehen behinderte.

Unterschiedlich sind auch die
Schrittlängen von Rotwild und Schwarzwild. Wo beim ganz starken Keiler während schnellen Ziehens die Schrittlänge
bei 40 bis 50 cm endet, fängt die des erwachsenen Rotwildes gerade an.

Der Kahlwildtritt von Rot- und Damwild unterscheidet sich vom Schwarzwildtritt durch ihre geschlossene Eben-

mäßigkeit und ihre schmale, gotische
Form. Auch die Fährte des adulten Dam-
schauflers, die in verkleinerter Form der
des Rothirsches ähnelt, ist mit der des
Schwarzwildes nicht zu verwechseln. Verwechseln kann man allenfalls den Ein-
zeltritt eines flüchtigen Hirsches und eines ziehenden Keilers, wenn sich in beiden Fällen das Geäfter wegen der Boden-
verhältnisse nicht abgedrückt hat. Die
Fährten sind wegen der unterschiedlichen Schrittlänge aber unverwechselbar.

▶ **„Fährtentheorien" und die Wirklichkeit**

Die immer wieder in Veröffentlichungen vorzufindende Schwarzwildfährte, in der der Tritt der Hinterläufe akkurat den der Vorderläufe abdeckt und immer alle vier Afterklauen zu erkennen sind, findet man in der Praxis fast nie. Mir ist es jedenfalls bisher nicht gelungen, so etwas zu fotografieren; man muss dazu wohl meist einen Zeichner bemühen. Abgesehen von dem schon erwähnten häufigen Fehlen des Geäfterabdrucks kann der Tritt des Hinterlaufes den des Vorderlaufes schon deshalb nie genau überdecken, da letzterer immer etwas oder viel größer ist. Außerdem findet man in der Schwarzwildfährte meist das, was F. VON RAESFELD (1988) beim Rotwild das „Hinterlassen" beziehungsweise den „Kreuztritt" nennt: Bei ersterem greift der Tritt des Hinterlaufs teilweise in den des Vorderlaufs, bei letzterem steht der Hintertritt seitlich versetzt hinter dem Vordertritt. Bei der flüchtigen Schwarzwildeinzelfährte sind alle vier Schalen einzeln abgedrückt.

In der Praxis kaum über eine längere Fährtenstrecke zu sehen: das im Bild oft dargestellte „4-fach"-Geäfter

## Schwarzwild und Rotwild – Unterschiede im Fährtenbild

☐ Form und Anordnung des Geäfters, wenn sichtbar

☐ Spreizung der Schalen

☐ Längenunterschiede zwischen Außen- und Innenschalen

☐ Form der Schalen von Rotkahlwild und Schwarzwild

☐ Schrittlänge

Stärkere Keiler, Bachen, Frischlinge und Überläufer kann man an der Trittgröße und -stärke recht gut unterscheiden. Ansonsten möchte ich mich der Zuordnung von Fährtenstärken zu Körpergrößen und -gewichten tunlichst enthalten, da die individuellen Unterschiede der Einzeltiere Prognosen unmöglich machen. Die umfangreichen Trittsiegeluntersuchungen von E. BÖHM (1999) zeigen sehr deutlich, dass zum Beispiel ein Keiler von aufgebrochen 80 kg Gewicht ein fast gleich starkes Trittsiegel aufweisen kann wie ein Keiler von 120 kg und ein stärkeres als ein Keiler von 110 kg.

▶ **Wenn die Rotte zieht**

Bei den meisten Rottenfährten findet man alle Fährten ineinander und übereinander, so dass es schwierig wird, die einzelnen Stücke zu unterscheiden. Fährtet man beim Kreisen die „Gänsemarschlinie" einer Rotte, ist es zweckmäßig, die Rottenfährte ein Stück rückwärts auszugehen, bis man irgendwo auf ein verteiltes Gebräch stößt und dort vielleicht die Rottenzusammensetzung herausfindet. So kann man die später vorstehenden Jäger auf das vorbereiten, was sie an Schwarzwild erwartet. Im Schnee findet man in der Schwarzwildfährte meist die Schleppspur der wenig angezogenen Läufe und bei tiefem Schnee die Rinne der tief liegenden Wildkörper.

▶ **Keiler und Bache**

Sehr wohl kann man allerdings bei der Einzelfährte am Unterschied der Tritte von Vorderlauf und Hinterlauf unterscheiden, ob man es mit einem Keiler oder einer Bache zu tun hat. Immer ist der Keiler ab dem dritten Jahr vorne erheblich stärker überbaut als die Bache und zeigt das in seiner Fährte. Ist die Stärke des Vordertrittes so deutlich größer als die des Hintertrittes, wie das

im oberen Foto links zu sehen ist, hat man es – unabhängig von der absoluten Größe der Fährte – mit einem Keiler zu tun, bei dem man damit rechnen darf, dass er jagdbar ist. Die darunter abgebildete Fährte ist einer Bache zuzuordnen, da sie innerhalb einer Rottenfährte aufgenommen ist. Als Einzelfährte könnte ihr Fährtenbild allerdings auch von einem zweijährigen Keiler stammen.

## Weitere Zeichen und Merkmale

Zieht Wild immer wieder auf denselben Routen zwischen den Orten seiner verschiedenen Aktivitäten, entwickeln sich Laufpfade, die der Jäger Wechsel nennt. Häufig frequentierte Wechsel bezeichnet man als Hauptwechsel. Daneben gibt es eine hohe Anzahl von Nebenwechseln, die Hauptwechsel miteinander verbinden oder als Innenwege in den Einständen wie Korridore in Wohnungen genutzt werden.

**Auf dem Teerweg deutlich zu erkennen: Das Trittsiegel des Vorderlaufs ist beim Keiler stärker als das des Hinterlaufs (o.), bei der Bache kaum.**

▶ **Tradierte Fernwechsel**

Aus der Luft in einem winterkahlen, einsichtigen Einstandsgebiet betrachtet, würde das Netz der Schwarzwildwechsel an die sichtbaren Adern auf einem Handrücken erinnern. Neben den normalen Revierwechseln gibt es Wechsel, die oft weit auseinander liegende Waldgebiete, ferne Regionen und Landschaften miteinander verbinden. Ihre metergenaue Nutzung als Fernwechsel der unterschiedlichsten Wildarten wie Wolf oder Elch oder Sau – oft nach jahrzehntelanger Pause –, erstaunt uns immer wieder. Das Schwarzwild kennt und nutzt solche Fernwechsel, die häufig getrennt liegende Waldeinstandsgebiete innerhalb

**Uralte Schwarzwildwechsel sind kaum zu übersehen.**

eines Landschaftsraumes an der Stelle ihres geringsten Abstandes auf kürzestem Wege miteinander verbinden. Mitunter verlaufen diese Fernwechsel aber auch in Haken und Bögen durch baumlose Landschaft und berühren aus zunächst nicht ersichtlichem Grund immer wieder bestimmte Punkte. Sicher können wir davon ausgehen, dass es dort einmal Deckungsinseln, also Wald, gegeben hat.

Der Jäger muss um die wichtigsten Schwarzwildwechsel in seinem Revier wissen. Für Pirsch und Ansitz ist diese Kenntnis sicher weniger notwendig, da die Sauen hierbei überwiegend während ihrer Nahrungssuche bejagt werden. Für den Erfolg einer Drückjagd und für den Vorpass bei raumgreifenden Nachsuchen ist sie aber unverzichtbar.

#### ▶ Suhlen und Malbäume

Kleine und nicht zu tiefe Wasserflächen im Revier, aber auch Flachwasserpartien größerer Gewässer nutzen die Sauen als Suhlen; vor allem, um sich an heißen Tagen zu kühlen, aber auch, um sich rund um das Jahr des Ungeziefers zu entledigen. Dabei muss man zwischen dauernd genutzten „Badehäusern" und Gelegenheitssuhlen unterscheiden. Mitunter werden bei Bewegungsjagden stärkere Sauen, meist Keiler, dabei beobachtet, wie sie ihre mehr oder weniger schnelle Flucht oder den Troll unterbrechen, um spontan in irgendeiner Pfütze oder Nassstelle ein kurzes Schlammbad zur Kühlung zu nehmen, und dann ihre Reise fortsetzen.

In der Nähe der Suhlen finden sich Malbäume, an denen die Sauen ihre Schwarte reiben – den daran getrockneten, hellen Schlamm entdeckt man oft schon von ferne. Gerne wählen die Sauen hierfür Nadelbäume, da diese nach einer gewissen Nutzung harzen. An manchen scheuern sie sich so heftig rundum, dass die Bäume absterben. An der Höhe der Oberkante solcher Malstellen lässt sich bei Bäumen, die von den Sauen nicht umgebogen werden können, ausmachen, ob starke Sauen sie benutzt haben. Ein wirklich starker Keiler kann schon eine Widerristhöhe von um einen Meter erreichen.

Die Rindenkerben, die man an den Ober- und an den Seitenkanten der Malstellen sieht, und die meist bis auf das blanke Holz gehen, stammen wahrscheinlich nicht – wie landläufig angenommen – vom Gewaff des Keilers. L. BRIEDERMANN (1986) erwähnt als Beobachtung von H. MEYNHARDT, dass paarungswillige Bachen die Rindenverletzungen mit ihren Haken anbringen, anschließend dort Speichel absetzen und diesen mit der Augenregion verreiben,

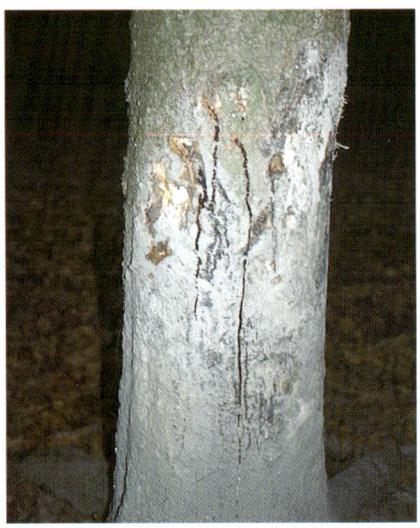

Rindenmarkierung am Malbaum sind keine Stärkendemonstration des Keilers, sondern Duft-„Visitenkarten" rauschiger Bachen

um ihre Witterung anzubringen. L. BRIEDERMANN schreibt jedoch an anderer Stelle: *„Mit Hilfe der Waffen sind Keiler in der Lage, an den Malbäumen Zeichen ihrer Stärke zu hinterlassen."* Persönlich neige ich zu der Auffassung, dass die Rindenkerben, die man immer in unmittelbarer Nähe der Außenränder der Malstellen findet, keine Imponierzeichen der Stärke sind. Die Rindenmale fallen dafür zu gleichmäßig aus und lassen auch in Bezug auf die Höhe ihrer Anbringung nicht auf eine Größendemonstration wie den vom Keiler in der Rauschzeit abgestreiften Gebrechschaum schließen, sondern sind in Verbindung mit der Individualwitterung eher als Anwesenheitssignale zu deuten.

### ▶ Losung

Die Losung des Schwarzwildes lässt sich von der anderer Schalenwildarten leicht unterscheiden. Abgesehen von der Frischlingslosung ist sie deutlich größer als die von Rot- und Damwild und steht im Gegensatz zur Losung aller übrigen Schalenwildarten in einem direkten Verhältnis zur Körperstärke. Die Einzelstücke der Losung sind in aller Regel – unabhängig von der Jahreszeit – von fester Konsistenz und weisen in der Form und oft auch in der Farbe eine gewisse Ähnlichkeit mit getrockneten Feigen auf. Nur nach intensiver Aufnahme von frischem Gras-Klee-Gemenge oder Obst kann die Losung breiig sein. Die Farbe ist unterschiedlich und reicht von braun bis fast schwarz. Die Losungsstücke werden bei jüngeren Stücken eher einzeln, bei älteren Stücken öfter als zusammengedrückte Rolle abgesetzt, die bei einem starken Keiler bis zu 6 cm dick sein kann. Die Beobachtungen von H. MEYNHARDT (1978), nach denen das Schwarzwild regelmäßig verteilte Kot- und Nässstellen vornehmlich in der Nähe der Kessel und der Futterplätze hat, wird aus vielen Revieren bestätigt. Das Schwarzwild in dem von mir betreuten Forstrevier hält sich dagegen nicht immer an diese Hygieneregel.

### ▶ Territorialverhalten

Schwarzwild hat normalerweise keine engere territoriale Bindung, sondern bewegt sich, wie alles Schalenwild außer Rehwild, in einem größeren Raum, der natürlich unabhängig von allen Jagdreviergrenzen ist. Dabei ist es bei entsprechender Behandlung aber sehr standort- und einstandstreu, wie durch Temetrieuntersuchungen bewiesen wurde (P. MÜLLER, 1988). Sauen kehren nach Störungen wie Drück- und Treibjagden mitunter innerhalb kürzester Zeit wieder in ihren angestammten Einstand zurück, was ich an der von mir betreuten Rotte immer wieder beobachte. Beim abend-

**Schwarzwild-Losung ist in der Regel fest. Im Gegensatz zu anderem Schalenwild korreliert die Größe mit der Stärke des Stückes.**

lichen Futtergang ist es mir wiederholt passiert, dass meine weiland junge und sauscharfe DD-Hündin sich selbstständig machte und die Sauen von der Ablenkungsfütterung wegjagte – am nächsten Abend traf ich diese dort immer zur gewohnten Zeit wieder an.

Die Größe eines Rottenstreifgebietes kann man je nach Rottenstärke und Futterangebot mit 300 bis 1.000 ha angeben. Überlappungen der Streifgebiete sind normal und führen nicht zu Auseinandersetzungen zwischen einzelnen Verbänden. Man geht sich normalerweise aus dem Weg. An Ablenkungsfütterungen zeigen Sauen jedoch ein unerbittliches Territorialverhalten. Taucht hier eine fremde Rotte auf, wird sie rigoros vertrieben. Dabei habe ich schon beobachtet, dass sogar die Frischlinge der Stammrotte die Frischlinge der zuziehenden Rotte verjagten, ja regelrecht verfolgten, obwohl letztere wesentlich stärker waren. Tauchen an Ablenkungsfütterungen regelmäßig verschiedene Rotten auf, ist die Futtervorlage zu reich-

lich bemessen, oder die Sauen werden dort beschossen. Geschieht dies, bleibt die beschossene Rotte eine Zeit lang weg und eine andere besetzt den Platz, bis er auch ihr wiederum verleidet wird. Solches kontraproduktive Verhalten konterkariert den Zweck der Ablenkungsfütterung und ist deshalb in den meisten Ländern ohnehin untersagt.

Das allgemeine Territorialverhalten trifft nur auf die mutterorientierten Rotten und Familienverbände, nicht aber auf die männlichen Tiere zu, die im Zuge des Blutaustausches der Populationen weite Wanderungen unternehmen (vgl. Kapitel „Biologie für die jagdliche Praxis").

▶ **Reaktion des Rehwildes**

Gerade Rehwild reagiert trotz seiner Anpassungsfähigkeit auf das Auftauchen ihm fremder Wildarten sehr empfindlich, sei dies nun Damwild, Sikawild oder Schwarzwild. Tauchen Sauen im Revier erstmalig auf oder kommen sie nur als seltenes Wechselwild vor, kann man das Ziehen einer Rotte akustisch gut am sich immer weiter fortpflanzenden Schrecken des Rehwildes verfolgen. Besonders auffällig ist das in der Setzzeit des Rehwilds. Außerdem tritt das Rehwild bei Anwesenheit von Sauen im Revier abends später aus und ist im Ganzen unruhiger.

Anders ist die Reaktion schwarzwilderfahrener Rehe: Im bereits erwähnten französischen Mauerpark sprang ein Stück Rehwild vor meinen Augen in hohen Fluchten ab, als es Sauen nur vernahm. Hier kannten die wenigen vorhandenen Rehe das Schwarzwild, wussten aber gleichwohl um die davon ausgehenden Gefahren.

# Biologie für die jagdliche Praxis

## Nomenklatur und soziale Organisation

Um vorab die wichtigsten Begriffe zu klären, möchte ich aus wildbiologischen Gründen und entgegen vieler anders lautender, auch neuerer Meinungen (z. B. von HARLING, 2000 u. MILLAHN, 2001) dafür plädieren, dass wir die Begriffe Frischlinge und Überläufer nicht vom Termin des Jagdjahresbeginns, dem 1. April also, abhängig machen, sondern vom tatsächlichen Lebensalter, das für die jagdliche Behandlung des Schwarzwildes von ausschlaggebender Bedeutung ist. Der Beginn des Jagdjahres ist für die Wildart ohne jeglichen Belang, da sie in der Regel nicht wie die anderen Schalenwildarten der Abschussplanung unterliegt.

### ▶ Das wahre Alter ist entscheidend

Das Schwarzwild frischt sehr häufig vor dem 1. April, so dass zu diesem Zeitpunkt nicht mehr von einem Frühjahrsausgangsbestand gesprochen werden kann. Den Bestand vor dem Frischen, unabhängig von dessen Zeitpunkt, sollten wir *Grundbestand* nennen.

So ist eine Sau ein *Frischling* von ihrem ersten Lebenstage an bis zum letzten Tage ihres 12. Monats, also akkurat ihr erstes Lebensjahr. Im Lande Nordrhein-Westfalen ist eine andere Einteilung ohnehin nicht möglich, da die Landesjagdzeiten-Verordnung eine ganzjährige Jagdzeit nur für Frischlinge festlegt und „Frischlinge" – in Klammern ergänzt – wortwörtlich als „noch nicht einjährige Stücke" definiert. Ab dem 13. Monat wird eine Sau zum *Überläufer* – zu Überläuferkeiler oder Überläuferbache – und bleibt es bis zum Ende ihres 24. Monats.

### ▶ Von der groben Sau bis zum Hauptschwein

Ab dann spricht man von *groben Sauen*, bei den weiblichen von *Bachen* und bei den männlichen von *Keilern*. Beim Keiler sind im weiteren Lebensverlauf noch weitere Differenzierungen im jagdlichen Sprachgebrauch, werden aber häufig nicht oder nicht mehr exakt praktiziert. Nach K. SNETHLAGE (1982) steht einem Keiler ab dem Ende des vierten Lebensjahres der Titel *Schwein* zu, er ist dann bis zur Vollendung seines fünften Lebensjahres ein *angehendes Schwein*, avanciert mit sechs Jahren zum *hauenden Schwein*, um mit sieben Jahren zum *Hauptschwein* befördert zu werden. Es ist sicherlich Geschmackssache, ob man alle diese Titel so genau verwendet, zumal weder beim lebenden noch beim gestreckten Keiler nach augenblickli-

chem Kenntnisstand das Alter exakt anzusprechen oder zu ermitteln ist. Wir
sind jedoch unserer altehrwürdigen Jä-
gersprache schuldig, dass wir bei Wildschweinen nicht generell von Schweinen sprechen, wie sich das mancherorts
eingebürgert hat, sondern bei der über-
kommenen Bezeichnung *Sauen* bleiben.

### ▶ Der Familienverband

Schwarzwildrotten sind keine zufällig zusammengewürfelten „Saubanden",
deren Mitglieder außer der leicht zu
beobachtenden Mutter-Kind-Beziehung
keine weiteren Bindungen untereinan-
der haben und flurplündernd und unstet
durch die Lande ziehen, sondern Tier-
gruppen mit sehr komplexen Beziehun-
gen zueinander und einer ausgeprägten
Standortbindung.

Leben mehrere Sauen in einer Gemeinschaft zusammen, spricht man von
einer Rotte. Die Mitglieder einer Rotte
sind dann alle miteinander verwandt,
wenn weibliche Stücke zur Rotte gehören, es sich also nicht um eine reine
Männergesellschaft handelt. Letztere
tritt als nur kurzzeitige Verbindung von
Überläuferkeilern auf. Die mitunter
sehr unterschiedliche Stärke ihrer Mitglieder lässt den Schluss zu, dass solche
Rotten sich auch aus unterschiedlichen
Familien zusammenfinden.

H. MEYNHARDT hat uns den Familien-
aufbau des Schwarzwildes anschaulich
plausibel gemacht und dadurch Ent-
scheidendes zur richtigen Behandlung
dieser Wildart beigetragen. Er schreibt
in seinem Schwarzwildreport (1978):
*„Alle angetroffenen Rotten Sauen sind Fa-*
*milienverbände!"* In seiner Schwarzwild-
bibliothek (1989) führt er aus: *„Der Auf-*
*bau eines Familienverbandes kann von ei-*

ner einzelnen Bache oder von einem
geschlossenen Wurf weiblicher Stücke ausgehen. Eine Bache, deren letzter Wurf und
verbliebene weibliche Stücke des vorletzten
Wurfes bilden eine Familiengruppe. Bleiben
mehrere Bachen, meist Geschwister, mit
ihren Frischlingen des letzten und den
Überläuferbachen des vorletzten Wurfes
zusammen, bezeichnet man die Rotte als
Familienverband."*

**Die Rotte –
Merkmal der
strengen
sozialen Organi-
sation des
Schwarzwildes**

### ▶ Fluktuationen innerhalb der Rotte

Nicht alle weiblichen Nachkommen
müssen in der Familie verbleiben; einzelne oder mehrere verlassen mitunter
einschließlich ihrer Nachkommen den
Verband und bilden selbst neue Rotten beziehungsweise Familienverbände.
Jagdliche und sonstige Abgänge, z. B.
durch den Straßenverkehr, vermindern
außerdem die Kopfzahl von Rotten. Der
Familienverband besteht jedoch immer
aus weiblichen Stücken mehrerer, mindestens zweier Generationen mit ihrem
aktuellen Nachwuchs und männlichen

Jungtieren bis zu deren Erreichen der Geschlechtsreife. Die Entstehung von Familienverbänden hängt vorrangig mit der Stärke und Art der Bejagung zusammen und wird maßgeblich gefördert, wenn der Eingriff sich weitestgehend auf die Jugendklasse erstreckt.

Ein Familienverband teilt sich, wenn er eine bestimmte Kopfzahl erreicht hat und der beanspruchte Lebensraum – das Streifgebiet – die ausreichende Ernährung des Verbandes nicht mehr sicherstellt. Bei Erreichen der Kapazitätsgrenze des Lebensraumes ist die Familienteilung häufiger als eine Ausdehnung des Streifgebietes, was mit der Standorttreue des Schwarzwildes zusammenhängt.

Rotten, die nur aus einer Bache mit ihren aktuellen Frischlingen bestehen, kommen häufig vor – insbesondere in Gebieten mit einem geringen Anteil alter Bachen oder auch in fraßärmeren Regionen, in denen die in einem durchschnittlichen Streifgebiet verfügbare Nahrung nicht für einen größeren Verband ausreicht.

## Die Leitbache

Die Rotten, Familiengruppen oder -verbände des Schwarzwildes sind mutterorientiert, also matriarchalisch ausgerichtet. Sie werden immer von der ältesten reproduktiven Bache angeführt – der Leitbache und Schlüsselfigur schlechthin. Die Leitbache synchronisiert und koordiniert alle Lebensabläufe in der Sippe von der Rausche aller weiblichen Familienmitglieder bis hin zum täglichen Verhalten, also dem Aufsuchen von Nahrungsorten und Einständen.

**Alt und stark – so sieht der Leitbachentyp aus.**

▶ **Alter und Erfahrung zählen**

In gut aufgebauten Schwarzwildpopulationen sind die Leitbachen größerer Verbände meist wirklich alt, haben reichlich Erfahrung mit den Fährnissen dieser Welt und sind die sichersten Garanten für die Verhinderung und Verminderung von Wildschäden. An einer meiner Ablenkungsfütterungen, wo ich mit einem Familienverband während des Sommerhalbjahrs täglichen Kontakt habe, bestätigt sich diese von MEYNHARDT (1989) geschilderte Feststellung anhand der Beobachtung markierter Sauen.

Die Leitbache ist für das gesamte Verhalten einer Schwarzwildfamilie verantwortlich und immer vom Abschuss zu verschonen. Nach MEYNHARDT (1989) löst sie die Rausche aus; nach welchen Kriterien sie die Zeit dafür bestimmt, ist nicht bekannt. Die Annahme, dass die Winterernährung, d.h. die Waldmast, nicht nur die Höhe des Zuwachses entscheidend beeinflusst, sondern auch den Zeitpunkt der Rausche, kann nicht zutreffen, da in manchen Jahren letztere

# Leitbache ist nicht gleich Leitbache

Bei meiner Kontaktrotte erlebe ich momentan die seit etwa 25 Jahren vierte Leitbache. Es ist ein 1992 markiertes, also inzwischen zehnjähriges Tier. Sie war als Leitbache zunächst die zweitstärkste Bache des Verbandes und hat nach einem einjährigen „Interregnum" 1999 die Leitung übernommen. Als davor eine alte, schon viele Jahre in der Rotte lebende und anhand einer Laufbehinderung immer eindeutig identifizierbare alte Bache für ein Jahr die Leitbachenfunktion übernommen hatte, verließen fast alle älteren Bachen mit ihrem Nachwuchs im Laufe des Sommers den Verband. Einige von ihnen waren nach ihrer Markierung sechs- und siebenjährig. Sie ordneten sich nicht unter, statteten der Rotte zunächst noch gelegentlich Besuche ab und blieben schließlich ganz aus. Als dann die Rotte unter der neuen Leitung stand, tauchten diese Bachen im Laufe des darauffolgenden Sommers zum Teil wieder auf. Trotz einer eindeutigen Hierarchie in den Schwarzwildfamilien scheint es bei der Akzeptanz der Leitbache also so etwas wie eine „Abstimmung mit den Füßen" zu geben.

Die aktuelle, derzeit zehnjährige Leitbache hat inzwischen zwar nur noch einen winzigen, kaum erkennbaren Teil ihrer Markierung im Teller, an der Stellung des anderen Tellers kann ich sie aber leicht erkennen. Sie zeichnet sich durch eine ungewöhnliche Zurückhaltung mir gegenüber aus, die ihren Vorgängerinnen nicht immer eigen war. Eine frühere Leitbache versuchte jährlich mehrfach, mich zu attackieren. Da ich aber die Ausfälle an ihrer vorausgehenden Körper- und vor allem Kopfhaltung erkannte, konnte ich mich immer rechtzeitig darauf einstellen, mich groß machen, sie anschreien oder ihr einen Futtereimer entgegenschleudern. So kam ich immer ohne Blessuren davon.

stattfindet, bevor die Waldfrüchte verfügbar sind. Die Leitbachen sind in aller Regel wildpretstark, müssen aber nicht immer die stärksten Stücke der Rotte sein – dies erschwert ihr Ansprechen.

▶ **Die Rauschzeit – Schwankungen und Synchronisation**

Im Versuchsrevier von MEYNHARDT wiederholte sich die Rauschzeit immer mit wenigen Tagen Unterschied im Jahresrhythmus, und zwar ausschließlich im November.

In der von mir beobachteten Region Kottenforst treten dagegen von Jahr zu Jahr zum Teil erhebliche Verschiebungen ein. Die Rausche schwankt auch bei

ein und demselben intakten Familienverband in einem Zeitraum von September bis Januar mit entsprechenden unterschiedlichen Frischterminen. So fielen bei meiner Kontaktrotte zum Beispiel die Frischlinge im Jahre 1989 in der ersten Aprilhälfte, 1990 im Januar, 1992 Ende April bis Anfang Mai, 1999 im Januar und in den Jahren 2000 und 2002 wiederum im April.

Interessant ist dabei, dass in der gesamten Population, die auf einer relativ kleinen Fläche mit Halbinselcharakter an der Rheinschiene mit einer angestrebten Grundbestandeshöhe von gut 100 Stück lebt, die Rausch- und Frischzeiten der verschiedenen Rotten fast identisch sind, und, von einzelnen Ausnahmen einmal abgesehen, den gleichen Schwankungen unterliegen.

H. MEYNHARDT (1989) hat durch die mehrfache Präparation von Leitbachen mit künstlichen Keiler-Pheromonen nachgewiesen, dass eine Leitbache den Zeitpunkt ihrer eigenen Paarungsbereitschaft als Signal zur allgemeinen Rausche an die übrigen Bachen ihrer Familie weitergibt. Nach den bei allen Säugetieren vergleichbaren Mechanismen der Brunstsynchronisation erfolgt dieses Signal über die Änderung des Hormonspiegels bei der Leitbache, die von den übrigen Bachen des Verbandes über die Witterung wahrgenommen wird. Die von H. MEYNHARDT im September bzw. Oktober präparierten Leitbachen lösten eine Familienrausche ein bis zwei Monate vor dem normalen Rauschtermin November aus. Trotzdem trat im folgenden Jahr ohne Präparation von Leitbachen mit Keiler-Pheromonen wieder die gewohnte Rauschperiodik, die Rausche also wie üblich im November, ein. Die Induktion von Keiler-Pheromonen bei Bachen, die rangniedriger als die Leitbache waren, hatte bei den Versuchen von H. MEYNHARDT keine Rausche zur Folge.

▶ **Intakte Sozialstruktur = homogene Frischlingsjahrgänge**

Ausnahmen von der normalen Rauschzeit-Synchronisation durch die Leitbache kommen zwar vor, wie ich an meiner Kontaktrotte beobachten konnte: So warf eine der Leitbache in der Körperstärke ebenbürtige Bache, deren Alter ich mangels Markierung nicht kenne, im Februar 2000 zwei Frischlinge, die gesamte übrige Rotte frischte jedoch erst im April. Man kann dennoch auf jeden Fall davon ausgehen, dass in einem Schwarzwildvorkommen mit einer intakten Struktur, also einer ausreichenden Zahl alter Leitbachen, die Frischlinge eines Jahres fast gleichzeitig fallen und später die Frischlingsstrecken sehr homogen sind. Das vielerorts zu beobachtende Rauschen und Frischen rund um das Jahr ist also nicht auf Umstände wie Futterverfügbarkeit oder Witterung zurückzuführen, sondern auf den Mangel sozial intakter Schwarzwildfamilien infolge falscher Bejagung.

▶ **Nachrausche**

Ein Ausnahme vom zeitgleichen Anfallen der Frischlinge eines Vorkommens stellen wir in Jahren fest, in denen der gesamte Nachwuchs einiger, meist der jüngeren, Bachen infolge kalter und/oder anhaltend nasser Witterung in den ersten Wochen nach dem Verlassen des Wurfkessels zugrunde geht. Die betroffenen Bachen rauschen und frischen erneut, interessanterweise wieder fast zeitgleich.

Welche Rolle die Leitbache bei der Auslösung dieser Nachrausche spielt,

**Ein Sommerkeiler in der vom Autor betreuten Rotte – die Zeit der Nach- oder Zweitrausche**

wenn sie selbst ihre Frischlinge nicht verloren hat, ist mir nicht bekannt. Wenn sie selbst zu diesem Zeitpunkt nicht rauschig wird, kann es auch keine olfaktorische Weitergabe einer Paarungsbereitschaft geben. Jedenfalls findet bei meiner Schwarzwildfamilie diese Nachrausche zu einer Zeit im Sommer statt, in der ich mich allabendlich zwischen den Sauen bewege. Fremde Keiler, die ich zum Großteil nicht kenne, erscheinen, treiben und beschlagen die rauschigen Bachen in meiner unmittelbaren Nähe, ohne weiter von mir Notiz zu nehmen. Dieses Ignorieren eines ihnen fremden und feindlichen Menschen führe ich auf die Autorität der jede Situation beherrschenden Leitbache zurück. Dabei muss ich gestehen, dass ein mit einem starken Gebrech schaumwetzender Keiler in der Rauschzeit, dem ich auf kürzeste Distanz auf meinem Sitzstock sozusagen „Auge in Auge" gegenübersitze, mich durchaus beeindruckt und mir hin und wieder eine erhebliche Pulsschlagbeschleunigung beschert. Im Gegensatz zu MEYNHARDT habe ich aber mit Keilern in der Rauschzeit bisher keine Probleme gehabt, und ich hoffe, dass das auch zukünftig so bleibt.

► **Zweitrausche**

Nach besonders reichen Masten kommt hin und wieder das Zweitfrischen von Bachen vor, das von L. BRIEDERMANN und H. MEYNHARDT aus ihren Untersuchungsgebieten nicht bestätigt wird, inzwischen aber in einigen Schwarzwildvorkommen nachgewiesen wurde. R. HENNIG (1988) beschreibt diesen Vorgang und führt den Umstand, dass das Zweitfrischen im östlichen Teil Deutschlands bisher nicht beobachtet

wurde, auf klimatische Unterschiede zwischen Ost- und Westdeutschland zurück. Bei meinem Familienverband konnte ich Zweitfrischen mehrfach eindeutig feststellen. So habe ich in meinem Markierungsbericht an die Forschungsstelle für Jagdkunde und Wildschadensverhütung in Bonn über das Beobachtungsjahr 1991 notiert: *„Drei Bachen haben in diesem Jahr zum zweiten Mal gefrischt, ohne ihre ersten Frischlinge verloren zu haben, und dabei insgesamt elf Frischlinge geworfen."*

Auch bei der zum Zweitfrischen führenden Rausche war für mich der Einfluss der Leitbache nicht erkennbar, da sie selbst nicht daran beteiligt war. Wenn auch H. B. OLOFF (1951) davon ausgeht, dass nach Mastjahren bis zu 40 % der Bachen zweimal im Jahr frischen, so glaube ich persönlich nicht, dass das Zweitfrischen so häufig vorkommt und die Populationsentwicklung entscheidend beeinflusst.

► **„An den Frischlingen sollt ihr sie erkennen"**

Durch Zweitfrischen und Nachfrischen entstehen in manchen Jahren „zweistöckige" Frischlingsjahrgänge, das ist auch in Populationen mit gutem Bestandesaufbau nicht unnormal. Was allerdings gut aufgebaute Schwarzwildbestände von desorganisierten unterscheidet, ist das gelegentliche Auftreten zweier Frischlingsalter im Gegensatz zu Frischlingen jedweden Alters und jeder Stärke.

Betrachtet man anlässlich von Drückjagden einmal die Zusammensetzung der Strecke und dabei vor allem die Frischlinge, so kann man den Unterschied zwischen einem gut aufgebauten

**Liegen auf der Strecke Frischlinge wie „aus einem Guss", stimmt das Sozialgefüge des Bestandes.**

und einem desorganisierten Bestand rasch erkennen. Liegen auf der Strecke Frischlinge zwischen 5 und 40 kg mit allen möglichen Gewichten dazwischen, ist mit Sicherheit der Schwarzwildbestand nicht gut aufgebaut, und es fehlen ihm ältere Leitbachen in ausreichender Zahl. Ist das Gewicht der gestreckten Frischlinge fast identisch oder weist nur zwei, in sich aber homogene Stärkekategorien auf, so kann man davon ausgehen, dass diese Strecke einer intakten Population entstammt.

### ▶ Die Leitbache – „Intelligenz" des Schwarzwildes

Die Leitbache hat weiterhin einen entscheidenden Einfluss auf das Territorial- und Tagesverhalten der von ihr geführten Schwarzwildfamilie. Nach meinen Beobachtungen sind alterfahrene Leitbachen der wichtigste Garant für die Verhinderung und Verminderung von Feldschäden, da sie mit ihrer langen Lebenserfahrung, deren Speicherung und

Verwertung einen wesentlichen Teil der Intelligenz dieser Wildart ausmachten und die Gefahren der offenen Flur kennen und meiden.

Bei der hohen Reproduktionsrate des Schwarzwildes mit einer entsprechend intensiven und häufigen Bejagung erlebt eine alte Bache in ihrem Leben die Jagd als Gefahr und Bedrohung sehr viel häufiger als jedes alte Individuum einer anderen Schalenwildart. Eine zehnjährige Bache, die mit zwei bis drei anderen Bachen zusammen ihr Dasein verbracht hat, kann bis zu 100-mal den Verlust eines Familienmitgliedes erleben. Sie ist in der Lage, sich besondere Gefahrenpunkte – z. B. ein gezielt bejagtes Feld – lebenslang zu merken und zu meiden. Als wichtige Unterstützung dieses Verhaltens dienen flankierend alle Maßnahmen umsichtiger Jäger, den Sauen das Leben im Wald zur Zeit der Feldgefährdung so angenehm wie möglich machen. Dazu gehören weit gehende Jagdruhe, richtig platzierte und regelmäßig beschickte Ablenkungsfütterungen, Flächen mit Gras- und Kleeäsung, Salzlecksteine und Suhlen sowie ruhige Einstände (vgl. Kap. „Schwarzwildhege im Revier" und „Schwarzwildschäden").

### ▶ Ohne Leitbache herrscht Chaos

Fällt eine Leitbache der Kugel oder dem Straßenverkehr zum Opfer, bricht die komplexe Sozialstruktur zusammen – mit allen negativen Folgen von unkoordiniertem Rauschen und Frischen bis zu vermehrten Wildschäden. Es dauert eine ganze Weile, bis sich neue, stabile Familienstrukturen entwickeln. Auch wenn aus natürlichen Gründen eine Leitbache ausfällt, was eben zu dem Zeitpunkt eintritt, wenn sie nicht mehr

## Geltwerden bedeutet Führungswechsel

**Im Jahr 1998** konnte ich die Begleitumstände bei der Ablösung einer Leitbache genau verfolgen. Die Rauschzeit in meiner Schwarzwildfamilie begann im Dezember 1997 und erstreckte sich über fast einen ganzen Monat, was mir schon besonders auffiel, da sich die Rauschzeit normalerweise in knapp vierzehn Tagen abspielt. Zunächst führte ich diesen Umstand auf zwei während dieser langen Rauschzeit abgehaltene Ansitzdrückjagden zurück, obgleich meine Sauen nicht unmittelbar betroffen waren, da ich sie aus dem Geschehen herauszuhalten weiß – ich möchte nämlich verhindern, dass zu viele von mir markierte Sauen schon im Jugendalter zur Strecke kommen.

**Im März 1998** begann ich die Ablenkungsfütterung und hatte recht bald wieder engen Kontakt zu den Sauen. Dieser war allerdings auch im Winter nie ganz abgerissen, da ich ihnen in einiger Entfernung von der sommerlichen Ablenkungsfütterung am Rande einer immer stark angenommenen Daueräsungsfläche zwar nicht täglich, aber doch regelmäßig ein wenig Abfallgetreide reichte. Ich wollte die Aktivitäten der Rotte besonders zur Rausche beobachten, um fotografieren und filmen zu können. Diese Futtervorlage nahmen die Sauen dankbar an, da es infolge Frostspanner- und Wicklerfraßes 1997 keinerlei Mast gegeben hatte. Nun fiel mir bei Wiederaufnahme der täglichen Ablenkungsfütterung im Frühjahr auf, dass die Leitbache nicht mehr ganz regelmäßig anwesend war, gegen die Frischzeit hin nicht dick wurde und beim Frischen der ersten Bachen Ende April endgültig verschwunden war. Genau zehn Jahre zuvor hatte sie die Leitung der Familie übernommen, allerdings wohl in der Zeit zwischen September und März, in der ich die Ablenkungsfütterung – wie immer – nicht betrieb und mangels direktem Kontakt diesen Führungswechsel nicht verfolgen konnte. Immer hatte ich diese Leitbache an einer dicken Schwartenwulst auf dem Oberwurf gut erkennen können.

frischt, kann dies länger andauernde Störungen im geregelten Ablauf des Familienlebens nach sich ziehen.

## Rangordnung, Geltbachen, Keiler

Unterhalb der Leitbache sind die nächstälteren Bachen die ranghöchsten, bei gleichaltrigen entscheidet die Körpermasse. Verletzte Tiere werden im Rang zurückgestuft, wenn sie nicht mit frischen oder starken Blessuren ganz aus dem Verband ausscheiden müssen, da sie die Beweglichkeit der Familie behindern und somit für die gesunden Sauen zum Sicherheitsrisiko werden. Heilen Verletzungen mit der Zeit so weit aus, dass eine wesentliche Behinderung nicht mehr zu beobachten ist, können abgeschlagene Sauen wieder in ihre Familie aufgenommen werden. Nie jedoch findet ein Sau, auch keine gesunde, Anschluss an eine fremde, nicht verwandte Familie.

▶ **Hierarchie schon unter Frischlingen**

Schon unter den Frischlingen werden mit heftigem Schulterstemmen Rangeleien um die Ränge ausgefochten. Sol-

## Verletzte Sauen in der Rotte

**An einer Kirrung** hatte ich nachts eine Rotte Sauen vor. Bei der Auswahl eines passenden Frischlings gewann ich den Eindruck, dass eine leicht schonende Sau in der Rotte wäre, kam aber mit der Situation nicht klar und unterließ den Schuss, um in der kommenden Nacht erneut nach dieser Sau Ausschau zu halten. Es gelang mir, einen Frischling zu strecken, dem nicht nur ein ganzer Hinterlauf, sondern auch die komplette, zugehörige Keule fehlte (s. Foto S. 107). Er war so flink auf seinen drei Läufen, dass ich seine Verletzung erst nach längerem Beobachten der Rotte hatte erkennen können. In diesem Falle hatte der Frischling trotz Verletzung offensichtlich wieder Anschluss an seine Familie gefunden.

**In einem anderen Fall** schob sich an einer Ablenkungsfütterung zwischen eine Sommerrotte eine altkranke Sau mit drei durch Verletzungen unbrauchbaren Läufen (s. Foto S. 116). Sie bewegte sich nur noch zentimeterweise auf dem Bauche rutschend und nahm liegend das Futter auf, ohne dass die übrigen Sauen irgendeine Notiz von ihr nahmen. Ich erlöste das Stück dann natürlich schnell. Diese Sau konnte an den Ortsveränderungen ihrer Familie mit Sicherheit überhaupt nicht mehr teilnehmen und wurde völlig ignoriert.

che frühzeitigen Auseinandersetzungen kann ich besonders gut beobachten, wenn ich versuche, die Frischlinge zur späteren Markierung langsam an meine unmittelbare Nähe zu gewöhnen, wo dann natürlich das beste und meiste Futter zu finden ist. Es sind immer dieselben, die sich an der besten Futterstelle aufhalten, und die ich, wenn es soweit ist, am leichtesten und schnellsten markieren kann.

Dabei ist interessant, dass das Verhalten der von H. MEYNHARDT beobachteten und der von mir markierten Sauen völlig unterschiedlich ist: H. MEYNHARDT beschrieb, dass eine von ihm markierte Sau nicht mehr in seine unmittelbare Nähe kam, solange er die Markierungszange in der Hand hielt. Legte er die Zange weg, ließ sich die Sau wieder von ihm anfassen. Ich konnte dagegen eine ganze Reihe von Sauen mehrfach markieren, auch erwachsene nachmarkie-

ren. Jedenfalls sind die von mir jährlich zuerst markierten Frischlinge immer in meiner unmittelbaren Nähe und lassen anderen nicht oder kaum die Chance, sich mir bzw. meinem Futter zu nähern. Diese schon in der Frischlingsgruppe bestehende Rangordnung ist für mich der zahlbegrenzende Faktor bei der jährlichen Markierung.

Erscheint eine Bache nach dem Frischen mit dem Nachwuchs wieder bei ihrem Verband, steht sie zunächst in einem geringeren Rang als zuvor und wird häufig abgeschlagen. Sie muss ihren alten Rang zurückerobern – eine Erscheinung, die ich immer wieder beobachten kann, die aber nirgendwo in der Literatur erwähnt ist.

### ▶ Ausscheidende Bachen

Werden Bachen mit einem Alter zwischen etwa 10 und 15 Jahren altersgelt, müssen sie die Rotte oder den Verband

# Es gibt keinen Geltbachen-Standard

**Vor einigen Jahren** erschien für mehrere Abende im August eine alte Bache bei der von mir betreuten Rotte. Sie war so klapperdürr, wie ich es bis dato nur einmal bei einer gebrechkranken Sau gesehen hatte. Die Bache trug die Winterschwarte mit einem langen, verklebten Pürzel, ihre Teller waren wie die Gehöre eines

So uralte Geltbachen bekommt man nur selten zu Gesicht. Gelegentlich besuchen sie noch die Rotte.

Jagdterriers ab der Mitte heruntergeklappt. Die inneren Augenwinkel der Seher waren vereitert. Dennoch wirkte diese Bache durchaus munter und beweglich. Da sie im Verband geduldet wurde und Futter aufnehmen konnte, musste sie einmal zur Familie gehört haben – einer fremden Sau wäre dies niemals möglich gewesen. Die Frischlinge desselben Jahres nahmen mehrfach nasalen Kontakt mit ihr auf. Auch mir näherte sich die Bache schon nach kurzer Zeit auf nur wenige Meter – ein Zeichen, dass sie mich von früher her gut kannte. Nach einigen Tagen blieb sie verschwunden. Fotos missglückten mir leider, eine Filmaufnahme der Bache aber gelang.

**An einer anderen Ablenkungsfütterung**, an der ich allerdings keinen Kontakt mit dem dortigen Familienverband hatte, erschien eines Abends im Juli eine alte Bache mit auffallend zottiger Winterschwarte. Sie war fast so großrahmig wie ein Keiler von 100 kg, der sich gleichzeitig dort aufhielt. Ich hatte die Zeit, etwa vier Kilometer nach Hause zu fahren, die Fotokamera zu holen und die Bache zu fotografieren. Sie kam nur an diesem einen Abend und tauchte nicht wieder auf.

**Im September beobachtete ich** an einer Kirrung einmal nachts eine einzelne Bache, die einen wohlgenährten Eindruck machte und eine normale Sommerschwarte trug. Mir fiel auf, dass sie hin und wieder den Unterkiefer ein wenig nach unten fallen ließ, und vermutete eine Gebrechverletzung. Nachdem ich sie längere Zeit bei gutem Licht beobachtet hatte und keine Frischlinge auftauchten, erlegte ich sie. Sie wog aufgebrochen 55 kg und erweckte zunächst den Eindruck einer mittelalten Bache ohne erkennbare Verletzung. Das Gesäuge war völlig zurückgebildet. Bei näherer Untersuchung entdeckte ich das Rudiment eines ausgefallenen großen Backenzahnes (M3), der sich unter ihrer Zunge festgeklemmt hatte. Ein weiterer M3 war in einem Unterkieferast vorhanden, weitere Backenzähne besaß das Tier nicht mehr. Schneide- und Eckzähne waren stark abgeschliffen, aber völlig intakt. Ihr guter Ernährungszustand ist mir ein Rätsel geblieben. Der Wildprethändler sagte mir, dass ihm das hohe Alter der Bache nur an einer leicht gelblichen Verfärbung der Knochen aufgefallen wäre.

**Ein Freund schoss in einer Winternacht** auf einen vermeintlichen Keiler. Es lag eine uralte einzeln gehende Bache mit aufgebrochen stolzen 90 kg, die bei großem Rahmen und typischer Keilerfigur mit langem Pürzel eine schwarze und so zottige Schwarte trug, wie ich sie bei einem Keiler noch nie gesehen hatte.

**In dem schon erwähnten** französischen Mauerpark sah ich bei hellem Septembermond auf einer Wildwiese eine Sau, die aussah, als bestünde sie nur aus Kopf und Läufen. Es war eine sehr alte Bache, die bei einem im Verhältnis zum übrigen Körper riesigen Haupt aufgebrochen nur 27 kg auf die Waage brachte.

Reife Keiler –
wo gibt es sie in
ausreichender
Zahl?

verlassen. Das gilt auch für Leitbachen. Solche sehr alten Tiere leben noch einige Zeit als scheue und selten zu beobachtende Einzelgängerinnen. Hin und wieder tauchen sie noch einmal kurz bei ihren alten Familien auf und werden dann dort geduldet, wenn auch auf einer niedrigen Rangstufe. Ansonsten kommen sie wegen ihrer großen Heimlichkeit kaum je in Anblick. Zum Lebensende hin nehmen sie meist stark an Gewicht ab, was sicher mit dem Zustand des Gebisses zusammenhängt, oft können sie den Haarwechsel nicht mehr vollziehen. In selteneren Fällen kann aber auch genau das Gegenteil zutreffen, dass nämlich alte Bachen sehr stark sind und ein keilertypisches Aussehen zeigen. Es lässt sich somit keine verlässliche Ansprechhilfe für Geltbachen erstellen, wie die Beispiele im Kasten S. 17 belegen mögen.

### ▶ Keiler

Keiler leben in der Regel als Einzelgänger getrennt von den Mutterrotten. Der starke Keiler zieht oft mit einem jüngeren Adjutanten. Zu den Mutterrotten treten Keiler normalerweise nur in der Rauschzeit. H. MEYNHARDT (1989) schreibt, dass dies außerhalb dieser Zeit niemals geschieht, und macht demzufolge keine Angaben über den Rang von Keilern in der Rotte außerhalb der Rauschzeit.

Im Gegensatz dazu beobachte ich immer wieder einzelne und hin und wieder auch mehrere Keiler, die vorübergehend an Ablenkungsfütterungen zu den Rotten oder Familienverbänden stoßen. Ab dem dritten Lebensjahr, aber nur bei entsprechender Körpermasse, schlagen sie dann alle anderen Sauen – auch die Leitbache – von den besten Futterstellen ab. Dies muss als Beweis des hohen

Ranges gewertet werden, den sie innerhalb der Rotte innehaben.

H. MEYNHARDT beschreibt außerdem, dass in der Rauschzeit der körperlich stärkste Keiler der ranghöchste ist und demzufolge die meisten Bachen beschlägt.

Ich habe aufgrund vieler Beobachtungen den Eindruck, dass hauptsächlich das Alter die Ranghöhe bestimmt, wobei die Altersschätzung natürlich schwierig ist. Schlägt allerdings ein körperschwächerer Keiler einen stärkeren ab, wie ich es öfters beobachten konnte, so muss man wohl davon ausgehen, dass der Sieger der ältere ist. So beobachtete ich in der Rausche einmal einen Keiler, der einige Tage vorher bei einem gemeldeten Verkehrsunfall verletzt wurde, mühsam ziehend bei meiner Rotte. Alle anderen der etwa zehn anwesenden Keiler, darunter auch körperlich stärkere, ließen ihn auch bei unmittelbarer Begegnung völlig unbehelligt. Der verletzte Keiler war offensichtlich nicht mehr in der Lage, eine Bache zu beschlagen, und lag kurz vor seiner unumgänglichen Erlegung eine halbe Stunde flach auf der Seite, um sich zu erholen.

## Populationsdynamik

Ein wichtiger Faktor für die jagdliche Behandlung des Schwarzwildes ist die Populationsdynamik dieser Art, die sich von der aller anderen Schalenwildarten grundsätzlich und stark unterscheidet. Die Vermehrungsrate des Schwarzwildes ist um ein Mehrfaches höher als die von Rot-, Dam-, Muffel- oder Rehwild und unterliegt zudem großen Schwankungen. Eine realistische Abschusspla-

## Tipp

Genaue Streckenlisten sind ein unumgängliches Werkzeug für die vernünftige jagdliche Behandlung des Schwarzwildes. Sie ermöglichen Rückschlüsse auf die Bestandesentwicklung und eine durchdachte Entnahme aus der Klasse der groben Sauen. Denn das wichtigste Instrument zur Steuerung einer Schwarzwildpopulation ist der Abschuss der richtigen(!) Bachen. Über die Streckenliste kann außerdem eine Mindestabschussplanung erstellt werden, wie sie z.B. in Mecklenburg-Vorpommern vorgeschrieben ist. Ohne Streckenliste ist jegliche Planung „Fahren im Nebel".

nung auf der Basis von Zahlen ist aus diesen Gründen beim Schwarzwild nicht möglich. Gehören schon Zählergebnisse bei den anderen Schalenwildarten eher zu den Glaubensfragen, ist die Zählung des Schwarzwildes schier unmöglich.

▸ **Exakte Streckenlisten sind ein Muss!**
Wenn auch beim Schwarzwild eine Abschussplanung nicht erstellt werden muss und auch nicht praktikabel ist, kommt man nicht umhin, jederzeit einen Überblick über den Bestand zu behalten, damit er nicht aus dem Ruder läuft. Hierzu sind exakt geführte Streckenlisten unverzichtbar.

Treffend hat dies M. PETRAK, der Leiter der Forschungsstelle für Jagdkunde und Wildschadensverhütung des Landes Nordrhein-Westfalen, ausgedrückt: „Die Sterbetafel (= Streckenliste) ist die beste Lebensversicherung des Wildes."

**Keine andere Schalenwildart erreicht annähernd die Zuwachswerte des Schwarzwildes.**

### ► Zuwachs und Einflussfaktoren

Die Vermehrung des Schwarzwildes hängt in erster Linie von seiner Winterernährung ab. Diese wird hauptsächlich von der Waldmast an Eicheln und Bucheckern bestimmt, die wiederum zunächst einmal vom Laubholzanteil des Waldes abhängig ist. Normalerweise blühen und fruktifizieren Eiche und Buche mit dem Abstand mehrerer Jahre. Wie im Kapitel „Schwarzwildhege im Revier" noch näher beschrieben wird, verzeichnen wir nun in vielen Laubholzregionen unseres Vaterlandes seit fast zwanzig Jahren jährlich wiederkehrende Masten, unterbrochen nur von Schadereignissen wie z.B. dem Spätfrost 1991 oder Insektenkalamitäten in den Jahren 1996 und 1997. Gerade die Eichel wird in ihrer Bedeutung für das Schwarzwild durch nichts übertroffen, auch nicht vom Mais, allgegenwärtig auf dem Felde oder aus dem Futtereimer. Mithalten kann da allenfalls die Marone oder Esskastanie, die aber in deutschen Wäldern keine oder nur kleinörtlich eine Rolle spielt. Schwarzwildjäger wissen, dass dem Mais auf dem Halm kein Blatt mehr gekrümmt wird, wenn die Eicheln früh fallen, und dass man dann mit keiner Kirrung mehr Erfolg hat, soweit sie nicht aus streng verbotenen Schlachtabfällen besteht.

Futterabhängige Zuwachsschwankungen sind beim Schwarzwild normal, kamen früher aber häufiger vor und werden heute durch fast regelmäßige Masten auf hohem Niveau in kürzester Zeit ausgeglichen. Das ist sicher einer der Hauptgründe für das allgemeine Ansteigen der Bestände. Verstärkter Maisanbau, milde Winter, Lüneburger Modell und was alles sonst noch ins Feld geführt wird, sind eher nebenrangig. Allenfalls spielt die falsche Anwendung des Lüneburger Modells eine größere Rolle, hierzu später mehr.

Unter normalen Bedingungen unterliegt der Zuwachs des Schwarzwildes von Jahr zu Jahr erheblichen Schwankungen. Fällt die Mast aus, sinkt sofort die Anzahl der Frischlinge im darauf folgenden Frühjahr. So habe ich festgestellt, dass nach dem Mastjahr 1990 die Anzahl der Frischlinge 1991 im Durchschnitt aller Bachen des von mir betreuten Familienverbandes bei 4,5 Stück lag und im Jahr darauf nach Ausbleiben der Mast infolge Spätfrosts auf 3,0 Stück je Bache absank. Werden nun beim Ausfall der Mast Futterengpässe, die man nicht mit Futternot verwechseln darf, vom Jäger (!) durch starke Winterfütterung ausgeglichen, dann wird der Zuwachs auch in mastlosen Jahren künstlich hochgehalten.

In diesem Zusammenhang ist interessant, dass in der von mir beobachteten kleinen Population an der Rheinschiene mit optimalen Bedingungen für die Sauen die Würfe insgesamt zahlenmäßig bedeutend geringer ausfallen, als es von H. MEYNHARDT (1989) und L. BRIEDERMANN (1990) beschrieben wird. Würfe mit sechs Frischlingen sind bei uns schon eher selten.

### ▶ Biologischer und jagdlich nutzbarer Zuwachs

Der Zuwachs des Schwarzwildes wird im Gegensatz zu dem der übrigen Schalenwildarten unserer deutschen Wildbahnen nicht auf den Frühjahrsbestand an weiblichem Wild bezogen, sondern auf den Gesamtbestand. Beim Zuwachs des Schwarzwildes, ja eigentlich allen Wildes, müssen wir unterscheiden zwischen dem biologischen Zuwachs und dem jagdlich nutzbaren Zuwachs. Der biologische Zuwachs ist die Zahl der von den Bachen geworfenen Frischlinge, während der jagdlich nutzbare Zuwachs der um die natürlichen und nicht jagd-

lich verursachten Abgänge verminderte biologische Zuwachs ist. Die Differenz kann gerade beim Schwarzwild ganz erheblich sein. H. MEYNHARDT (1989) beschreibt Abgänge bis zu 40 %, die überwiegend im ersten Lebensmonat zu verzeichnen sind. Ich selbst habe aus meiner Rotte einmal innerhalb weniger Wochen bei anhaltendem Frühjahrsregen von 45 Frischlingen 15 verloren; das sind 33 % in einem insgesamt günstigeren Klimaraum als im Meynhardt`schen Forschungsrevier Burg.

### ▶ Zuwachsfaktor Wurfkessel

Am Tage des Frischens baut die Bache in der Regel nach sorgsamer Platzwahl mit Material aus der näheren Umgebung – dies können Gras, Kronenäste, aber auch abgebissene Pflanzen bis zu Heisterstärke sein – einen Wurfkessel, den sie mit Gras oder Farn auspolstert.

Die Sorgsamkeit, die auf den Bau des Wurfkessels verwendet wird, scheint mit steigendem Alter der Bache zuzunehmen. Junge Bachen begnügen sich mitunter mit einem ganz normalen und we-

**Junge Bachen legen ihren Wurfkessel oft recht „nachlässig" an. Bei ungünstiger Witterung sind hohe Verluste vorprogrammiert.**

## Tipp

Für die Frischlinge beginnt die kritische, witterungsabhängige Zeit nach dem Verlassen des behüteten Wurfkessels und der Rückkehr in den Familienverband! Trockener Frost scheint sich dabei weniger auszuwirken als Nässe in Verbindung mit Kälte. Die meisten Abgänge sind sicher auf Unterkühlung zurückzuführen, da die Frischlinge in den ersten Lebenswochen ihren Wärmehaushalt noch nicht selbst regulieren können. In dieser Zeit lässt der Jäger die Rotten tunlichst unbehelligt, um Frischlinge und Bachen nicht länger auseinander zu bringen.

nig vorbereiteten Liegekessel, was den Frischlingen je nach Witterung wenig zuträglich ist. So stieß ich während einer längeren Frostperiode im Februar 1993 beim Aufmessen von Fichtenwindwurfholz auf einen Kessel, in dem acht kleine Frischlinge auf dem blanken Boden in einem Rund von Fichtenzweigen lagen. Neben dieser primitiven Anlage erstaunte mich die für unsere Verhältnisse große Wurfstärke. Dass es sich nicht um einen Gemeinschaftskessel handelte, stellte ich bei einer Kontrolle einige Tage später fest, als eine einzelne Bache den Kessel verließ, die ich anhand ihrer weißen Ohrmarke als gerade zweijährig ansprechen konnte. Im Kessel befanden sich nur noch vier Frischlinge. Im März erschienen drei Bachen mit weißen Ohrmarken ohne Frischlinge an meiner Ablenkungsfütterung. Sie wurden wieder rauschig und brachten im Spätsommer einen zweiten Wurf. Den ersten Wurf hatten sie demzufolge komplett verloren.

Nach H. MEYNHARDT (1989) belassen die Bachen ihre Frischlinge 8 bis 14 Tage im Wurfkessel. Ist dieser Kessel sorgfältig angelegt und werden die Bachen durch Störungen nicht zu lange davon getrennt, geschieht den Frischlingen in dieser Zeit nichts. In meinem Familienverband erscheinen die Bachen in aller Regel in fünf bis acht Tagen nach dem Frischen mit ihrem Nachwuchs wieder bei der Familie.

Im Verband legen die Bachen dann mitunter Gemeinschaftskessel an und nehmen die Frischlinge in die Mitte.

Frischlinge, die ihre Bache verlieren, werden von der Familie adoptiert, haben aber keine Milchquelle, da alle Frischlinge in den ersten drei bis sechs Wochen nach dem Werfen zitzentreu nur bei ihrer Mutter saugen. Ich habe einen einzelnen Frischling einer jungen Überläuferbache einmal als vollwaisen Mitläufer kümmernd bei meiner Rotte erlebt. Was aus ihm auf Dauer geworden ist, weiß ich nicht, da ich ihn nicht markieren konnte: Er wurde von den anderen Frischlingen nicht an mich herangelassen.

▶ **Zuwachsraten**

Der biologische Zuwachs kann je nach Winterernährung zwischen 150 und 200 % des Grundbestandes betragen, ja sogar fast 250 % konnte ich einmal ermitteln. Neben diesen erheblich höheren Werten im Vergleich zu anderen Schalenwildarten besteht ein weiterer Unterschied zu diesen darin, dass sich der Zuwachs nicht auf den weiblichen Bestand, sondern auf den gesamten Grundbestand bezieht. Der jagdlich nutzbare Bestand ist vom Wetter abhängig, das während des ersten Monats nach dem Frischen herrscht. Er schwankt

## Das Zuwachspotenzial des Schwarzwilds – ein Rechenbeispiel

Um das Zuwachspotenzial des Schwarzwildes in absoluten Zahlen zu verdeutlichen, wollen wir nachfolgend einmal, von 100 Sauen Grundbestand ausgehend, den Zuwachs in nur einem halben Jahrzehnt mit Verzinsung hochrechnen. Unterstellt sei dabei der – zwar rein theoretische – Fall, dass der Bestand überhaupt nicht bejagt wird und auch keine anderen Abgänge verzeichnet. Hieraus errechnet sich bei einem nutzbaren Zuwachs von nur 100 % die Zahl von 3.200, bei 150 % fast 9.800 und bei 180 % rund

... ach fünf Jahren. Solche Vermehrungsraten sind in der Praxis sicher ... uwachsbegrenzenden Faktoren die Biotopkapazität ist. Man muss ... n einmal vor Augen führen, um zu erkennen, wo die Lunte beim

... pelt sich ein Grundbestand in sieben Jahren, wenn die Nutzung ... d in drei Jahren, wenn sie um 20 % unter dem Zuwachs liegt.

180 %, bezogen

... wischen einem ... em desorgani- ... Schwarzwildbe- ... ologischen Zu- ... de geben.

Bestand wird ... iliengruppen ... ldruck älterer ... ele weibliche ... Lebensjahr ... junge Über- ... frischen. In einem gut aufgebauten Bestand wird das dadurch kompensiert, dass die Bachen im Alter zwischen vier und acht Jahren die kopfstärksten Würfe bringen. Da solche Tiere ihre Würfe mit Sicherheit besser durch die ersten Wochen bringen als ganz junge Bachen, wirkt sich dieser Unterschied aber auf den jagdlich nutzbaren Zuwachs aus. Waldmasten erhöhen allerdings in jeder Population die Anzahl der schon im Frischlingsalter rauschenden Sauen.

315

▶ **Geschlechterverhältnis Frischlinge**

Über das sekundäre Geschlechterverhältnis, nämlich das der Frischlinge, werden in der Literatur die unterschiedlichsten Angaben gemacht. L. BRIEDERMANN (1990) ermittelte ein Verhältnis von 1:0,84 (♂:♀) nach Fötenuntersuchungen, 1:0,74 und 1:0,83 nach zwei fünf- bzw. sechsjährigen Streckenanalysen; E. UECKERMANN (1977) ermittelte ein Verhältnis von 1:0,95 für das Gehege Laagshof, B. OLOFF (1951) eines von 1:0,8 – H. MEYNHARDT hingegen an drei bis vier Monate alten Frischlingen ein Geschlechterverhältnis von 0,84:1. Insgesamt scheint demnach der männliche Teil zu überwiegen, was wohl mit der im Tierreich allgemein höheren Sterblichkeit männlicher Tiere infolge größerer Mobilität zusammenhängt.

Es trifft zu, dass im Geschlechterverhältnis der Frischlinge von Jahr zu Jahr größere Schwankungen auftreten. Ich glaube, dass wir diese in der jagdlichen Praxis kaum erfassen können, daher vernachlässigen und von einem langzeiti-

**Vom Autor markierte Frischlinge: Aus größerer Distanz rückgemeldete Stücke sind fast immer männlich.**

gen Geschlechterverhältnis von 1:1 ausgehen sollten.

▶ **Abwanderung der Keiler**

Die männlichen Frischlinge werden in der Regel in dem auf das Frischjahr folgenden Sommer im Alter von 15 bis 18 Monaten, also etwa in der Mitte ihres Überläuferjahres, aus der Rotte oder Familie ausgeschlossen. Auslösender Faktor ist mit einiger Sicherheit die Erlangung der Geschlechtsreife, die allerdings sowohl schon früher als auch wesentlich später eintreten kann. H. MEYNHARDT beobachtete, dass Frischlingskeiler in ihrer Geburtsrotte Frischlingsbachen, möglicherweise sogar Wurfgeschwister, beschlugen. Bei meiner Rotte habe ich immer wieder einmal männliche Stücke, die bis etwa zum übernächsten Frischtermin oder auch noch darüber hinaus bei der Familie bleiben, bis sie also über 24 Monate alt sind und sich schon im dritten Lebensjahr befinden. Die ausgestoßenen Überläuferkeiler entfernen sich zum Teil sehr

weit von ihren Geburtsorten. Dies gewährleistet den Blutaustausch zwischen den Populationen. H. MEYNHARDT erhielt Rückmeldungen männlicher, markierter Stücke aus Entfernungen bis zu 250 km, von mir markierte Stücke wurden aus Distanzen bis zu 15 km Luftlinie rückgemeldet. Fast immer waren die gemeldeten Stücke männlich, einzige Ausnahme bildete im Jahre 2001 eine vierjährige Bache, die 8 km vom Markierungsort überfahren wurde.

Wie der Absetzungsprozess der männlichen Rottenmitglieder genau vonstatten geht, ist schwer zu beobachten. Man stellt wohl fest, dass die Überläuferkeiler von den Bachen und auch den Überläuferbachen, also möglicherweise den Wurfschwestern, immer wieder verjagt und im Familienrang abgestuft werden, bis sie endgültig wegbleiben. Welche Rolle die Leitbache dabei spielt, vermag ich zum jetzigen Zeitpunkt nicht zu sagen.

Die Überläuferkeiler ziehen nach dem Rottenausschluss alleine oder in kleinen Trupps durch die Lande, sind zunächst verunsichert und erscheinen häufig schon sehr früh im Freien. Sie werden so recht leicht zur Beute vieler Jäger, die nicht selten auch glauben, mit einem solchen Abschuss besonders pfleglich gehandelt zu haben. Die viel zu hohe Entnahme von Überläuferkeilern und sonstigen „Jungmannen" ist einer der Hauptgründe dafür, dass allenthalben und auch in ansonsten gut funktionierenden Schwarzwildhegegemeinschaften gar keine oder kaum Keiler das jagdbare oder gar das reife Alter erreichen.

# Schwarzwildhege im Revier

## Was ist Hege?

Die wichtigsten Voraussetzungen dafür, dass das Schwarzwild sich in unseren Wildbahnen wohl fühlt, sind Ruhe, Deckung und Fraß. Durch hegerische Maßnahmen kann der Jäger das Wohlbefinden des Schwarzwildes fördern und außerdem Einfluss auf dessen Fraßplätze und -wechsel nehmen, also steuern, wie und wo die Sauen zu Fraße ziehen. Damit leistet besonders der Inhaber oder Betreuer eines Schwarzwildreviers einen wesentlichen Beitrag zur Minderung des Wildschadens.

### ▶ Das sagt der Gesetzgeber

Im § 1 BJagdG (1) heißt es unter anderem: „Mit dem Jagdrecht ist die Pflicht zur Hege verbunden", und in (2): „Die Hege hat zum Ziel die Erhaltung eines den landschaftlichen und landeskulturellen Verhältnissen angepassten Wildbestandes sowie die Pflege und Sicherung seiner Lebensgrundlagen. Die Hege muss so durchgeführt werden, dass Beeinträchtigungen einer ordnungsgemäßen land-, forst- und fischereiwirtschaftlichen Nutzung, insbesondere Wildschäden, möglichst vermieden werden".

§ 28 BJagdG (1) führt aus: „Schwarzwild darf nur in solchen Einfriedigungen gehegt werden, die ein Ausbrechen des Schwarzwildes verhüten." Diese Bestimmung wird mitunter von Waidgenossen dahingehend ausgelegt, dass eine Hege des Schwarzwildes überhaupt nur in Gatterrevieren gestattet ist. Das ist aber keinesfalls vom Gesetzgeber so vorgesehen und würde dem Sinngehalt des § 1 BJagdG total widersprechen. Die in diesem Falle unglückliche Bezeichnung „gehegt" wäre zur Klärung lediglich durch „gehalten" zu ersetzen.

Die Pflicht zur Hege ist zunächst dem Inhaber des Jagdrechtes aufgegeben, der auch dann nicht aus der Verpflichtung entlassen wird, wenn er die tatsächliche Ausübung des Jagdrechtes, also das Jagdausübungsrecht, einem Dritten überlässt oder überträgt. So sind sowohl der Eigentümer oder Besitzer eines bejagbaren Grundstückes – sei es nun eine Eigenjagdfläche oder ein Teil eines gemeinschaftlichen Jagdbezirkes – als auch der Jagdausübungsberechtigte zur Hege des Wildes und zur Sicherung und Pflege seines Lebensraumes verpflichtet.

### ▶ Hege meint nicht nur jagdbares Wild

Während die Forderung des Gesetzgebers nach der Sicherung der Lebensgrundlagen voraussetzt, dass diese bereits vorhanden und lediglich zu erhalten sind, hat die Pflicht zu deren Pflege und zur eigentlichen Hege einen anspruchsvolleren Ansatz. Wildhege muss sich nach heutigem Verständnis auf alles erstrecken, was dem Wohlbefinden des Wildes dient bis zum Zeitpunkt seines irgendwann unabdingbaren Todes – unabhängig davon, wer oder was diesen Tod verursacht, es muss nicht der Jäger sein. Darüber hinaus darf sich die Hege nicht nur auf die jagdlich nutzbaren Wildtiere, sondern muss sich auf alle jagdbaren Tiere erstrecken und auf das Ökosystem, in dem sie leben. Dieser Hegeansatz beinhaltet gleichzeitig positive Auswirkungen der getroffenen Maßnahmen für das Vorkommen und die Vielfalt nicht jagdbarer Tiere und der natürlich vorkommenden oder künstlich wieder eingebrachten autochthonen und standortgerechten Pflanzen und ist so ein wesentlicher Beitrag zum Naturschutz.

Die Behauptung vieler Jäger allerdings, alle jagdlichen und hegerischen Bemühungen dienten ausschließlich Naturschutzgründen, ist töricht, da unwahr. Dennoch ist die Bedeutung der aus jagdlichen Gründen durchgeführten Hegemaßnahmen durch einen hohen Synergieeffekt in vielen Fällen für den Naturschutz größer als die mancher originärer Naturschutzmaßnahmen. Im Gegenzug haben viele Naturschutzmaßnahmen positive Auswirkungen auf das Wohlergehen des Wildes, ohne dass dies als deren Ziel oder Teil davon definiert und beabsichtigt war.

## Natürliches Fraßangebot

Wenden wir uns bei der Hege des Schwarzwildes und seines Lebensraumes zunächst einmal der Notwendigkeit eines ausreichenden natürlichen Fraßangebots zu. Fraß muss besonders im Walde möglichst ganzjährig zur Verfügung stehen, damit Ausflüge des Schwarzwildes in die Feldmark vor allem in der Zeit der Wildschadensgefahr möglichst eingeschränkt werden.

### ▶ Eicheln und Bucheckern

Eine der wichtigsten Ernährungsgrundlagen des Schwarzwildes im Wald ist die Verfügbarkeit von Waldfrüchten, besonders Eicheln und Bucheckern. Für deren Aufkommen ist zunächst der Flächenanteil des Laubwaldes an der Waldbestockung, des Reviers oder der Region maßgebend, weiterhin natürlich das Alter der Laubbäume und deren Kronenzustand.

Obwohl in der Literatur die Mannbarkeit der Stiel- und Traubeneiche im Freistand mit 50 bis 60 Jahren und im Bestandesschluss mit 70 bis 80 Jahren angegeben wird, fruktifiziert sie heute sehr viel früher, was sicher auch mit der spürbaren Klimaveränderung zu tun hat. An frei stehenden Bäumen und untersonnten Rändern habe ich das Blühen und Fruktifizieren der Eiche schon im Alter von 25 bis 30 Jahren beobachtet. Ähnlich ist das bei den anderen Waldbäumen, deren Früchte für die Winterernährung des Schwarzwildes wichtig sind, besonders bei der Rotbuche.

Je nach Menge und Verteilung des Aufkommens der Waldfrüchte spricht man von Spreng-, Halb- oder Vollmasten. Bis etwa zum Beginn des letzten Viertels des 20. Jahrhunderts war bei der Eiche normalerweise alle zwei bis sieben Jahre mit einer Vollmast zu rechnen, bei der Rotbuche alle fünf bis acht und in rauen Gebirgslagen alle neun bis zwölf Jahre. Der Blüte ging in aller Regel ein warmer Sommer mit vielen Sonnentagen voraus. Die Folge der Baummasten waren und sind immer Vermehrungsschübe des Schwarzwildes mit einem hohen biologischen Zuwachs, bei entsprechendem Witterungsverlauf dann auch gefolgt von einem entsprechend hohen jagdlich nutzbaren Zuwachs.

Seit der Mitte der siebziger Jahre des vergangenen Jahrhunderts nimmt die Häufigkeit der Waldmasten ständig zu. Inzwischen ist jährliches Blühen und Fruktifizieren von Buche und besonders Eiche an der Tagesordnung, nur unterbrochen durch Spätfröste oder Schädlingsfraß. Dieses ständige Fruktifizieren kann sowohl mit der allgemein zu konstatierenden Klimaerwärmung und damit Verlängerung der Vegetationsperiode als auch zusätzlich mit dem hohen Stickstoffeintrag aus der Luft zusammenhängen. Weiterhin mag die durch hohen Schadstoffeintrag erzeugte Stresssituation der Bäume als deren Reaktion eine intensive Vermehrung zur Arterhaltung bewirken.

▶ **Mastbäume erhalten**

Unabhängig davon, dass die Masthäufungen die Probleme mit übersetzten Schwarzwildbeständen durch hohe Zuwachsschübe verschärfen, sollte man trotzdem im Schwarzwildrevier dem Erhalt und der Pflege der masttragenden Bäume seine Aufmerksamkeit schenken; insbesondere dort, wo der Laubholzanteil am Wald gering ist oder Jungbestände überwiegen. Sind Waldbesitz und Jagdausübung in einer Hand, ist es leichter, Solitärbäume zu erhalten, die Ausformung oder den Erhalt großer

Kronen durch Freistellung zu fördern, neue Solitäre oder Baumalleen zu pflanzen oder aus Bestandesrändern heraus zu pflegen als in den übrigen Jagdbezirken. Dort kommt es – einmal mehr – auf das Einvernehmen zwischen Waldbesitzern oder Förstern und den Jägern an, die sich der Lebensraumhege widmen. Eichen und Buchen als Überhälter in ruhigen Einständen und an Waldinnenrändern sind jagdlich besonders wertvoll. Solitärbäume bis zur Zerfallsphase und Baumalleen haben außer ihrer Bedeutung für die Schwarzwildhege einen hohen landschaftlichen und biologischen Wert.

▶ **Weitere Baumarten**

Neben Eichen und Buchen spielen auf warmen Standorten die Esskastanie und die Walnuss eine besondere, wenngleich in Deutschland eher seltene Rolle, da deren Früchte Marone und Nuss von den Sauen besonders gerne gefressen werden.

Die Edelkastanie wird im Freistand ab etwa Alter 20 mannbar und fruktifiziert normalerweise alle zwei bis drei Jahre. Auch hier lässt sich in den letzten

*Wildhege des Waldbauern: Der Bestand wurde frühzeitig abgelöst, eine Allee großkroniger Eichen entstand.*

**Tipp**

Die Esskastanie ist ursprünglich ein Baum der Mittelmeerländer und gelangte mit dem römischen Weinbau nach Deutschland. Ihr Anbau auf geeigneten Standorten als Solitärbaum oder in Alleen kann im Schwarzwildrevier eine sehr sinnvolle Hegemaßnahme sein. Da der Baum einen warmen tiefgründigen Standort braucht, wird sich sein Verbreitungsraum im Zuge der Klimaerwärmung möglicherweise stärker ausweiten, sodass der Anbau in Schwarzwildrevieren der tieferen Lagen als Hegemaßnahme zukünftig zunehmend interessanter wird!

Jahren jährlich wiederkehrendes Blühen und Fruchten feststellen. Die Früchte der Esskastanie werden übrigens nicht nur von Sauen aufgenommen. In einem regelmäßig Früchte tragenden Esskastanienbestand beobachte ich vor allem in Jahren ohne Eicheln und Bucheckern eine regelrechte Konkurrenz von Damwild und Schwarzwild auf kleiner Fläche. Während die Sauen den Bestand regelmäßig nachts aufsuchen, steht das Damwild am Tage dort und wechselt aufmerksam immer dahin, wo es eine Frucht fallen hört.

Die sowohl beim Rot- als auch beim Damwild beliebte Rosskastanie wird vom Schwarzwild nicht angenommen. Die Samen der in Laubholzgebieten, vor allem in der Niederung häufig vertretenen Hain- oder Weißbuche spielen dort für die Winterernährung der Sauen eine größere Rolle, als allgemein bekannt ist, da die Hainbuche jährlich und meist sehr üppig fruktifiziert. Weniger wichtig

**Die wärmeliebende Esskastanie treibt später aus als andere Baumarten. Ihre Früchte nimmt das Schwarzwild überaus gern.**

dürfte der Bergahorn sein. Der Winterlinde kommt schon wegen ihres seltenen Vorkommens wenig Bedeutung zu. Die anfallenden Nadelholzsamen werden vom Schwarzwild beim Brechen in den Beständen automatisch mit aufgenommen; dass die Sauen gezielt danach suchen, bezweifele ich. Nadelholzbestände aller Altersklassen werden aber zeitweise – besonders in Laubbaummastjahren – auf der Suche nach tierischem Eiweiß ganz intensiv und oft flächendeckend umgebrochen, Baumsamen dabei sicher mit verzehrt.

▶ **Andere Waldfrüchte**

Gerne fressen die Sauen Haselnüsse. Ein mir befreundeter Forstkollege beobachtete, wie sie Haselnussbüsche planmäßig absuchten und schüttelten, um reife Nüsse zum Abfallen zu bringen (W. SCHNEIDER, mündl. 2000). Die Förderung strauchreicher Waldaußen- und innenränder kommt dem Hasel zugute; sorgt man für ausreichendes Licht, lässt er sich hier auch leicht nachbauen.

Alle Beeren werden gerne genommen. Mitunter kann man Sauen beobachten, die Himbeerstauden mit Früchten gezielt durch den Wurf ziehen und abstreifen. Pilze werden gelegentlich gefressen, spielen nach HENNIG (1998) für die Ernährung des Schwarzwildes aber keine besondere Rolle. BRIEDERMANN (1990) gibt nach Untersuchungen von Schwarzwildmägen in der DDR den Pilzanteil am Inhalt mit 0,1 % an.

Wurzeln von Stauden und Gräsern werden vom Schwarzwild ebenfalls aufgenommen; regional haben die Wurzeln des Adlerfarns eine größere Bedeutung als beliebter Fraß für die Sauen. Wurzeln verschiedener anderer Pflanzen gehören ebenfalls zum Speiseplan der Sauen, zum Beispiel die der wilden Möhre und der wilden Petersilie. Das Abstreifen von Laubbaum- und Laubstrauchzweigen und die anschließende Aufnahme junger Blätter habe ich einige Male selbst beobachtet.

### ▶ Was der Waldbauer tun kann

Besondere Hegemaßnahmen für das Schwarzwild sind nur im Walde praktizierbar. Neben der besonderen Beachtung der Solitärbäume und der Waldinnenränder sind alle forstlichen Maßnahmen positiv, die die Bodenflora und -fauna fördern; dazu gehört auch die Erhaltungskalkung. Der inzwischen vielerorts praktizierte naturnahe Waldbau mit der Förderung und gezielten Frei-

stellung der qualitativ besten Zukunftsbäume und deren Einzelstammnutzung bei entsprechender individueller Hiebsreife ist von besonderer Bedeutung. Er trägt zur Aktivierung des Lebens im und am Waldboden bei, lässt kleinflächige Naturverjüngung entstehen und erhöht die Blüh- und damit Fruchtbereitschaft der geförderten Bäume. Damit kommt er in hohem Maße der Waldernährung der Sauen zugute und deren hohem Sicherheitsbedürfnis durch viele und auf kurze Distanz nutzbare Deckung.

Die Bejagung des Schwarzwildes mit allen bei uns praktizierten Jagdarten, ausgenommen die Jagd an der Kirrung, wird allerdings im naturnah bewirtschafteten Wald spürbar erschwert, was sich vor allem auf die Einzeljagd auswirkt. Vor Jahren war es mir noch möglich bei der Pirsch, ob bei frühem Tageslicht oder Mondschein, relativ häufig und schnell Sauen in den Laubholzbeständen zu finden. Inzwischen ist das durch die Aktivierung der Bodenflora und besonders die vielerorts entstandene Naturverjüngung eher selten geworden.

**Im strukturreichen Mischwald profitiert das Schwarzwild von großkronigen Mastbäumen.**

## Äsungsflächen im Wald

Neben der Förderung des natürlichen Fraßangebotes kann der Heger im Wald durch gezielte Maßnahmen das Nahrungsangebot zusätzlich verbessern. Die Anlage und Pflege von Wildwiesen an ruhigen und möglichst einstandsnahen Stellen ist für die Bindung der Sauen an den Wald sehr wirkungsvoll. Wichtig ist dazu ein hoher Kleeanteil an deren Bestockung.

▶ **Wildwiesen**

Dauergrünflächen beweiden Sauen bevorzugt im Vollfrühling und Frühsommer intensiv. Sie decken so einen wesentlichen Teil ihres Bedarfs an pflanzlichem Eiweiß. Nur wer es selbst beobachtet hat, kann sich vorstellen, welche großen Mengen frisches Gras und üppigen Klee Schwarzwild aufnehmen kann. Einem jungen Keiler habe ich Anfang Juni einmal weit über eine

**Tipp**

Auf Wildwiesen besteht – alleine schon wegen ihrer meist ruhigen Lage – immer die Gefahr, dass ihre Grasnarbe bei Waldmastaufkommen im Herbst, bei offenem Wetter in den darauf folgenden Wintermonaten und im zeitigen Frühjahr von den Sauen umbrochen wird. Wenngleich man Wildwiesen von einer Bejagung in der Regel tunlichst ausnehmen sollte, kann zu solchen Zeiten, in denen das Schwarzwild zu Schaden geht, dort eine gezielte Bejagung der Rotten wie in der freien Feldflur notwendig sein. Bestens eignen sich als Wildwiesen ausreichend breite Schneisen im Wald, die zunehmend auch für die Bejagung vonnöten sind.

Stunde bei der ununterbrochenen Aufnahme von Kleegrasgemenge zuschauen können.

**Je höher der Kleeanteil, desto wertvoller sind Wildwiesen für das Schwarzwild.**

Abgesehen von den besonderen Schwerpunkten vonApril bis Juni werden Wildwiesen zu allen Jahreszeiten immer wieder vom Schwarzwild zur Fraßaufnahme aufgesucht. Eine in unmittelbarer Nähe des Einstandes und der Ablenkungsfütterung des von mir betreuten Familienverbandes gelegene Wildwiese von 0,4 ha wird zu allen Tages- und Nachtzeiten frequentiert und kurz gehalten wie ein Golfrasen. Umgebrochen werden hier zeitweise nur die bodenweicheren Ränder am Waldsaum.

Reparatur und Neueinsaat beschädigter Wildwiesen erfolgen nach demselben Schema wie bei landwirtschaftlichen Grünlandflächen (vgl. Kap. „Schwarzwildschäden"). Sowohl bei der Neu- als auch bei der Nachsaat ist zu berücksichtigen, dass der Anteil von Klee an der Bestockung schon in wenigen Jahren spürbar abnimmt. Gutes Walzen der Saat sowie die Drainierung feuchter Wiesenbereiche – soweit Naturschutzbelange nicht entgegenstehen – kann die Gefahr einer Beschädigung durch Umbrechen deutlich mindern.

▶ **Wildäcker**

Wildäcker lassen sich für die Sauen mit den von ihnen bevorzugten Anbaupflanzen anlegen. Topinamburknollen werden vom Schwarzwild gerne gefressen, die Sorte spielt dabei eine große Rolle. Sie bedürfen einer ackergleichen Bodenbearbeitung und werden wie Speisekartoffeln gelegt. Bei der Erstanlage ist eine Gatterung erforderlich. Vielfach bleiben dann nach Freigabe der Fläche und Aufnahme der Knollen durch die Sauen so viele Knollenteile im Boden übrig, dass sich eine dauerhafte Bestockung einstellt. Mit dem Anbau von To-

pinambur, auch auf größeren Flächen bis zu 0,5 ha, habe ich selbst damit aber auch schon Pech gehabt. Wenn die Gattertore der Topinamburflächen nicht rechtzeitig geschlossen wurden, nahmen die Sauen die Knollen des Topinamburs nämlich restlos auf.

Besseren Erfolg hinsichtlich einer Dauerbestockung brachte dagegen der kleinflächige Anbau von Beinwell (*Symphytum officinale*), auch Schwarzwurz oder Comfrey genannt. Seine Wurzeln werden nur zeitweise, dann aber mitunter ganz intensiv angenommen. Immer bleibt soviel Wurzelmasse im Boden, dass die Fläche sich wieder bestockt und sich, soweit standörtlich möglich, auch natürlich weiter ausbreitet.

Der Anbau von Getreide, Mais und Kartoffeln auf Wildäckern ist möglich, spielt aber weder für die langfristige Ernährung der Sauen noch für die Wildschadensabwehr eine entscheidende Rolle. In aller Regel bringen die Anbauten zu wenig Masse, wachsen und reifen wegen ihrer Lage im Wald mit entspre-

## Tipp

Wildäcker mit ackergleicher Bewirtschaftung erfordern bei Schwarzwild als ständigem Standwild immer eine kostspielige Gatterung. Entscheidet man sich dafür, sollte das Schutzgatter nicht unmittelbar um die angebaute Fläche, sondern immer in einigem Abstand in der Deckung des Waldes verlaufen und als Dauereinrichtung mit herausnehmbaren Toren versehen werden. Alles Wild nimmt so gegatterte Wildäcker vertrauter an als Flächen mit ackerrandscharfer Zäunung.

chender Randbeeinflussung spät heran und sind meist in kürzester Zeit vom Schwarzwild gefressen. Bei entsprechendem Wetter und gründlicher Bodenvorbereitung hatte ich einige Jahre beim Anbau von Mais auf Wildäckern gute, mit landwirtschaftlichen Flächen vergleichbare Erträge. Das Fraßangebot hielt aber nur für sehr kurze Zeit. So habe ich einmal beobachtet, dass ein großer Familienverband Schwarzwild einen mit reifem Mais voll bestockten Wildacker von 0,4 ha Größe in der dritten Nacht nach Öffnung der Gattertore innerhalb von einigen Stunden völlig zu Boden brachte. Interessant war dabei die Vorgehensweise der Sauen: Sie knickten zunächst den gesamten Mais bis auf einen Rand von rundherum zwei Metern restlos um. In den darauf folgenden Nächten wurde der Mais dann gefressen und war innerhalb einer Woche vollständig verschwunden.

Das Gatter darf keine Winkel oder Ecken haben oder muss die Tore genau dort haben, damit gestörtes oder von Hunden gehetztes Schwarzwild sich niemals in Panik in einer geschlossenen Ecke festlaufen kann. Sauen geraten leicht in Panik.

## Sonstige Hegemaßnahmen

Neben der Verbesserung des natürlichen Fraßangebotes im Wald und der gezielten Anlage von Äsungsflächen bieten sich dem Jäger noch verschiedene andere Maßnahmen zur Schwarzwildhege im Revier.

### ▸ Salzlecken

Das Schwarzwild schätzt Salzlecken sehr und nimmt sie regelmäßig an. Ein direkter Zugang zum Salz sollte möglichst verhindert werden, da durch zu intensiven Salzgenuss die Gefahr einer Salzvergiftung besteht. Man legt daher besser Stocksulzen an, arretiert also Lecksteine auf tief eingerammten Holzpfählen oder besser noch auf Stöcken von entbehrlichen Bäumen mit einem Brusthöhendurchmesser von 15 bis 25 cm, die in einer Höhe von 1,5 bis 2 m abgesägt werden. Sowohl Pfähle als auch natürlich bewurzelte Stocksulzen werden allerdings nach einer gewissen Zeit ausgebuddelt und umgeworfen, da die Sauen den salzhaltigen Boden an deren Fuß aufnehmen. Die Sulzen müssen dann erneuert bzw. ersetzt werden.

Bei den wenigen Ansitzkanzeln in meinem Forstrevier habe ich deren senkrechte Pfosten etwa in Kopfhöhe mit Manschetten aus Dachpappe umnagelt, in die ich hin und wieder kleinere Mengen Viehsalz einfülle, damit das gleichmäßig ablaufende Salzwasser die Stempel dauerhaft imprägniert und vor Fäulnis schützt. Die Kanzeln muss ich dann jedoch ausnahmslos kleinflächig

*Stocksulzen werden auch vom Schwarzwild angenommen.*

Vorfluter als „Badehaus": Sauen nutzen alle Möglichkeiten zum Suhlen.

umzäunen, da sonst die Sauen recht bald die Pfostenfüße frei buddeln und die Standsicherheit der Ansitzeinrichtungen gefährden.

▶ **Suhlen**

Das Schwarzwild muss ausreichend Suhlen zur Verfügung haben. Dabei spielt es keine Rolle, ob diese aus Bachkolken, Sickerquellen, Abzugsgräben, Fuhrgeleisen oder gar Bombentrichtern bestehen. Wichtig ist, dass sie dauerhaft Wasser enthalten und möglichst störungsfrei liegen. Wo den Sauen solche Suhlmöglichkeiten fehlen, muss der Heger nachhelfen. Auf weitgehend wasserundurchlässigen Böden genügt oft das Ausheben entsprechender Mulden. Auf Böden mit starker Versickerung muss man die Mulden anschließend mit einer stabilen Folie abdichten und diese Folie anschließend mit einer ausreichend dicken und festgestampften Lehmschicht abdecken, damit die Sauen sie nicht durchtreten.

Die so angelegten künstlichen Suhlen werden mit Wasser gefüllt. In Trockenzeiten muss durch Anfuhr für Wassernachschub gesorgt werden. Hat man Rinnsale im Revier, die zeitweise trocken fallen, kann man für solche Zeiten das Wasser auch in seitlich ausgehobenen Mulden speichern. Ebenso lassen sich bei schnell fließenden Bächen, die nicht zum Suhlen genutzt werden, an geeigneten Stellen durch flache Gräben geringe Wassermengen in vorbereitete Suhlmulden abzweigen. Bei eingetragenen Fließwässern sind dazu die erforderlichen Genehmigungen sowohl der Wasserbehörde als auch bei grundsätzlich allen Eingriffen der Grundstücksbesitzer einzuholen.

▶ **Deckungsstrukturen**

Immer sollte man sich darum bemühen, Deckung für das Schwarzwild zu schaffen, zu erhalten und zu vermehren. Werden Nadelholzdickungen mit ihrem Übergang zu Stangenhölzern unten

**Lebensräume verbinden – stark angenommene Wildunterführung an der A 3**

kahl und als Schwarzwildeinstand ungeeignet, können waldbauliche Bestandespflegemaßnahmen mit Stammzahlverringerungen und einer ersten Freistellung von potenziellen Zukunftsbäumen insbesondere bei hohem Anfall unverwertbaren Materials noch einmal für längere Zeit ausgezeichnete Deckung schaffen.

Ähnlich positiv für das Deckungsangebot, wenngleich nicht ganz so effektiv, ist die Bestandespflege im jungen Laubholz. Sind Laubholzkulturen gegattert und können sie bei beginnendem Kronenschluss noch nicht aus dem Zaun entlassen werden, versuchen die Sauen in der Regel, in diese für sie besonders attraktive Deckung zu gelangen und zerstören dabei oft die Zäune an den unterschiedlichsten Stellen. Damit sie nicht unkontrolliert eindringen und durch Beschädigung des Zauns anderem Schalenwild den Zugang ermöglichen, baut man tunlichst Schwarzwildeinlässe ein, wie sie auf Seite 151 beschrieben sind.

Mangelt es im Waldrevier infolge der Bestandesstruktur grundsätzlich an Deckung für das Schwarzwild, kann man in ruhigen Stangenhölzern besondere, Fasanenschütten ähnliche Unterstände bauen und sie mit Stroh oder Farn auspolstern. Solche Einstandsvorrichtungen werden von den Sauen gerne angenommen.

▶ **Lebensraumverbindungen**

Werden Reviere von Verkehrswegen mit Wildsperrzäunen zerschnitten, muss der Jäger mit allen zu Gebote stehenden Mitteln darauf hin wirken, dass Brücken oder Unterführungen als Verbindungswege für das Wild eingerichtet werden. Schwarzwild nimmt beides an und ist in dieser Hinsicht wenig empfindlich. Die Autobahn 3 ist bei Siegburg für einen Bach untertunnelt. Der Tunnel ist 40 Meter lang, 1,20 Meter hoch und 2,00 Meter breit. Die Sauen wechseln regelmäßig durch diese Röhre (F. WEEG, mündl. 2002).

# Die Hege mit der Büchse

## Das Lüneburger Modell

Mit dem Namen *Lüneburger Modell* werden Bejagungsrichtlinien bezeichnet, die seit dem Jahre 1969 zunächst sehr erfolgreich im Regierungsbezirk Lüneburg angewendet und anschließend in Westdeutschland schnell bekannt wurden. Heute sind sie wegen des Schweinepestgeschehens leider mancherorts in Vergessenheit oder wegen der stark angewachsenen Bestände in Verruf geraten.

In der Lüneburger Heide war es seinerzeit – wie allenthalben – durch fehlerhafte Bejagung zu einer fast trostlosen Verzwergung (*Deceleration*) des Schwarzwildes gekommen, die Strecke an alten und reifen Stücken war verschwindend gering geworden. Steigender Jagddruck und bessere technische Ausrüstung gepaart mit sinkender Jagdmoral hatten diesen traurigen Zustand herbeigeführt. Die Wildschäden waren hoch.

► **Die Ziele: Gesunder Altersaufbau und Schadensabwehr**

Federführend bei der Erarbeitung des Bejagungsmodells war Norbert Teuwsen, Landwirt, gelernter Forstmann und weiland Kreisjägermeister in Lüneburg.

Er hatte sich mit einigen jagenden Berufskollegen zusammengetan, um dem Schwarzwild eine artgerechte Behandlung zukommen zu lassen und gleichzeitig die Wildschäden, die kein auch nur annähernd normales Verhältnis zur Nutzungsmöglichkeit des Schwarzwildbestandes hatten, einzudämmen. Mittelpunkt der Bemühungen und Hegeziel war zunächst nicht der jagdbare Keiler, sondern ein Schwarzwildbestand mit gesundem Altersklassenaufbau in einer für die Landeskultur tragbaren Höhe und der Möglichkeit einer nachhaltigen Nutzung. Das vorrangige Ziel war also die biologisch richtige Regulation der Schwarzwildbestände. Starke Keiler sollten dann schließlich das Ergebnis und der Lohn für nachhaltige Bemühungen sein. Dabei spielten die Beobachtungen eine große Rolle, dass ältere Stücke für eine bessere räumliche Verteilung eines Schwarzwildbestandes sorgen und wegen ihrer Lebenserfahrung mit ihrem Anhang besser von den Feldern fernzuhalten sind.

Das Lüneburger Modell orientiert sich an den Vorgaben, wie sie in den Abschussvorschlägen verschiedener Arbeiten über die Bewirtschaftung des Schwarzwildes zu finden sind, so bei E. WAGENKNECHT (1967), E. UECKERMANN

**Erstes Ziel des Lüneburger Modells ist nicht die starke Keilertrophäe. Sie ist „zwangsläufige" Folge eines artgerechten Altersaufbaus.**

(1977), L. Heck u. G. Raschke (1985), L. Briedermann (1990) und R. Hennig (1998). Alterspyramiden stellen die ideal aufgebauten Schwarzwildbestände in Verbindung mit entsprechenden jagdlichen Eingriffen dar. Im Wesentlichen orientieren sich diese Eingriffe in den Schwarzwildbestand an natürlichen Vorgängen bei jagdlich unbeeinflussten Populationen. Hier finden die Eingriffe durch Beutegreifer hauptsächlich in den am leichtesten zu erbeutenden Altersklassen statt, nämlich beim Jungwild und bei ganz alten Stücken, in beiden Klassen mit zusätzlichen Abgängen durch die natürliche Sterblichkeit.

▸ **Hilfsgröße Gewicht**

Norbert Teuwsen schreibt im Niedersächsischen Jäger 9/80 vom 5. Mai 1980: *„Nach einigen gescheiterten Versuchen, über den Gesetzgeber Abhilfe zu schaffen, gingen Lüneburger Jäger daran, sorgfältig den Boden für eine freiwillig zu vereinbarende Bejagungsform vorzubereiten. Die Erfahrungen aus gescheiterten – weil zu klein angelegten – Versuchen waren dabei wertvolle Hilfen. Aus den gescheiter-*

*ten Versuchen wusste man schon, das besonders in devastierten Beständen die Einordnung lebender, ja selbst gestreckter Stücke in die richtige Altersklasse Schwierigkeiten bereitet, und die Orientierung an Gewichtsgrenzen wurde zum wesentlichen Merkmal des Lüneburger Modells."* N. Teuwsen (mündl. 2000) bezeichnet das Lüneburger Modell als Bejagungsmodell und weniger als Hegemodell, wie ich es selbst gerne tue. Wenn er betont, dass beim Schwarzwild die Hege mit der Büchse im Sinne Ferdinand von Raesfelds erfolgen muss, besteht wieder Übereinstimmung, da ich ebenfalls den Hauptpart der Hege des Schwarzwildes bei der Büchse des Jägers sehe.

Diese Orientierung an Gewichtsgrenzen ist – wenngleich biologisch nicht unbedingt konsequent – eine praxisgerechte „Eselsbrücke" und Orientierungshilfe für den Jäger vor Ort, die sich beim Aufbau und Erhalt von gut strukturierten Schwarzwildbeständen bewährt hat (siehe Abschnitt „Die Hegegemeinschaft am Beispiel Kottenforst-Süd"). Der Nachteil der Ausrichtung des Abschusses an Richtgewichten liegt ohne Zweifel darin, dass sogar innerhalb eines Jahrgangs erhebliche Gewichtsunterschiede von Stück zu Stück feststellbar sind. So beobachte ich immer wieder an von mir markierten erwachsenen Stücken starke Differenzen im Körpergewicht, die ich auf bis zu 20 kg Gewicht (aufgebrochen) schätze. Auf der anderen Seite führen die Gewichtsunterschiede dazu, dass der Jäger bei der altersklassenmäßigen Zuordnung des gestreckten Wildes nur dann richtig vorgeht, wenn er konsequent die Zuordnung nach dem Zahnwechselzustand vornimmt, der mit etwa zwei Jahren beendet ist.

# Die Richtlinien des Lüneburger Modells zur Schwarzwildbejagung

1. Stücke über 50 kg (aufgebrochen) sind zu schonen. Den Jägerschaften bzw. Hegegemeinschaften bleibt es überlassen, die Gewichtsschwelle zu senken. Die Toleranzgrenze sollte 10 % nach oben nicht überschreiten.

2. Aus der Rotte ist zunächst immer das schwächste Stück zu erlegen.

3. Einzeln ziehende Stücke sind, soweit es nicht kranke oder bunte Stücke oder jagdbare Keiler sind, grundsätzlich zu schonen.

4. Bunte und kranke Stücke sind im ganzen Jahr bei Beachtung der gesetzlichen Schonzeit und waidmännischer Grundsätze ohne Gewichtsbegrenzung frei.

5. Frischlinge sind früh und scharf zu bejagen. Sobald das Streifenmuster verschwindet, sollte mit der Bejagung begonnen werden.

6. Von den Überläufern sind in erster Linie schwache Stücke zu strecken. Männliche Überläufer sind nach Möglichkeit zu schonen. Die Gewichtsgrenze von 50 kg sollte in den Sommermonaten nicht ausgeschöpft werden.

7. Ein Stamm alter, erfahrener Bachen ist zu erhalten.

8. Wenn erforderlich, können in den Hegegemeinschaften einzelne Bachen ab 1. November freigegeben werden. Diese Abschüsse sollten der Einzeljagd vorbehalten bleiben.

9. Dabei sind vorrangig Bachen, die zur Unzeit, zumindest solche, die in der Zeit vom 1.7. bis 30.11. gefrischt haben, samt Nachwuchs dem Bestand zu entnehmen.

10. Gruppenkeiler sind innerhalb der Hegegemeinschaften etc. kontigentiert freizugeben und ab 1.9. zu bejagen. Als jagdbar gelten Keiler, die mindestens 5 Jahre alt sind oder 100 kg und mehr (aufgebrochen) wiegen. Das Gewaff soll, die Schwarte kann bei Trophäenschauen gezeigt werden.

11. Vom 1.2. bis 15.6. soll die Jagd auf Schwarzwild grundsätzlich ruhen. Der Abschuss von Überläufern in der Schonzeit der groben Sauen würde in der Praxis einer ganzjährigen Bejagung des Schwarzwildes mit den bekannten negativen Auswirkungen gleichkommen. In Schadensfällen können in der Zeit vom 1.2. bis 31.3. unter Beachtung der Gewichtsgrenze von 50 kg Frischlinge des Vorjahres und des laufenden Jahres erlegt werden. Vom 1.4. bis 15.6. sind nur noch Stücke bis 25 kg (aufgebrochen) frei. Zur Abwendung unzumutbarer Schäden in der Zeit vom 1.2. bis 15.6. sind Anträge auf Abschuss stärkerer Stücke an die Hegegemeinschaften bzw. die Kreisjägermeister zu richten.

12. Die Intensität der Bejagung muss sich nach der Bestandesentwicklung richten und wird in den Hegegemeinschaften geregelt. Eine Strecke mit folgender Gliederung ist anzustreben

Stärkere Stücke einschl. Gruppenkeiler:   10%

Stücke unter 50 kg Überläufer                    20% (höchstens)

Frischlinge                                                  70% (mindestens)

Als Richtzahl muss gelten: Auf 3 bis 4 Frischlinge 1 Überläufer

Die vorstehenden Grundsätze der Bejagung sollten bei Gesellschaftsjagden und auf der Einzeljagd konsequent angewendet werden. Unkundige Jäger sind eingehend zu unterrichten.

Das Schwarzwild ist wie keine andere Wildart auf die waidmännische Haltung der Jäger angewiesen. Das Lüneburger Modell stützt sich auf freiwillige Beschlüsse der Jägerschaften im ehemaligen Kreis Lüneburg. Seine Erfolge werden bundesweit anerkannt. Es fordert dem Jäger ein hohes Maß an Können und Verantwortungsbewusstsein ab. Loyalität ist die Grundlage für eine erfolgreiche Arbeit.

▶ **Jedes Modell ist nur so gut wie seine Umsetzung**

Heute wird der Anwendung des Lüneburger Modells bei der Schwarzwildbejagung angelastet, dass die Schwarzwildbestände allenthalben aus dem Ruder gehen. Ich vergleiche das Lüneburger Modell gerne mit einem scharfen Jagdmesser, das man einem Waidgenossen in die Hand gibt, der sich damit in die Finger schneidet. Das Messer ist am Unfall zwar beteiligt, trägt aber daran keine Schuld. So wichtig es ist, gutes Werkzeug zu haben, entscheidend ist, wie man damit umgeht. Das gilt bestimmt für das Lüneburger Modell, das in zwei Punkten oft Probleme bei der Umsetzung bereitet:
1. Die angegebenen Abschussprozentwerte des Lüneburger Modells beziehen sich auf den Normalbestand, wie hoch man ihn auch immer ansetzen mag, und setzen voraus, dass die Sauen immer wieder auf den Grundbestand einreguliert werden. Das Lüneburger Modell geht also davon aus, dass der Gesamtabschuss dem tatsächlichen Zuwachs entspricht, also diesen zur Gänze abschöpft. Das bedeutet aber auch, dass trotz idealster Aufgliederung des jährlichen Abschusses nach den Vorgaben des Lüneburger Modells der Bestand dann automatisch anwachsen muss, wenn der Gesamtabschuss in der Realität unter dem jährlichen Zuwachs liegt. Es wachsen zu viele Sauen aus der Jugendklasse in die Klasse der reproduktiven Stücke ein. Wenn dann aus der Altersklasse zusätzlich noch nur die idealen 10% entnommen werden, wobei nur die weibliche Hälfte auf die Bestandesentwicklung Einfluss hat, tritt eine rasche Verzinsung ein, und die Bestandesexplosion ist programmiert.

2. Der im Lüneburger Modell vorgesehene Bachenabschuss wird in vielen Fällen total vernachlässigt und aus der Furcht vor unvermeidlichen Fehlabschüssen, dem „Verschnitt", viel zu niedrig angesetzt oder eben dem unkalkulierbaren Zufall überlassen. Er muss im Normalfalle immer 5% des Gesamtabschusses betragen – ist der Grundbestand zu hoch, in jedem Falle mehr.

▶ **Notwendige „Modellpflege"**

Der heutige Zustand mancher Schwarzwildpopulationen erfordert ganz selbstverständlich eine Modifizierung der Richtlinien des Lüneburger Modells. So ist die mehrmonatige Jagdruhe in der Mehrzahl der Schwarzwildreviere heute nicht mehr zu verantworten, so wünschenswert sie vom Tierschutz her auch wäre. Wir jagen im Frühjahr auf Sauen mit dem Wissen, dass eine Vielzahl aktuellen Nachwuchs hat, ein Zustand, den bei den übrigen Schalenwildarten niemand tolerieren würde. So ist gerade an dieser Stelle dem Schwarzwildjäger ein hohes Maß von Verantwortung aufgebürdet. Die Passage 8. der vorzitierten Richtlinien des Lüneburger Modells ist inzwischen längst überholt, da der richtige Bachenabschuss kein „Kann" mehr ist, sondern ein unbedingtes „Muss".

Insgesamt ist jedenfalls das Lüneburger Modell mit einer Richtgewichtsregelung im Ansatz aber ein gutes Praxismodell für die Bejagung des Schwarzwildes, wenn der Jäger bereit und in der Lage ist, unter Berücksichtigung der aktuellen örtlichen Verhältnisse fachgerecht damit umzugehen. So wie Heinz Meynhardt das Verdienst hat, uns heutigen Jägern die biologischen Zusammenhänge unserer Schwarzwildpopulationen klar gemacht zu haben, so haben Norbert Teuwsen und seine Mitstreiter uns gezeigt, wie man diese Erkenntnisse in der Praxis umsetzt und mit dem Schwarzwild umzugehen hat.

## Die Hegegemeinschaft am Beispiel Kottenforst-Süd

Schwarzwild ist eine Hochwildart, deren Lebensraum sich niemals mit den Grenzen immer kleiner werdender Reviere deckt, sie lässt sich nur revierübergreifend hegen sowie sinnvoll und effektiv bejagen. Dazu bedarf es in aller Regel eines *Schwarzwildrings* oder einer *Hegegemeinschaft*.

Das Ziel muss sein: Ein den Erfordernissen der Landeskultur angepasster Schwarzwildbestand soll aus einem geringen Grundbestand einen hohen Nachwuchs zeitigen, der jährlich zahlenmäßig voll abgeschöpft wird. Dabei wird angestrebt, dass eine bestimmte Anzahl von Individuen in das jagdbare Alter oder gar das Reifealter hineinwächst. Schäden sollen möglichst vermieden werden. Zur Erreichung und Erfüllung eigener Ziele und Wünsche tun sich Jäger zusammen in der Erkenntnis, dass bestimmte Erfolge nur gemeinsam erreichbar sind, und dass man den eigenen Egoismus in einer Gruppe kultivieren muss, was unter anderen Vorzeichen schon der prähistorische Jäger begriffen hatte.

▶ **Grenzverlauf vor Größe**

Immer werden zu einer Hegegemeinschaft unterschiedlich strukturierte Reviere gehören. Sie bilden eine Solidargemeinschaft, in der alle Inhaber von

Wald, Feld,
Siedlung und
Straßen in enger
Verzahnung:
Luftansicht auf
den Kottenforst

Wald- und Feldrevieren zur Bewirtschaftung des Wildes und Verhinderung und Verminderung der Wildschäden in bestmöglicher Weise zusammenwirken. Unterschiedlich wird die Frage der Zielgröße einer Hegegemeinschaft gesehen. Viel wichtiger als die absolute Größe ist die Raumausformung, sind insbesondere Lage und Größe des zusammenhängenden Waldes.

Meine eigene Erfahrungen entstammen einer Hegegemeinschaft mit lediglich 3.500 ha Wald und einer etwa 1.500 ha großen Feldfläche, die vom Schwarzwild einigermaßen regelmäßig aufgesucht wird. Es handelt sich um ein Flächendreieck, das an der einen Seite durch die geschlossene Besiedlung des Rheintals und an der zweiten durch eine ohne Wilddurchlass gegatterte Autobahn begrenzt und nur nach einer Seite offen ist. So kann man bei dem hier lebenden Schwarzwild von einer eigenständigen Population ausgehen. Ein Austausch von Überläuferkeilern findet

zwar über die offene Flanke statt, Rotten wechseln allerdings kaum in andere Regionen. Von mir markierte männliche Stücke wanderten bisher über Entfernungen bis zu 15 km Luftlinie. Die Größe dieses Schwarzwildringes liegt sicher an der Untergrenze einer für eine Hegegemeinschaft anzustrebenden Fläche.

▶ **Hegeringe nutzen allen**

Kleinere Hegegemeinschaften haben den Vorteil, dass sich die Revierinhaber innerhalb kurzer Zeit näher kennen lernen. In einem größeren zusammenhängenden Schwarzwildgebiet ist es besser, mehrere Schwarzwildringe geringerer Größe nebeneinander zu haben, die ihre Zielsetzungen und Maßnahmen koordinieren, als eine große Hegegemeinschaft, in der viele Jäger einander fremd bleiben. Die Hege und gerechte Bejagung des Schwarzwildes muss nämlich in erster Linie beim Menschen, also beim zuständigen Jäger ansetzen. Die Sauen selbst sind viel leichter als alle anderen Schalenwildarten zu behandeln. Die vielbeschworene „Liebe" der meisten Jäger zum Schwarzwild kann sich nur in entsprechendem Handeln äußern. Schließen sich einige Revierinhaber des Raumes zunächst der Gemeinschaft nicht an, so darf das nicht entmutigen. Mitunter dauert es lange, bis auch der Letzte die Vorteile einer solchen Solidargemeinschaft begriffen hat oder sich so isoliert fühlt, dass er dem Beitritt nicht entgehen kann.

Ganz wichtig sind in diesem Zusammenhang die Eigenjagdbesitzer – private, kommunale und die Landes- und Bundesforsten. Sie sollten eine besondere Stütze der Gemeinschaft sein und deren Kontinuität garantieren, da sie auf ihren Flächen über die Pachtzeiträume von neun oder zwölf Jahren hinaus jagdlich zuständig sind. Sie können bei zusammenhängenden Waldflächen einen entscheidenden Beitrag zur Schadensverminderung leisten und partizipieren nachhaltig an den Erfolgen der Gemeinschaft. Verpachten sie ihre Jagdbezirke, ist es ihnen unbenommen, entweder ihren Pächtern die Mitgliedschaft in der Hegegemeinschaft zur Auflage zu machen oder sie an die Fläche zu binden.

### ▶ Persönlichkeiten sind wichtiger als Papier

Was hat nun ein Schwarzwildring zu tun und zu beschließen, wie soll er sich konstituieren? In der Regel kommen einige Revierinhaber einer Region zu der Erkenntnis, dass die bisherige Behandlung des Schwarzwildes verbessert werden muss, und finden sich zu vorbereitenden Gesprächen zusammen.

Das erste und wichtigste ist es, eine geeignete Persönlichkeit zu finden, die als Vorsitzende oder Vorsitzender bei der Konstitution des Ringes vorgeschlagen und gewählt wird. Diese Person ist von so eminenter Wichtigkeit, dass man hier nicht sorgfältig genug vorgehen kann. Sie muss zunächst als Eigenjagdbesitzer, Pächter oder ständiger Revierbetreuer jagdlichen Einfluss im Raume haben und somit unabhängig, also nicht auf Jagdeinladungen angewiesen sein. Es ist eine Persönlichkeit vonnöten, die einen untadeligen jagdlichen Ruf hat und die Sprache aller Beteiligten vom Jagdbetreuer bis zum Eigenjagdbesitzer verstehen und sprechen kann. Sie muss Überzeugungs- und Durchsetzungsvermögen haben und außerdem viel von der Materie verstehen. Dabei ist eine Funktion in einer jagdlichen Organisation denkbar, möglicherweise zur Abwicklung der Geschäfte hilfreich, aber keineswegs Voraussetzung.

Es ist eine deutsche Eigenart, bei der Gründung einer Vereinigung sofort größere organisatorische Regelungen vorzunehmen, einen Vorstand zu bilden und eine umfangreiche Satzung zu entwerfen. So kenne ich Hegegemeinschaften, die kopfstarke Vorstände gebildet, sich lange Satzungen gegeben und komplizierte Regelungen verordnet haben – nur die Schwarzwildbejagung funktioniert nicht. Dabei sind nur einige ganz wenige Punkte von Bedeutung: Nach welchen Kriterien wird der Schwarzwildbestand behandelt, wie werden Strecke und Bestandesentwicklung erfasst und wie kann Wildschaden gemeinsam verhindert werden?

### ▶ Zielvereinbarungen

Als Bejagungsmodell empfiehlt sich das vorbeschriebene Lüneburger Modell, also eine Schwarzwildbejagung mit der Hilfe von Richtgewichten, die allerdings bei den jagdlichen Eingriffen in die Jugendklasse nur als Hilfsgrößen herangezogen werden und nicht als Evangelium dienen dürfen.

Wir haben die Abschussgrundsätze in der kleinen Hegegemeinschaft Kottenforst-Süd, in der mein Forstrevier liegt, auf eine sehr einfache Weise gefasst: Seit fast 30 Jahren bejagen wir vom 1. Februar, bei Beginn der Schonzeit für grobe Sauen also, bis zum 30. September nur Sauen bis zu einem Richtgewicht von 30 kg, dann vom 1. Oktober bis zum 31. Januar Sauen bis zu einem Richtgewicht von 40 kg, beides natürlich ohne Zahlenbegrenzung. Die Zahl der freigegebenen Keiler und Bachen wird jährlich geplant und zwischen den Mitgliedern der Hegegemeinschaft einvernehmlich festgelegt.

Unter die Sauen bis 30 kg fallen alle Frischlinge, diesjährige und vorjährige, sowie geringe Überläufer aus der Rotte. Mit dieser Regelung sind wir einigermaßen auf der sicheren Seite, zumal im Lande Nordrhein-Westfalen vom 1. Februar bis zum 31. Juli nur Frischlinge (noch nicht einjährige Stücke!) erlegt werden dürfen.

Einzelne Überläufer, mit Sicherheit männliche Stücke, sind grundsätzlich tabu. Der Schuss auf einzelne Sauen darf ohnehin nur dem jagdbaren Keiler oder einer „pensionierten" Bache gelten und ist ansonsten – vom Schuss auf krankes oder verletztes oder buntes Wild einmal abgesehen – in aller Regel falsch, was auch für solche Bewegungsjagden gilt, bei denen die Sauen nicht von der Treiberwehr oder Hunden gesprengt werden.

► **Gewichtsangaben sind besser als gar keine**

In Gebieten mit körperstärkeren Sauen als unseren an der Rheinschiene muss man höhere Richtgewichte ansetzen. Überdies ist die Bejagung der Sauen in der Jugendklasse nach Richtgewichten biologisch eigentlich nicht konsequent und – wie bereits erwähnt – nur als Hilfsmittel gedacht. Wir haben aber vom ersten Tage des Zusammenschlusses an versucht, für die Mitglieder die Regelungen so einfach wie möglich zu halten, und sind bisher gut damit gefahren. Es besteht nämlich die Gefahr, dass es bei zu komplizierten Regelungen mit der Umsetzung im Revier hapert und die notwendigen Daten für die weiter unten beschriebene Streckenerfassung

## Tipp

Die Abschussvorgaben für den Jäger draußen müssen auf den allereinfachsten, fachlich noch vertretbaren Nenner gebracht werden! Für wissenschaftliche und statistische Erkenntnisse mag es mitunter wichtig sein, Bejagungsmodelle verschiedener Art durchzurechnen und die Reaktion eines Bestandes mit jährlich unterschiedlichstem Geschlechterverhältnis bei Geburt und Jugendklassenabschuss oder bei jährlich differierendem, meist erst im nachhinein bekanntem Zuwachs zu ermitteln.

Die Regelungen für die Praxis vor Ort müssen aber auf einer Büchse zwischen Abzug und Laufmündung schriftlich unterzubringen sein, sonst wird keine Theorie wirklich umgesetzt und ist letztendlich nicht zielführend.

Kommt groß und klein an der „Perlenschnur", ist das Gewicht deutlich besser einzuschätzen als am Einzel-stück.

von der Basis nicht zu bekommen sind. Ich glaube nicht daran, dass bei hohen Jahresstrecken an jeder erlegten Sau der Jugendklasse das nur hier zu bestimmende exakte Alter untersucht und festgehalten wird. Bei unseren großen Drückjagden mit hohen und konzentriert anfallenden Stückzahlen halte ich es für nicht mehr praktikabel, zusätzlich zu dem ohnehin großen organisatorischen Aufwand noch das Alter jedes Stückes genau zu ermitteln. Die Gewichte jedoch hat oder bekommt man immer. So gehen wir einfach davon aus, dass von der Zahl der Sauen zwischen 40 und 50 kg noch etwa die Hälfte der Jugendklasse zuzurechnen ist.

▶ **Keilerfreigabe**

Keiler werden mit zahlenmäßiger Begrenzung als Gruppenkeiler (für den gesamten Hegering) freigegeben. Die Bejagung setzt ein mit Beginn der gesetzlichen Jagdzeit – bei uns in Nordrhein-Westfalen am 1. August – und erfolgt ausschließlich über die Einzeljagd. Die Freigabe jagdbarer Keiler ist mit entsprechenden Ansprechvorgaben natürlich auch bei Drückjagden möglich und wird anderweitig praktiziert. Die Gefahr eines zu hohen Abschusses oder der Erlegung nicht jagdbarer Keiler muss man dabei aber bedenken.

Die Keiler sollen das jagdbare Alter von fünf Jahren erreicht haben. Die freigegebene Zahl richtet sich nach der Gesamtstrecke des Vorjahres und hat sich bei uns im Bereich von 3,5 % der langjährigen Durchschnittsstrecke eingependelt. Wir gehen bewusst nicht an die theoretisch möglichen 5 % heran und haben dadurch eine beachtliche Reserve an älteren Keilern. Das bestätigen sowohl Beobachtungen in der Rauschzeit als auch bei den Drückjagden. Bei zahlenmäßiger Abschussbegrenzung lässt sich auch ohne weiteres die gelegentlich vorkommende Erlegung eines zu jungen Keilers verkraften; ein anderer wird dadurch ein Jahr älter.

▶ **Grundsätze für den Bachenabschuss**

Bachen werden bei uns ebenfalls nur auf der Einzeljagd bejagt. Ihre Freigabe erfolgt ebenfalls im Anhalt an die Vorjahresstrecke und deren Gesamtentwicklung über mehrere Jahre. Eine gewisse Reserve wird einbehalten, damit die zwangsläufig immer wieder – vor allem bei den Bewegungsjagden – vorkommenden Fehlabschüsse und Verkehrsverluste aufgefangen werden. Je nach Zusammensetzung der bisherigen Jahresstrecke kann Anfang Januar kurzfristig nachgebessert werden. Der Prozentwert muss insgesamt aber stets der Trendentwicklung des Bestandes Rechnung tragen, kann also nach oben oder ausnahmsweise nach unten von den idealen 5 % abweichen. Die Streckenstatistik und die Bestandesentwicklung in den vielen Jahren seit Bestehen des Rings weisen allerdings darauf hin, dass der Abschuss reproduzierender Bachen in den meisten Jahren zu niedrig angesetzt oder der angestrebte nicht erreicht wurde. Der Bachenabschuss wird bei uns meist personen- und reviergebunden freigegeben, da er viel Sachverstand erfordert.

▶ **Der angestrebte Grundbestand**

Weiter muss man Überlegungen anstellen, welcher Grundbestand auf der Fläche eines Schwarzwildrings angestrebt wird.

Man drückt den Grundbestand, wie bei allen anderen Schalenwildarten mit dem Frühjahrsausgangsbestand üblich, in Stück/100 ha aus. Dabei legt man beim Schwarzwild allerdings nicht die Waldrevierfläche (= Wald + Feld : 2) zugrunde, sondern die Waldfläche, die dem Schwarzwild als Einstand dient.

E. UECKERMANN (1977) hält einen Grundbestand von 1,5 – 2,5 Stück je 100 ha Wald für tragbar, E. WAGENKNECHT (1967) geht von 2 Stück je 100 ha als Obergrenze aus, während L. BRIEDERMANN (1990) für das Gebiet der alten DDR beschreibt, dass nach der „Verfügung über die Bonitierung der Jagdgebiete" vom 2. Juli 1978 je nach Bonität Dichten von 3,5 bis 4 Stück Schwarzwild je 100 ha Wald möglich waren. Er führt dazu aber aus: *„Die Praxis bewies, dass Frühjahrsbestände über 4 Stück Schwarzwild je 100 ha Waldfläche selbst in den besten Biotopen und bei intensiver Bewirtschaftung nicht dauerhaft ohne Schaden für die Landwirtschaft, den jagdwirtschaftlichen Ertrag und die Population selbst gehalten werden können."*

BRIEDERMANN hält wie E. WAGENKNECHT (1967) einen Grundbestand unter 0,3 Stück je 100 ha für jagdlich nicht mehr bewirtschaftbar. Persönlich glaube ich, dass ein Grundbestand von weniger als 1 Stück je 100 ha Wald nicht mehr ordnungsgemäß zu bewirtschaften ist. Sicher spielen bei diesen voneinander abweichenden Vorstellungen die sehr unterschiedlichen Flächengrößen verschiedenster Bewirtschaftungsgebiete eine große Rolle.

In unserem Ring in einer klimabegünstigten Region (Höhenlage um 200 m über NN. Jahresdurchschnittstemperatur 9,7 °C, Januarmittel +2 °C, durchschnittlicher Jahresniederschlag 620 mm) mit hohem Laubholzanteil im Wald streben wir eine Wilddichte von 3 Stück/100 ha Wald im Grundbestand an, d.h. wir können bei einem Grundbestand von rd. 110 Stück Schwarzwild mit einem jährlich nutzbaren Zuwachs von 170 bis 200 Sauen rechnen. Steigt die Jahresstrecke im Schnitt mehrerer Jahre darüber, hat sich der Grundbestand erhöht und muss abgesenkt werden. Ein höherer Grundbestand als 3 Stück/100 ha ist bei uns merkbar schadenswirksam, obwohl Bestandeshöhe und Wildschäden bis zu einer bestimmten, regional unterschiedlichen Bestandesdichte nicht zwangsläufig voneinander abhängig sind. In fraßärmeren und höher gelegenen Regionen sowie in schweinepestgefährdeten Gebieten wird man mit einem deutlich niedrigeren Grundbestand arbeiten müssen.

▶ **Streckenlisten**

Neben den obigen, für den Jäger vor Ort leicht nachvollziehbaren, einfachen Abschussregelungen und der Festlegung des gewünschten Grundbestandes ist die Führung der Streckenerfassung eine besonders wichtige Aufgabe einer Hegegemeinschaft. Gerade bei einer Wildart ohne Abschussplan – abgesehen von einer Mindeststreckenplanung in Brandenburg, Mecklenburg-Vorpommern und Thüringen – und ohne auch nur halbwegs konstante jährliche Vermehrungsquote ist die Streckenliste ein unumgängliches Instrument, den Bestand im Griff zu behalten. Sie alleine lässt Rückschlüsse auf den Grundbestand des Schwarzwildes zu, einer Wildart, die sich noch weniger zählen lässt als die anderen Schalenwildarten. Wenn

## Tipp

Der vorhandene Schwarzwild-Grundbestand darf nicht aus der Strecke eines einzigen Jahres geschätzt werden! Betrachten muss man immer die Streckenzahlen mehrerer Jahre, um einigermaßen sichere Rückschlüsse auf die Entwicklung des Grundbestandes ziehen zu können. Die Strecke eines Jahres kann man unter Einbeziehung aller Beobachtungs- und Beurteilungskriterien, vor allem der Wildschadenssituation, allenfalls zur Trenderkennung heranziehen.

auch die Streckenliste keine exakte Rückrechnung auf den Grundbestand erlaubt, wie C. STUBBE (2000) nachweist, so ist sie momentan doch das einzige praktikable Instrument, Tendenzen der Bestandesentwicklung erkennen und ihnen nötigenfalls gegensteuern zu können. Immer sollte man die Streckenentwicklung mit der Wildschadenssituation zusammen betrachten. Ohne Streckenliste ist die Planung der Entnahme von Sauen aus höheren Altersklassen unmöglich, auf sie kann man auch ohne Planungsverpflichtung in einem Schwarzwildring nicht verzichten.

Wir führen in der Hegegemeinschaft Kottenforst-Süd, wenn auch nicht von Anfang an, so doch seit 1976/77 eine Liste über die Strecke vom 1. Februar eines jeden Jahres bis zum 31. Januar des Folgejahres. Diesen Zeitraum haben wir – unabhängig vom Jagdjahr – als „Schwarzwildjagdjahr" gewählt, da am 1. Februar die Schonzeit für die groben Sauen beginnt und die Bachen normalerweise noch nicht gefrischt haben. So wie man bei den übrigen Schalenwildarten am 1. April vom Frühjahrsausgangsbestand ausgeht, gehen wir beim Schwarzwild am 1. Februar vom Grundbestand aus. Die Streckenangaben gliedern sich in

- Sauen bis 30 kg,
- Sauen von 31 bis 40 kg,
- Sauen von 41 bis 50 kg,
- Bachen über 50 kg,
- Keiler über 50 kg,

jeweils getrennt nach erlegtem Wild und Fallwild. Die Zahl der in der letzten Kategorie enthaltenen Erntekeiler ist durch die sofortige Einzelmeldung bekannt. Außerdem werden sie stets gemeinsam besichtigt. Zusätzlich punkte ich die Trophäen aus; sie werden bei der Hegeschau des übergeordneten Damwildrings ausgestellt.

Bei einem in unserem Schwarzwildring angestrebten Grundbestand von 105 Sauen (3.500 ha Waldeinstandsfläche x 3 Stück je 100 ha), ergäbe sich bei einem jagdlich nutzbaren Zuwachs von 180 % eine erzielbare und notwendige Strecke von jährlich rd. 190 Sauen. Tatsächlich sind es im Gesamtjahresdurchschnitt 191 Stück je Jahr gewesen, was in Wirklichkeit aber nichts Verwertbares aussagt. Teilt man nämlich 25 der bisher erfassten 26 Jahre in fünf Fünfjahresabschnitte, so ergeben sich Streckendurchschnitte von 93, 128, 156, 264 und 274 erlegten Sauen. Trotz des nachgewiesenen Idealanteils von fast 90 Prozent der Jahresstrecke aus der Jugendklasse sind Strecke und damit Grundbestand permanent angestiegen. Die über mehrere Jahre laufende Streckenerhöhung signalisiert also nicht Absenkung, sondern Erhöhung des Grundbestandes. Der Anteil

der reproduktiven Bachen an der Strecke war einfach zu gering.

▶ **Streckendiagramm**

Betrachtet man nun das Streckendiagramm, das nur die Gesamtstrecke im Vergleich mit der Strecke der Sauen unter 40 kg darstellt, so fällt auf, dass die Streckenlinie in stetigen Auf- und Abbewegungen verläuft. Dies spiegelt die jährlich unterschiedliche Reproduktionsrate und unterschiedliche Bejagungsmöglichkeiten bei der Einzeljagd wider. Diese Größen korrelieren meist nicht miteinander, da die Mastjahre mit hoher Reproduktion die Jahre mit geringerer Einzeljagdchance sind.

Der im Diagramm nicht dargestellte Anteil des Bachenabschusses an der Gesamtstrecke belief sich in den ersten 15 Jahren auf nur 3 %. Daraus kann man sofort schließen, dass der Grund für den permanenten Streckenanstieg beim zu geringen Bachenabschuss mit entsprechendem Anwachsen des Grundbestandes zu suchen ist. Diesem ist dann auch in den nächsten elf Jahren mit einem Abschuss von 4,7 % Bachen über 50 kg Gewicht aufgebrochen am Gesamtabschuss längst nicht ausreichend begegnet worden.

Zur Erkenntnis der Entwicklung unseres Bestandes mit einem Anwachsen des Grundbestandes auf etwa 5–6 Stück/100 ha Wald gelangten wir dann allerdings – fast zu spät –, aufgeschreckt durch die Wildschäden und zunehmend regelmäßige „Überfälle" unserer Sauen auf Gärten und Parks waldnaher Wohngebiete des hiesigen Ballungsraumes mit allen medienwirksamen Begleiterscheinungen.

Wir zogen in der Hegegemeinschaft Kottenforst-Süd dann 1996/97 die Not-

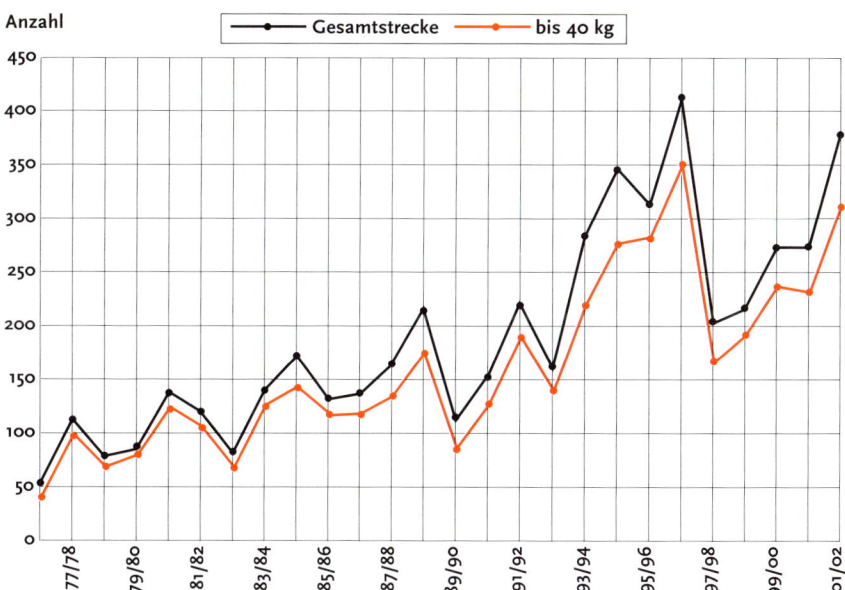

**Schwarzwildstrecke der Hegegruppe Kottenforst-Süd**

bremse, streckten im Rahmen einer hohen Gesamtentnahme von 409 Sauen (auf 3.500 ha Wald und 1.500 ha Feld!) 28 Bachen (rd. 7% der Jahresstrecke) und senkten damit den Grundbestand deutlich ab. Die folgenden beiden Jahre waren mit Strecken von 202 und 212 Sauen wieder fast normal, dann folgten zwei Jahre mit je 273 Sauen. Das Jahr 2001/02 brachte mit 386 Sauen wieder einen rasanten Anstieg. Die Schwierigkeiten, die auch ein gut funktionierender Schwarzwildring mit der notwendigen Anzahl richtiger Bachenabschüsse hat, sind klar erkennbar.

Wir sind in dieser Hegegemeinschaft „gebrannte Kinder" und werden in Zukunft jedes Jahr kritisch die Streckenliste analysieren und uns entsprechende Reaktionen ausdenken müssen. Ohne eine exakte Streckenliste verdient keine Schwarzwildbewirtschaftung diese Bezeichnung und ist absolutes Fischen im Trüben mit allen damit verbundenen Gefahren.

▶ **Jagen, nicht nur tagen**

Wichtiger als häufiges Tagen ist für den Bestand eines Schwarzwildringes das gemeinsame Jagen. Wir halten je eine Sitzung im Frühjahr und im Herbst ab. Das Treffen auf einer oder mehreren revierübergreifenden Drückjagden ist wichtiger als alle komplizierten Satzungen und lange Sitzungen. Besondere Bedeutung hat eine jährliche große gemeinsame Drückjagd im Staatswald, zu der grundsätzlich alle im Ring aktiven Revierinhaber eingeladen werden. Sie hat nicht zuletzt wegen ihrer bedeutenden Strecken einen hohen Stellen- und Verbindungswert.

Die gemein-
same Keilerbe-
sichtigung
fördert das
Gemeinschafts-
gefühl im
Schwarzwild-
ring.

Nicht zu unterschätzen ist die Wirkung ungezwungener Treffen bei der Besichtigung erlegter Keiler und Damhirsche. Ansonsten halten wir nichts vom körperlichen Nachweis. Was man dabei nicht sehen soll, bekommt man ohnehin nicht zu Gesicht. Die gerechte Behandlung des Schwarzwildes muss im Herzen und im Verstand des Schwarzwildjägers beginnen und bei gegenseitigem Vertrauen in der Wildbahn umgesetzt werden, dafür ist uns diese schöne Wildart sehr dankbar.

## Die Bejagung der Jugendklasse

Die Vermehrungsrate des Schwarzwildes, die weit über der aller anderen heimischen Schalenwildarten liegt, erfordert eine Bejagung dieser Wildart, die ihr im besonderen Maße Rechnung trägt. Wenn z. B. ein Schwarzwildvorkommen mit einem Grundbestand von 100 Individuen normalerweise einen jagdlich nutzbaren Zuwachs von 150 bis 200 Stück zeitigt, bedeutet das nach den Vorgaben des Lüneburger Modells, dass bei einem Abschuss, der sich zu 90%

aus der Jugendklasse rekrutieren soll, 135 bis 180 Frischlinge und Überläufer jährlich gestreckt werden müssen. Die ideale Abschussverteilung nach dem Lüneburger Modell wäre die Entnahme von 75% des Gesamtabschusses aus der Frischlingsklasse und 15% aus der Überläuferklasse. In vorstehendem Beispiel müssten je nach nutzbarem Zuwachs jährlich also etwa 115 bis 150 Frischlinge und etwa 20 bis 30 Überläufer auf der Strecke liegen. Das heißt für den Schwarzwildjäger in der Praxis, das er sich von der Jagdstrategie bis hin zur Bewaffnung hauptsächlich auf die Erlegung junger und damit geringer Sauen einzustellen hat.

► **Vorsicht bei einzelnen Sauen!**
Der Eingriff in die Jugendklasse ist eine Entnahme aus sozialen Verbänden, also Rotten oder Familienverbänden. Sowohl bei der Einzeljagd als in besonderem Maße auch bei der Gesellschaftsjagd muss schon in der Planungsphase

## Tipp

Jahrzehntelange Drückjagdpraxis zeigt, dass beim Schuss auf die einzelne Sau die meisten Fehler passieren – bei dieser Jagdart ist also besondere Vorsicht geboten! Den Jäger wechseln auf der Drückjagd nicht nur Rotten, sondern auch einzelne Stücke an, die er in der Kürze der Zeit und je nach seiner Schwarzwilderfahrung oft schwer nach deren sozialer Stellung und Alter einordnen kann. In einer solchen Situation, die keine Vergleichsmöglichkeiten bietet, darf immer nur der leicht erkennbare Frischling beschossen werden!

überlegt werden, wie dem Rechnung zu tragen ist. Bei der Einzeljagd, ob Pirsch oder Ansitz, sind die Verbandsstrukturen am leichtesten zu erkennen. Schwieriger wird es bei Gesellschaftsjagden, wo Sozialverbände oft getrennt werden.

Bejagt man die Jugendklasse auf der Einzeljagd, muss der Schuss auf die einzelne Sau immer tabu sein; Ausnahmen sind das erkennbar kranke Stück, ein buntes Stück oder eine Sau, die sich durch ihre Größe, die gelbe bis braune Farbe und ihren kurzen, hellen Pürzel eindeutig als Frischling ausweist. Frischlinge leben normalerweise nur im Rotten- oder Familienverband, es sei denn, ein einzelner Frischling einer jungen Bache oder der letzte einer größeren Rotte hätte seine Mutter durch eine Kugel oder den Straßenverkehr verloren. Niemals wird er in eine fremde Rotte aufgenommen.

### ▶ Kranke Stücke und einzelne Frischlinge

Sauen, die frisch krank oder so verletzt sind, dass sie durch stark eingeschränkte Bewegungsmöglichkeit die Beweglichkeit und damit die Sicherheit einer Rotte gefährden, werden aus dem Verband ausgestoßen. Mitunter kann man an Fütterungen und Kirrungen beobachten, dass solche Sauen immer wieder abgeschlagen werden, wenn sie versuchen, sich zur Nahrungsaufnahme zu nähern. So empfiehlt es sich vor allem nach Drückjagden, solche Plätze zu kontrollieren. Machen anwesende Sauen Ausfälle nach außen, heißt es, das Abziehen der gesunden Sauen und das Anwechseln des kranken Stückes abzuwarten. Oft habe ich bei solchen Gelegenheiten kranke Sauen strecken können.

Begegnet dem Jäger bei Pirsch oder Ansitz eine einzelne Sau, kann er sicher sein, dass es sich in aller Regel nicht um einen Frischling handelt. Ist die Sau jedoch eindeutig als solcher erkennbar, ist zum unverzüglichen Schuss zu raten. Ich habe es mir zur Angewohnheit gemacht, auf einen einzelnen Frischling immer und sofort zu schießen. Die meisten der einzeln vorkommenden und erlegten Frischlinge hatten eine mehr oder weniger alte Verletzung, oft war diese erst nach der Erlegung erkennbar.

### ▶ Frischlinge strecken, wann immer möglich

Die Bejagung der Frischlinge erfolgt bei jeder sich bietenden Gelegenheit und an jedem Ort des Reviers, mit Ausnahme der Ablenkungsfütterungen und der Haupteinstände im Waldrevier zur Sommerzeit. Da soll Ruhe herrschen, damit den Sauen der Aufenthalt im Walde zur Zeit der Feldgefährdung nicht verleidet wird.

Frischlinge werden erlegt, wenn sie ein Gewicht erreicht haben, das ihre Wildpretverwertung zulässt. Die untere Grenze der Verwertbarkeit bleibt dem Ermessen des Schwarzwildjägers überlassen. Normalerweise ist ab einem Alter von etwa drei bis vier Monaten eine sinnvolle Verwertung möglich, die Frischlinge wiegen dann um die 10 kg und mehr. Die Erlegung noch nicht verwertbarer Frischlinge muss auf Gebiete mit aktuellem Auftreten der Schweinepest oder akuter Gefährdung beschränkt bleiben: Hier allerdings ist die Erlegung aller erreichbaren Frischlinge als Hauptausscheider des Virus ohne Rücksicht auf deren Größe unumgänglich und die wichtigste Aufgabe eines jeden Schwarzwildjägers. Unabhängig davon muss man die Frischlinge immer so scharf bejagen, als ob man sie ausrotten wolle, ansonsten hat man keine Chance, den notwendigen Streckenanteil zu erreichen.

### ▶ Frischlinge und Überläufer erkennen

Das Ansprechen von Frischlingen ist einfach. Bis zum Alter von fünf bis sechs Monaten sind die Frischlingsstreifen erkennbar, wenn sie auch ab drei Monaten immer undeutlicher werden. Nach deren Verschwinden kann man die Frischlinge an ihrer hellbraunen bis gelblich-braunen Schwartenfarbe und den kurzen, sehr hellen Pürzeln ohne Quaste erkennen. Auch in der Winterschwarte zeigen sie keinerlei Schwarzfärbung und sind mit ihrer braunen Grundfarbe deutlich heller als ältere Sauen.

Frischlinge erreichen bis zu ihrem Übergang ins Überläuferalter normalerweise ein Gewicht bis zu 40, mitunter auch 50 kg. Sind sie im Frühjahr zur normalen Zeit zwischen Februar und April gefrischt, tragen sie bald nach ihrem Wechsel ins Überläuferalter die Sommerschwarte, die ähnlich wie die der Sommerfrischlinge eine braune bis gelbbraune Grundfärbung hat.

Die Winterschwarte des Überläufers ist ebenfalls bedeutend heller als die grober Sauen und weist nur in Ausnahmefällen die ersten schwarzen Borsten an den Läufen, Tellern und auf dem Rückenkamm auf. Man kann sich allerdings nicht im Umkehrschluss darauf verlassen, dass braune Sauen immer junge Stücke sind, denn es kommt immer wieder vor, dass auch grobe Sauen die braune Grundfarbe behalten. Bei Sauen, die in der Winterschwarte auffallend hellbraun und mitunter rötlichbraun sind, stellt man meist fest, dass auch deren Schalen keine normale dunkle bis schwarze, sondern eine hellbraune, rinderfußähnliche Färbung zeigen.

**Frischlinge anzusprechen, ist in der Regel nicht schwer.**

Auch starke Überläufer wie die drei Stücke rechts haben immer eine eher bräunliche Farbe.

▶ **Überläuferabschuss**

Überläufer können problemlos aus Sommerrotten erlegt werden, wenn man sicher ist, dass die weiblichen Stücke keine Frischlinge haben. Tragen sie bereits im Mai oder bis Mitte Juni die helle, wie oben beschriebene Sommerschwarte, führen sie nicht. Später im Sommer, wenn auch die führenden Stücke in der Sommerschwarte sind, muss man sich vor dem Schuss auf einen Überläufer vergewissern, dass das Stück keine Gesäuge hat und nicht führt.

Ansonsten spielt bei den Überläufern in der Sommerrotte die Unterscheidung der Geschlechter keine entscheidende Rolle, männliche und weibliche Überläufer sind zumindest in der ersten Sommerhälfte gleichermaßen bei den Rotten. Hat man im Sommer die Möglichkeit, die Sauen bei gutem Licht zu beobachten, was in ruhigen Waldrevieren öfters der Fall ist, kann man bei den Überläufern die Geschlechter durchaus unterscheiden. Der Pinsel der noch bei

ihren Familien stehenden Überläuferkeiler ist gut erkennbar. Kann ich so die Geschlechter unterscheiden, habe ich mir angewöhnt, nur weibliche, nicht führende Überläuferbachen der Rotte zu entnehmen. Das ist ein wichtiger Beitrag zur permanent erforderlichen Bestandesregulierung. Aus den Winterrotten kann und soll man Überläuferbachen erlegen, wenn alle Frischlinge der Rotte ein geschätztes Alter von sechs bis acht Monaten und ein Gewicht von 15 bis 20 kg und mehr haben.

Wenn im Alter von 15 bis 18 Monaten die Überläuferkeiler die matriarchalisch ausgerichteten Familienverbände oder Rotten verlassen müssen und zunächst in kleinen „Jungmännertrupps" oder alleine ziehen, sollte man diese männlichen Stücke grundsätzlich schonen, wenn man später jagdbare Keiler für die geordneten biologischen Abläufe im Bestand haben und einmal einen erlegen möchte. Im Winter sind die Überläuferkeiler oft schon alleine und kommen bei

Drückjagden häufig vor die Schützen. Insgesamt kommen viel zu viele dieser Überläuferkeiler zur Strecke.

▶ **Führende Überläuferbachen**

Das Hauptproblem der Bejagung des Schwarzwildes in der Jugendklasse ist eben der Umstand, dass die weiblichen Stücke bei einem guten Ernährungszustand, der durch fast jährliche Waldmasten, die Zunahme des Maisanbaus, aber auch durch unsachgemäße Fütterung und Kirrung durchgehend gewährleistet ist, schon im Alter von sieben bis acht Monaten rauschig werden können. Dann frischen viele bereits im späten Frischlings- oder frühen Überläuferalter, besonders in Beständen mit schlechtem Aufbau. Hier fehlt der soziale Druck von oben, der die frühe Geschlechtsreife der weiblichen Stücke verhindert. Das Fehlen von Leitbachen und guten Rottenstrukturen macht den Zeitpunkt von Rauschen und Frischen in vielen Vorkommen unkalkulierbar, da er nicht zentral gesteuert wird.

Erlegt man im Winter einen Frischling, der inne hat, gibt es weder ein jagdrechtliches noch ethisches Problem. Wir bejagen das beschlagene Alttier und die beschlagene Ricke ebenfalls in dieser Zeit. Haben die jungen Stücke gefrischt, sind sie führende Bachen ohne Rücksicht darauf, ob sie altersmäßig noch zur Jugendklasse der Frischlinge oder Überläufer gehören, und damit zur Aufzucht notwendige Elterntiere im Sinne des § 22 (4) Satz 1 des BJagdG. Wenn auch aufgrund des § 22 (2) Satz 1 des BJagdG Frischlinge und Überläufer in der Verordnung über die Jagdzeiten (BJagdZVO) vom 02.04.1977 zum Wild ohne Schonzeit deklariert sind, haben die

Länder die Möglichkeit, auch für sie Schonzeiten festzulegen. Einige wenige Bundesländer haben die Möglichkeit wahrgenommen, die Altersklasse einer Wildart mit der Jagd zu verschonen, von der man sicher weiß, dass die überwiegende Zahl der weiblichen Stücke in der fraglichen Zeit Nachwuchs hat.

Der Schuss auf den weiblichen Überläufer im Frühjahr und Sommer ist wirklich nur zu verantworten, wenn man ganz sicher ist, dass dieser nicht führt. Hier ist in besonderem Maße die Waidgerechtigkeit des Schwarzwildjägers gefordert, unabhängig von der Jagdzeitverordnung seines Bundeslandes und der Notwendigkeit des starken Eingriffs in die Jugendklasse, sorgfältig anzusprechen, bevor er einen Schuss abgibt. Der Abschuss männlicher Überläufer nach ihrem Ausscheiden aus den Rottenverbänden ist im Sinne des Hegeziels und geordneter biologischer Abläufe kontraproduktiv.

## Bachenbejagung

Es ist zweifellos völlig falsch, wahllos oder leichtsinnig Bachen zu schießen, aber ebenso schädlich ist es für den Schwarzwildbestand, keine Bachen zu erlegen. Es sind nicht die schlechtesten Jäger, die nie oder ungern eine Bache schießen. Sie haben nur nicht begriffen, dass man bei allem Schalenwild ohne natürliche Fressfeinde dauernd in die reproduzierende Klasse des weiblichen Wildes eingreifen muss. Bei den übrigen Schalenwildarten – außer Schwarzwild – ist die Notwendigkeit des Abschusses erwachsener weiblicher Stücke unbestritten und im Abschussplan ver-

**Tipp**

Die Rückrechnung aus der Vorjahresstrecke auf die Bestandeshöhe und die Ermittlung des notwendigen Mindestabschusses daraus ist nur mit einer sorgfältigen Streckenstatistik möglich. Diese ist in aller Regel nur über eine Hegegemeinschaft zu haben. Die profane und nicht sonderlich beliebte Angelegenheit der Streckenstatistik ist deshalb eine der wichtigsten Aufgaben einer solchen Gemeinschaft. Über die mögliche Höhe des Grundbestandes vor dem Frischen muss Klarheit bestehen. Wie schon dargelegt, sind hier nach Region, Klima, Waldanteil und Schadenssituation Zahlen zwischen einer und drei Sauen denkbar. Die Erfordernisse, die sich aus den Belangen der Landeskultur und aus der Schweinepestgefahr ergeben, sind dabei immer jägerischen Wunschvorstellungen überzuordnen.

ankert. Gerade das Schwarzwild mit seiner unvergleichbaren Populationsdynamik kann aber nur über den Eingriff in die Klasse der Bachen reguliert werden.

▶ **Bestandesrückrechnung aus der Vorjahresstrecke**

Was die Höhe der Entnahme betrifft, bedarf es auch beim Schwarzwild trotz fehlenden Abschussplans einer gewissen Planung und Berechnung unter Zuhilfenahme der Statistik. Schwarzwild ist noch viel weniger zählbar als alles andere Wild. Es bleibt nur die Rückrechnung aus dem Abschuss des abgelaufenen Jagdjahres, das man wie erwähnt für das Schwarzwild vom 1. Februar bis zum 31. Januar ansetzen sollte. Die Rückrechnung vom Abschuss auf den vorhandenen Bestand ist zwar eine recht unsichere Angelegenheit, da sie sich nur auf den bejagten Teil eines Wildbestandes bezieht (C. STUBBE, 2000) und im Regelfalle zu geringe Bestandeshöhen ergibt, aber noch haben wir keine gescheitere Methode (vgl. S. 53).

Bessere und doch praktikable Möglichkeiten zu finden, muss dringendes Ziel weiterer Forschungen sein. Der jährlich im Gegensatz zu dem anderer Schalenwildarten erheblich schwankende Zuwachs ist dabei eine schwarzwildspezifische Schwierigkeit.

▶ **Wie viele Bachen müssen erlegt werden?**

Gehen wir einmal von einem Beispielsfall in einer schwarzwildfreundlichen Region aus und halten drei Stück Schwarzwild je 100 ha Wald im Grundbestand für tragbar. Berechnen wir nun das Ganze auf 5000 ha Wald als Schwarzwildeinstandsfläche, können hier also 150 Sauen vor dem Frischen leben. Der Zuwachs ist nun der größte Unsicherheitsfaktor. Bei einem biologischen Zuwachs bis zu 250 % des Grundbestandes kann der jagdlich nutzbare Zuwachs in unserer klima- und fraßgünstigen Beispielsregion 180 % betragen. Es würden also 270 Sauen nachwachsen und zu erlegen sein, um wieder auf den gewünschten Grundbestand zu kommen. In diesem Falle müssten 5 % des Abschusses auf die Bachen entfallen, 14 Bachen wären also zu erlegen.

Steigt mehrfach der jährliche Abschuss in der angesprochenen Beispielsregion über diese 270 Stück, heißt das nicht, dass in die Substanz des Grundbestandes eingegriffen wurde, wenn der

Eingriff in die Jugendklasse in etwa den Vorgaben des Lüneburger Modells entspricht. Es müssen mehr als die oben errechneten 14 Bachen gestreckt werden.

In jedem Falle sollte man bei einem normal bejagbaren Schwarzwildbestand mit gewünschtem Grundbestand 5 % des Vorjahresabschusses an Bachen für die aktuelle Strecke vorsehen. Der „Verschnitt", also unbeabsichtigt gestreckte und überfahrene Bachen des Vorjahres, kann man entweder als vorgegriffenen oder als zu erwartenden Abgang berücksichtigen – der Verzicht auf einen gezielten Bachenabschuss birgt jedoch immer die Gefahr einer fast unvorstellbaren Bestandesexplosion in sich. Dabei schafft die absolute Tabuisierung des Abschusses von Bachen bei vielen anständigen Jägern eine solche Hemmschwelle, dass sie selbst dann noch ein schlechtes Gewissen haben, wenn sie pflichtgemäß mit größter Akribie eine unbedingt richtige Bache der Wildbahn entnommen haben.

▶ **Bachenbejagung – A und O der Bestandesregulierung**

Muss von der Betrachtung der mehrjährigen Strecke auf einen zu hohen Grundbestand geschlossen werden, funktioniert dessen Regulierung nur über den Bachenabschuss. Alle Anstrengungen, einen vielleicht ohnehin schon hohen oder gar idealen Eingriff in die Jugendklasse noch zu steigern, scheitern und sind auch nicht zielführend. Zunächst muss man sich darüber einigen, wie weit der Bestand abzusenken ist. Es gilt festzulegen, auf wie viele Prozentpunkte der vorjährigen Strecke der aktuelle Bachenabschuss festgelegt werden soll – bei einem überhöhten Grundbestand müssen es auf jeden Fall mehr als die idealen 5 % sein. Daraus folgert man die absolute Zahl der zu streckenden Bachen. Der Abschuss muss über ein Meldesystem gesteuert werden.

Ein geringerer Gesamtabschuss muss nun nicht bedeuten, dass weniger Sauen

Jetzt wäre es noch viel zu früh: Beibachen können erlegt werden, wenn ihre Frischlinge 15 bis 20 kg wiegen.

im Bestand vorhanden sind, da neben dem jährlich schwankenden Zuwachs auch die Bejagungsmöglichkeiten von Jahr zu Jahr wechseln. Die Einzeljagd auf Sauen erfolgt heute überwiegend an Kirrungen, diese Möglichkeit kann sich in Mastjahren ab September aber gegen Null hin bewegen. Das notwendige Gesamtstreckenergebnis kann dann nur durch gut geführte Bewegungsjagden erzielt werden. Sinkt die Gesamtstrecke der Sauen allerdings über mehrere Jahre unter die Zahl, die bei angestrebtem Grundbestand und durchschnittlich zu erwartendem Zuwachs normal wäre, kann man durch Reduzierung oder vorübergehende Stornierung des Bachenabschusses gegensteuern. In der Mehrzahl der Fälle ist aber heute das Gegenteil der Fall.

### Welche Bachen sind tabu?

Welche Bachen kann man erlegen, welche sind unbedingt zu schonen? Tabu sind auf jeden Fall die Leitbachen, deren Abschuss für den Bestandesaufbau und für das Wildschadensgeschehen eine Katastrophe ist. Das allenthalben beklagte Durcheinander im Rauschen und Frischen des Schwarzwildes geht einzig und allein auf das Fehlen der Leitbachenautoritäten und Familienverbände zurück. Mast und Futter kann man da zunächst einmal aus dem Spiel lassen. Diese können Zweitfrischen, frühe Geschlechtsreife und hohe Fötenzahlen auslösen, sind aber nicht der Grund für „ungeordnete Familienverhältnisse". Den sollte man ausschließlich beim Gewehr und Zeigefinger des Jägers suchen.

Milchbachen sind ebenfalls absolut tabu, dieses gesetzliche und ethische Gebot erwähne ich nur der Vollständigkeit halber. Frischlings- und Überläuferbachen, die Frischlinge führen, sind unabhängig von ihrer Altersklassenzugehörigkeit führende Bachen im Sinne der jagdlichen Gesetzgebung. Bachen, die mit ihren Frischlingen alleine ziehen, müssen unabhängig vom Alter ihres Nachwuchses ebenfalls geschont werden, da man sonst „marodierende Jugendbanden" mit schlimmen Wildschadensfolgen erzeugt.

### Der Bachabschuss ist Expertensache

Erlegen kann man also nur Bachen unter dem Rang der Leitbache aus Familienverbänden mit drei und mehr führenden Bachen, wenn die Frischlinge der Rotte mit einem Gewicht von 15 bis 20 kg etwa sechs bis acht Monate alt sind. Im Gegensatz zu allen anderen sozial organisierten Schalenwildarten adoptiert die Schwarzwildfamilie die Kinder aller Mütter ihres Verbandes.

Wie betreiben wir nun den Bachenabschuss? Zunächst steht fest, dass sich

## Tipp

Die Möglichkeiten der richtigen und gerechten Bachenbejagung sind nicht allzu üppig. Ein planmäßiger und verantwortungsbewusster Bachenabschuss ist das schwierigste Schalenwildwaidwerk, das ich kenne. Bachen schießen ist kein Drückjagdvergnügen und darf ebenso wenig nur ein Zufallsprodukt der Schwarzwildbejagung sein – selbst bei bestem Bemühen passieren ohnehin noch eine Menge Fehler. Die Erlegung von Bachen muss daher der Einzeljagd vorbehalten bleiben.

nicht alle Reviere mit Schwarzwildvorkommen dazu eignen. Feldreviere, in
denen in aller Regel nur das Sommer-
halbjahr für die Schwarzwildbejagung
zur Verfügung steht, scheiden per se
aus, da in dieser Zeit dort die vorher auf-
gelisteten Kriterien nicht zu erfüllen
sind. Am besten werden innerhalb einer
Hegegemeinschaft Reviere mit ausreichendem Waldanteil und/oder auch einzelne Jäger mit den entsprechenden
Kenntnissen und Möglichkeiten ausgewählt, sich dieser schwierigen Aufgabe zu widmen. Diese Waidgenossen
braucht man darum keineswegs zu be-
neiden. Einige Kilo mehr erbeuteten
Wildprets stehen in keinem Verhältnis
zum Zeitaufwand, den die gerechte Bachenbejagung erfordert.

▶ **Das Handwerk**

Hat man sich Kenntnis darüber verschafft, wo eine stärkere Rotte sich bewegt, kann man sie beim planmäßigen
Ansitz, aber auch bei der winterlichen
Nachtpirsch im Walde und am leichtesten an Kirrungen antreffen. Über die
Kirrung kann jeder denken, wie er will;
die Jäger, die ihr kritisch gegenüber stehen oder sie völlig ablehnen, sind sicher
nicht die schlechtesten in unseren Rei-
hen. Die Erlegung einer an der Kirrung
erhockten Sau zählt auch nicht zu den
Sternstunden meines Jägerlebens – die
suche und finde ich woanders –, aber
Pflicht und Kür sind eben unterschiedliche Dinge, auch bei der Jagd. Ein Teil
unseres jagdlichen Handelns ist unleug-
bar Pflicht, dazu zählt die Regulierung
des Schwarzwildbestandes über den
richtigen Bachenabschuss.

Die Kirrung ist also dafür ein wichtiges Hilfsmittel. Man muss die zu scho-

**Tıpp**

Ganz besonders schwierig wird der
richtige Bachenabschuss, wenn die Rot-
tenverbände ein „zweistöckiges" Frisch-
lingsaufkommen haben, also Frischlinge
aus der normalen Rausche und aus einer Nach- oder Zweitrausche darin laufen. Die Zuordnung des unterschiedlichen Nachwuchses zu den Bachen ist
dann überaus schwierig – gelingt sie
nicht, hat der Finger unbedingt gerade
zu bleiben!

nende Leitbache unbedingt identifizieren, bevor man eine rangtiefere, möglichst geringe Bache erlegen kann. Die
Leitbache ist immer die älteste und in aller Regel auch körperstärkste Bache des
Verbandes. Die Kirrung muss einen ausreichenden Überblick zulassen, eine Kirrung auf enger Schneise in einer unein-
sehbaren Dickung ist für den Bachenabschuss völlig ungeeignet. Pirscht man
im Winter nachts in einem Laubholzbe-
stand und kommt an eine entsprechende Rotte heran, die plötzlich Verdacht schöpft, ist es immer die Leitbache, die als verantwortliche Führerin sofort versucht, den Jäger zu umkreisen,
um sich Wind zu holen. Mitunter ist es
mir gelungen, mich noch flugs und unbemerkt zurückzuziehen und zu Schuss
zu kommen, da ich mir über die Identifi-
zierung der Leitbache keine Gedanken
mehr zu machen brauchte. Gelangt die
Leitbache aber auf die ganz frische
Fährte des Jägers, ist es ohnehin zu spät.
Es ist überdies immer wieder erstaunlich, wie gut Sauen plötzlich jede Bewegung eräugen, sind sie erst einmal miss-
trauisch geworden.

Die Frischlinge vorn sind nicht mehr auf die eigene Bache angewiesen, die im Hintergrund schon. Ein Bachenabschuss verlangt eindeutige Zuordnung – also aufgepasst!

Die hin und wieder zu lesende Empfehlung – auch als ein Punkt der Forderungen des Lüneburger Modells –, dass man beim Vorkommen einer geringen Bache mit Frischlingen zur Unzeit erst diese und dann die Bache selbst schießen soll, bezeichne ich gerne als die „Drei-Tauben-Theorie." Man schieße von drei auf einem Baum sitzenden Tauben erst die mittlere, dann die rechte und danach die linke: reine Theorie.

► **Geltbachenabschuss**

Der Abschuss von Bachen, die aus den Rotten ausscheiden, wenn sie infolge Alters nicht mehr frischen, ist sicher sinnvoll, kommt aber infolge der Heimlichkeit dieser Tiere sehr selten vor; meist sterben sie eines natürlichen Todes.

Zur Bestandesregulation trägt ein solcher Abschuss so viel bei wie die Erlegung eines Keilers, nämlich so gut wie gar nichts. Mir ist er nur einige wenige Male geglückt, immer war es Zufall und nicht jagdliche Planung. Die aus den Rotten ausgeschiedenen Bachen treten immer als Einzelstücke auf, wenngleich sie sich besuchsweise gelegentlich noch einmal bei der Rotte aufhalten.

Eine Art des vorgezogenen Bachenabschusses kann in Waldrevieren mitunter mit der gezielten Auswahl weiblicher Stücke im Rahmen des Jugendklassenabschusses, wie dort bereits erwähnt, möglich sein.

Hat man die rare Möglichkeit, eine richtige Bache zu erlegen, muss man sie unbedingt nutzen. In einem solchen Falle ist der ansonsten immer richtige Schuss auf den Frischling völlig falsch. Die Regulierung unserer Schwarzwildbestände ist unsere waidmännische und gesetzliche Pflicht und Schuldigkeit und geht nur über einen gekonnten Bachenabschuss. Hier kann und muss sich die Kunst des verantwortungsbewussten Schwarzwildjägers beweisen.

## Bejagung des Keilers

Viele Jäger halten das Vorkommen eines jagdbaren oder gar reifen Keilers für die zufällige Laune einer kapriziösen Natur. Starke Keiler kommen auch in gut besetzten Schwarzwildrevieren in aller Regel nur selten vor. Die Anzahl der gestreckten Keiler stieg erst mit dem starken Anwachsen der Schwarzwildbestände in den letzten Jahren. Das ist aber meist nicht das Ergebnis einer richtigen Bewirtschaftung der Schwarzwildbestände, sondern eher ein Zufall. Einige Keiler schaffen es inmitten der Vielzahl von Sauen, sich einige Jahre durchzumogeln. Immer schon geisterte so mancher Keiler als geheimnisvolles und oft mit einem Namen versehenes Phantom durch die Erzählungen der Schwarzwildjäger (A. v. Boeselager, 1956).

▶ **Alte Keiler sind nicht nur Trophäenträger**

Der Keiler wird bereits mit fünf Jahren als jagdbar bezeichnet und ist mit sieben bis acht Jahren dann wirklich reif. Sein Reifealter hat er erreicht, wenn das Breitenwachstum seiner Gewehre abgeschlossen ist. Reife Keiler sind also nichts anderes als Spitzenindividuen eines Wildbestandes, vergleichbar reifen Hirschen oder Rehböcken, die in einer begrenzten Anzahl in jedem vom Menschen unbeeinflussten Wildbestand heranwachsen und für seinen normalen und gesunden Lebensablauf vonnöten sind. Daher muss sich das Streben nach einer biologisch richtigen Behandlung eines Wildbestandes an der natürlichen Alterspyramide und der jagdliche Eingriff an den naturgemäßen Abläufen orientieren.

Für den zeitgerechten Beschlag aller rauschigen Bachen braucht es „konditionsstarke" alte Keiler. Ihre Hege ist ein wildbiologisches Gebot.

Wird in einem gut strukturierten Bestand die Rausche durch die Leitbachen ausgelöst und werden gleichzeitig viele Bachen rauschig, bedarf es einer entsprechenden Anzahl starker Keiler, damit zeitgerechter Beschlag und gleichzeitiges Frischen gewährleistet sind. Das wiederum ermöglicht den notwendigen Eingriff bei den Bachen, wie er im vorigen Unterkapitel beschrieben wurde.

Das Heranhegen von Keilern dient also in erster Linie dem Schwarzwildbestand und erst zweitrangig dem Interesse des Jägers an starken Trophäen, die dieser allerdings ohne Gewissensbisse ernten kann, wenn er der Wildbahn nicht mehr Keiler entnimmt, als kontinuierlich nachwachsen können. Eine wohlüberlegte Limitierung der Abschüsse jagdbarer oder reifer Keiler, rückgeschlossen aus dem normalerweise zu erwartenden Zuwachs und dem Vorjahresabschuss, ist also eine Form verantwortungsvoller Planung nachhaltiger Nutzung. Bei allen anderen Schalenwildarten ist sie ohnehin vorgeschrieben.

Daher ist es unbedingt abzulehnen, dass in einem Schwarzwildbestand jeder als jagdbar angesprochene oder angenommene Keiler wo immer und von wem immer erlegt werden kann, da dieses Verfahren die Gefahr einer permanenten Übernutzung der männlichen Altersklasse in sich birgt. Es erfolgen zwangsläufig viele Abschüsse aus der

## Keiler sind kein Freiwild

**Rotwildjäger würden** nie auf den Gedanken kommen, alle in einem Vorkommen anzutreffenden Erntehirsche sowohl in unbegrenzter Zahl als auch unabhängig von der Größe der Reviere und der Zahl dort bereits gestreckter Hirsche jederzeit und für Jedermann freigeben und haben zu wollen. Die Folgen könnten sie sich nämlich unschwer ausrechnen.

**So müssen wir auch** bei den jagdbaren Keilern zu hochwildtauglichen Regelungen kommen, und es darf die Erlegung eines erst angehenden Schweines nicht anders betrachtet werden als die Erlegung eines jungen Kronenhirsches. Da es keine rechtliche Handhabe gibt, die Erlegung eines nicht jagdbaren Keilers zu ahnden, kann man nur an die Waidgerechtigkeit, den guten Willen und vor allem den Verstand der Schwarzwildjäger appellieren.

**Glaubt man den Einlassungen** so manchen Schwarzwildjägers, so hat für ihn der starke Keiler einen mindestens so hohen jagdlichen Stellenwert wie ein guter Rothirsch. Warum nur lässt er dann den Keiler gar nicht erst so weit kommen, dass er diesen Wert erreicht? Solange während der Jagdzeit jeder Keiler oder jedes Keilerchen gestreckt werden darf und wird, bringen wir es nie zu einer Ernte, die diesen Namen verdient. Sie muss in einer halbwegs vernünftigen Relation zur Höhe der vorhandenen Schwarzwildbestände und zum Umfang des insgesamt in Deutschland getätigten Abschusses stehen. Bei einem Gesamtabschuss von 400.000 Sauen im Jahr könnten und müssten zwischen 1.200 und 2000 starke Keiler die Strecke zieren – nicht viel mehr als 200 werden es tatsächlich sein.

mittleren Altersklasse der erst angehenden Schweine, weil eine Begrenzung der getätigten Abschüsse fehlt und die Erlegung eines zu jungen Keilers für den Jäger ohne nachteilige Folgen bleibt.

▶ **Der Weg zu reifen Keilern**

Zunächst einmal heißt es, die recht einfachen Möglichkeiten zu schaffen, dass jagdbare Keiler heranreifen können. Dazu bedarf es einiger weniger Regelungen innerhalb der Hegegemeinschaften oder durch freie Revierabsprachen. Als erstes muss die weitestgehende Schonung der Überläuferkeiler durchgesetzt werden, die im Normalfalle im Alter von 15 bis 18 Monaten aus den Mutterrotten ausgestoßen werden. Sie ziehen alleine oder in kleineren Trupps auf der ständigen Suche nach Nahrung und eigenen Einständen und ohne die gewohnte Führung der Leitbachen umher. Meist sind sie recht vertraut, kommen beim sommerlichen Bockansitz regelmäßig in Anblick und fallen sehr leicht und in viel zu großer Zahl der Kugel zum Opfer. Nicht selten glauben die Erleger noch, besonders richtig und verantwortungsvoll gehandelt zu haben.

Diese Überläuferkeiler sind wenig schadensrelevant und können von den Schadensflächen vertrieben werden, auch ohne dass man sie abschießt. Darüber hinaus sind Einzelstücke grundsätzlich mit dem Abschuss zu verschonen, stellt man nicht gezielt dem jagdbaren Keiler oder der aus dem Sozialverband ausgeschiedenen Altbache nach. Wie schon dargelegt, ist das Einzelstück bei der Einzeljagd so gut wie immer falsch, bei der Bewegungsjagd in aller Regel, wenn die Sauen nicht gesprengt

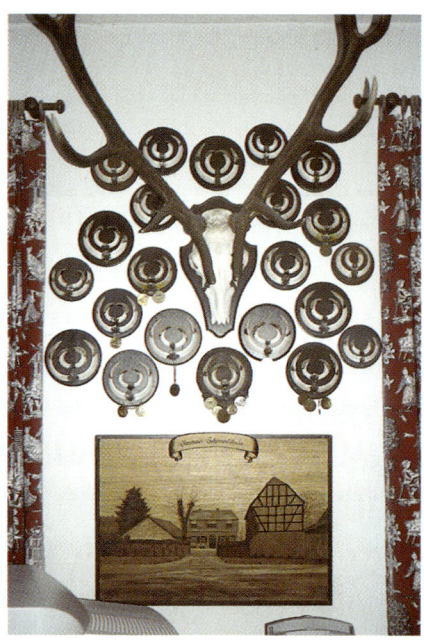

Auch an dieser Wand hängen ein paar Keiler, denen man noch ein paar Jahre gegönnt hätte.

wurden. Jahrzehntelange Beobachtung zeigt, dass es sich bei der Mehrzahl der auf Drückjagden erlegten Einzelstücke um junge Keiler oder von den Rotten getrennte Bachen handelte. Mit der Schonung von Einzelstücken über Frischlingsalter bei allen Jagdarten ist die Hauptsache zur Hege starker Keiler schon getan. Der schlimmste Feind der richtigen Behandlung der Schwarzwildbestände sind Neid und Misstrauen der Jäger, die das Schießen stärkerer Sauen damit begründen, dass dies der – meist nahe – Nachbar ohnehin tun würde.

▶ **Die Freigabe reifer Keiler**

Lässt man Überläuferkeiler und angehende Schweine in Ruhe, hat man in wenigen Jahren eine namhafte Anzahl jagdbarer Keiler verfügbar und kann über die Zahl der jährlich zu erlegenden und den Modus ihrer Bejagung nachdenken. Dabei muss man den Keilerabschuss nicht unter den Revieren flächenprozentual aufteilen, wie es bei den Trophäenträgern anderer Hochwildarten üblich ist. Zunächst ist darüber zu befinden, ob man die jagdbaren Keiler nur auf der Einzeljagd oder auch bei Bewegungsjagden freigibt. Für beide Möglichkeiten gibt es vorzeigbare Modelle.

Bejagt man Keiler auch bei Bewegungsjagden, können viele Jäger in den Genuss kommen, einmal einen guten Keiler zu strecken. Ein weiterer Vorteil ist ihr Anblick bei vollem Tageslicht, was das Ansprechen erleichtert. Das wird jedoch durch die Kürze der Begegnung wieder stark relativiert. Bei der geringen Erfahrung der meisten Jäger im Ansprechen stärkeren Schwarzwildes ist die Gefahr eben groß, dass zu viele und zu junge Keiler der Kugel zum Opfer fallen.

### ▶ Nur ein Keiler pro Jäger

Innerhalb von Hegegemeinschaften empfiehlt sich auf jeden Fall, die Zahl der in einer Saison freizugebenden Keiler vor der Jagdzeit festzulegen und zu befinden, dass ein Jäger während einer Jagdsaison auf der Fläche der Hegegemeinschaft nur einen jagdbaren Keiler strecken soll. Ob das bei der unterschiedlichen Gästeklientel der beteiligten Reviere durchsetzbar ist, muss die Praxis zeigen. Es gibt jedenfalls positive Beispiele, wo bei Freigabe jagdbarer Keiler auf Drückjagden regional genügend Keiler nachwachsen und eine nachhaltige und gleichmäßige Nutzung durchaus möglich ist.

### ▶ Das Keilermodell Kottenforst

In der Hochwildhegegruppe Kottenforst Süd hat sich seit fast 30 Jahren ein anderes Modell der Keilerbejagung bewährt. Bei der jährlichen Versammlung der Hegegruppe wird die Zahl der insgesamt zu streckenden Keiler festgelegt. Sie hat sich langfristig bei 3,5 % der Jahresstrecke eingependelt. Die Keiler werden grundsätzlich nur auf der Einzeljagd geschossen. Nach der Erlegung werden sie von allen interessierten Jägern gemeinsam in Augenschein genommen. Die Trophäen punkte ich aus, die Waffen werden auf der jährlichen Hochwildhegeschau präsentiert. Jeder gestreckte Keiler wird unverzüglich dem Leiter der Hegegruppe gemeldet, der nach der Erlegung des letzten Keilers den Abschuss – notfalls telefonisch – stoppt.

Ein Revier, in dem ein jagdbarer Keiler zur Strecke kam, scheidet für ein Jahr aus der Keilerbejagung aus, allerdings nur bis zum 1. Dezember. Sind dann noch Keiler frei, kann das Revier wieder an der Bejagung teilnehmen. Da die Möglichkeit, einen jagdbaren Keiler zu strecken, nicht in allen beteiligten Revieren gleich groß ist, laden Revierinhaber mit regelmäßigem Keilervorkommen mitunter andere Revierinhaber zu sich auf einen Keiler ein, was neben den gemeinsamen Drückjagden die Zusammenarbeit in der Hegegruppe ungemein voranbringt.

Erlegte Keiler, die das jagdbare Alter nicht erreicht, das Überläuferalter aber überschritten haben, werden auf den Abschuss angerechnet und bei der Keilerstrecke mitgezählt. Ein Fehlabschuss hat also kaum eine biologische Auswirkung auf den Bestand. Bei Limitierung der Zahl wird durch einen Fehlabschuss ein anderer Keiler eben ein Jahr älter.

▶ **Auf den Keiler waidwerken**

Hat man es nun geschafft, die Hege jagdbarer Keiler soweit zu bringen, dass man ihre Bejagung angehen kann, heißt es, den passenden Keiler zu finden und zu überlisten. In einem guten Vorkommen ist der alte Keiler gar nicht so heimlich und vor allem längst nicht so unstet und unberechenbar, wie ihm immer nachgesagt wird. Der alte Keiler ist allerdings genauso faul und stur wie ein alter Hirsch oder Rehbock. Keiler, die nicht pausenlos verfolgt werden, sind überaus standorttreu, schätzen wie jedes alte Wesen ihre lieb gewonnenen Gewohnheiten und halten durchaus lange Zeit bestimmte Wechsel ein.

Im Sommer und Herbst sind sie in ruhigen Einstandsflächen wie z. B. auf sich schließenden Kulturen, die von Hochsitzen noch einsehbar sind, durchaus bei gutem Tageslicht anzutreffen. Oft wählen sie ihren Kessel an Stellen, wo man das nicht vermuten würde. So hatte in der Nähe meines Forsthauses ein starker Keiler lange Zeit seinen Kessel nur einige wenige Meter hinter einer am Waldrand postierten und sehr stark frequentierten Ruhebank und lauschte von dort aus den Gesprächen der Waldbesucher. Hunde drangen in den Dornenverhau der Lindendickung nicht ein.

Es lohnt sich immer, alle Möglichkeiten des Abfährtens auszunutzen, da man an der Stärke und Form einer Schwarzwildfährte durchaus feststellen kann, ob man es mit einem jagdbaren Keiler zu tun hat. Wenn man eine Möglichkeit findet, die Gewohnheiten eines Keilers auszukundschaften, hat man

gute Chancen, ihn auch außerhalb der herbstlichen oder winterlichen Rauschzeit zu erlegen und damit sein Wildpret leichter absetzen zu können. Bei Schnee kann man den Keiler einkreisen und sich zudrücken lassen, gerne geht er auf seinem Einwechsel zurück. Ganz spannend ist es, die Keilerfährte bis zum Kessel auszugehen und den Keiler „zu Hause" zu überraschen; gern steckt er außerhalb großer Dickungen in kleinen Dornenverhauen, in einzelnen Kronen oder gar in Feldgehölzen. In allen Fällen gilt es, den auftauchenden Keiler rasch anzusprechen und eine blitzschnelle Kugel loszuwerden. Möchte man das Jagderlebnis zur Rauschzeit und vielleicht die Winterschwarte als zusätzliche Trophäe haben, muss man darauf achten, wann die Rausche beginnt und die Keiler zu den Rotten treten. Da heißt es, viel unterwegs zu sein, will man den Zeitpunkt der Rausche nicht verpassen, die in manchen Jahren schon im September stattfinden kann. Nächtliches Verhören hilft, da die Rauschzeit meist nicht ohne großes Geschrei abgeht.

▶ **Schwarte und Stärke**

Der Keiler verliert die Winterborsten sehr früh und trägt mitunter schon Mitte Mai die Sommerschwarte. Für den Verfärbezeitpunkt spielen, wie bei allem Wild, die körperliche Verfassung und das Alter die entscheidende Rolle. In den meisten Fällen sind Stücke, die mittsommers noch die Winterborsten tragen, säugende Bachen. Man beobachtet allerdings ein spätes oder völlig aussetzendes Verfärben auch bei überalterten, kranken und verletzten Stücken – also immer bei Tieren, die entweder körperlich stark beansprucht werden oder ge-

Hat sich die Körpermasse des Keilers so weit nach vorn verlagert, ist das ein deutliches Merkmal für Alter und Reife.

schwächt sind. Alte Keiler haben mitunter eine nur ganz dünne Sommerbehaarung, sodass ihre Schwarte wie die Haut eines Elefanten aussieht. In der Sommerbehaarung lassen sich Gewaff und die Geschlechtsmerkmale Pinsel und Kurzwildpret recht gut erkennen, zumal man den Keiler im Sommer durchaus auch bei Tageslicht in Anblick bekommt.

Ein Hauptansprechmerkmal des alten Keilers ist immer die Körperstärke. Reife Keiler erreichen in unserer Wildbahn meist ein Gewicht um die 100 kg, Spitzengewichte liegen bei 150 kg; noch höhere Gewichte können vorkommen, sind aber seltene Ausnahmen. Der Keiler verliert im höheren Alter, etwa ab acht Jahren, wieder an Gewicht. Jagdbare und auch reife Keiler mit Gewichten um und auch unter 80 kg habe ich auf der Strecke gesehen und auch selbst geschossen. Ein alter Keiler mit nur 54 kg, aber mit einem Gewaff von über 110 Punkten CIC wurde vor zwanzig Jahren im Kottenforst geschossen.

**▶ Weitere Ansprechmerkmale**

Die Körpermasse liegt beim alten Keiler sehr deutlich im vorderen Körperbereich, der Kopf ist ausgesprochen massig, die Läufe wirken durch den breiten Rumpf kurz. Die Vorderläufe stehen unter dem hinteren Teil des vorderen Körperdrittels. Von hinten und im Profil erkennt man das Kurzwildpret als deutliche Wölbung unter dem Pürzel. Letzterer ist in der Regel lang, hängt bis zum Fußwurzelgelenk, mitunter noch weiter herab und endet in einer ausgeprägten Quaste. Allerdings kommen immer wieder Sauen vor, die schon im Frischlingsalter ihren Pürzel ganz oder teilweise eingebüßt haben. In der Winterschwarte sind die Kammborsten auf dem Rücken des älteren Keilers, die Federn, über den Blättern und den Keulen am längsten, über dem Mittelrücken viel kürzer. Am deutlichsten sieht man das, wenn der erregte Keiler die Federn aufstellt. Die optische Rückenlinie weist einen deutlichen Sattel auf, während sie bei jüngeren Keilern und Bachen eher die „Regenschirmform" zeigt.

Die Borsten auf dem Haupt eines alten Keilers in der Winterschwarte sind mitunter so lang, dass man in der Silhouette seine Teller nicht erkennt. Diese erscheinen wie seitlich angeklebt, während sie bei jüngeren Keilern und weiblichen Stücken meist die Kopflinie überragen. Am sichersten ist man, wenn alle diese Merkmale zusammentreffen, mit Ausnahme der Geschlechtsmerkmale können jedoch auch alte Bachen alle diese Zeichen aufweisen. Pinsel und Kurzwildpret muss man bei einem Einzelstück also erkennen können, um sicher zu sein, einen Keiler vorzuhaben. Öfters höre ich von Jägern, dass sie beim Mondschein die Waffen des Keilers blitzen sehen. Um diese Fähigkeit beneide ich sie, da mir solches bei den vielen Keilern, die ich nachts gesehen habe, noch nie gelungen ist.

### ▶ Der Keiler in der Rotte

Am sichersten lässt sich der Keiler natürlich ansprechen, wenn er bei der Rotte steht, was in der Rauschzeit und hin und wieder auch außerhalb der Fall ist. Der starke Keiler hebt sich in Höhe und Größe deutlich von den übrigen Rottenmitgliedern ab. Seine Widerristhöhe beträgt 80 bis 100 cm. An der Stärke und am Verhalten in der Rauschzeit kann man sehr schnell den Keiler ausmachen. Der älteste Keiler ist seinen Geschlechtsgenossen gegenüber immer dominant, bewegt sich aber nur wenig und sehr behäbig. Oft genügt eine Körper- oder Kopfdrehung einem Kontrahenten gegenüber, um diesen in die Flucht zu schlagen. Kämpfen Keiler längere Zeit miteinander, kann man davon ausgehen, dass es sich um gleichstarke und gleichaltrige handelt.

In der Rauschzeit erzeugt der Keiler durch ständiges Bewegen von Ober- und Unterkiefer einen steifen, weißen Schaum, den man um das Gebrech herum auch bei schlechtem Licht erkennt. Um seine Größe und Starke zu demonstrieren, streift er ihn, so hoch er eben reichen kann, an Zweigen und Ästen ab.

Die Jagd auf den starken Keiler ist ein erlebnisreiches Waidwerk auf den urigsten Vertreter seiner Art, dessen Hege und Bejagung aller Mühen des waidgerechten Schwarzwildjägers wert sind.

**Keiler- oder Bachenfährte? Der Keilerschaum verrät es.**

# Die Jagdarten

## Allgemeines zur Einzeljagd

Bei den biologisch und jagdwirtschaftlich notwendigen hohen Eingriffen in die Schwarzwildbestände müssen wir besondere Überlegungen zur Jagdstrategie anstellen, um diese Wildart effektiv, dabei selektiv und möglichst störungsarm zu bejagen. Die Jagdarten sind mannigfaltig. Jede hat ihren eigenen Reiz und Erlebniswert, je nachdem, wie man sie anpackt und gestaltet. Wie bei allen anderen Schalenwildarten wird die Jagd auf das Schwarzwild als Einzeljagd mit Pirsch und Ansitz oder als Gesellschaftsjagd in den unterschiedlichsten Organisationsformen betrieben.

### ▶ Angehen im Einstand

Das Ausgehen von Fährten bei Schnee, das Angehen der Sauen im Einstand oder die Bejagung vor dem stellenden Hund beherrschen nur noch wenige Jäger, auch sind nicht viele Reviere dafür geeignet. Die Jagd mit einem gut eingearbeiteten Saufinder kann sehr erfolgreich sein, zeitigt aber bei häufiger Ausübung eine große Beunruhigung des gesamten Wildbestandes. Einen kleinen Einstand kann man sich auch von einer kundigen Person oder von einem firmen Jagdteckel durchdrücken lassen. Genaue Kenntnis von Revier, Wechseln und Wind gehört dazu. Schwarzwild geht, wenn es ohne großen Druck bewegt wird, am liebsten gegen den Wind; da heißt es, mit halbem Wind anstehen. Alte Keiler benutzen, wenn sie angerührt werden, beim Verlassen des Einstands gerne ihren Einwechsel.

Einige wenige Male bin ich ohne Hund Sauen morgens beim Einwechseln in lückige Dickungen gefolgt, habe dann eine durch Imitation ihrer Laute zum Zustehen gebracht und auf kürzeste Entfernung erlegt – eine ungemein spannende Jagd.

### ▶ Winden, Vernehmen, Äugen

Die Einzeljagd wird heute in den meisten Revieren als Ansitz ausgeübt. In nur wenigen Revieren ist die reizvolle Pirsch auf Schwarzwild möglich, und nicht viele Jäger beherrschen die Pirsch „aus der freien Hand", wie der Dichter Hermann Löns das nannte.

Das Wichtigste bei der Einzeljagd ist, die Windrichtung zu beachten und Geräusche zu vermeiden. Schwarzwild windet und vernimmt sehr gut, äugt dagegen eher schlecht. Ist es allerdings einmal aufmerksam geworden, nimmt es Bewegungen sehr schnell wahr. Eine Ausnahme vom gemeinhin schlechten

Äugen des Schwarzwildes habe ich in einem ungestörten französischen Mauerpark erlebt. Dort saßen die Sauen am Tage nur bei unwirtlichem Wetter in Dickungen, ansonsten hatten sie ihre Kessel im offenen Holz, meistens an windgeschützten Geländekanten mit freiem und weitem Ausblick. Die Sauen äugten erstaunlich gut, sodass es kaum einmal möglich war, bei der Pirsch ungedeckt an eine Rotte heranzukommen. Bei der Wahl des Jägergewandes ist aber dessen Geräuscharmut wichtiger als seine Farbe.

Sowohl für die Pirsch als auch für den Ansitz heißt es, die Gewohnheiten des Wildes vorher zu erkunden. Das kann man durch Abfährten oder durch Entdeckung der Aktivitäten bei der Fraßaufnahme erreichen. Im Felde hinterlässt das Schwarzwild Spuren beim Abfressen von Feldfrüchten, beim Herauswühlen von Ernteresten oder durch das Umbrechen von Grünlandflächen. Im Walde ist der aufgebrochene Boden nicht zu übersehen.

▸ **Abfährten**

Beim Abfährten lässt sich mitunter ermitteln, ob man die gefährteten Stü-

> ## Tipp
>
> An den Fährten und dem Gebräch konnte ich einmal feststellen, dass eine Rotte Schwarzwild im Winter wochenlang allnächtlich eine Stelle von nur wenigen 100 m² in einem mittelalten Buchenbestand aufsuchte und dort brach. Diese Feststellung hat mir dort einen jagdbaren Keiler und mehrere Frischlinge innerhalb dieses einen Winters beschert. Der Baumbestand trug in dem Jahr zwar Mast, an der immer wieder aufgesuchten Stelle jedoch nicht mehr als anderswo, und besonders bevorzugte Wurzeln gab es dort auch nicht. Den Grund für das geschilderte Verhalten der Rotte habe ich nicht herausgefunden.

cke bejagen kann und will. So können die Fährten einer Rotte Auskunft geben, ob die Frischlinge der Rotte schon so groß sind, dass man waidgerecht auf sie jagen kann. Stellt man einem jagdbaren Keiler nach, so lässt das Fährtenbild Schlüsse auf Wechselgewohnheiten, Alter und Stärke zu. Bei einer Bejagung,

**Sauen im Gebräch: ein einmaliger Besuch oder Dauergäste?**

die es Keilern erlaubt, alt und reif zu werden, merken diese Sauen bald, dass sie Jahr und Tag in Ruhe gelassen werden und sogar winterliche Drückjagden ihnen nicht gelten. Sie werden recht standorttreu und vertraut.

Alles in allem ist das Abfährten des Reviers eine der wichtigsten Hilfen zur erfolgreich ausgeübten Einzeljagd. Das Gebräch erlaubt Rückschlüsse, ob das Wild eine bestimmte Stelle nur einmal aufgesucht hat oder häufiger oder bevorzugt frequentiert. Solche Feststellungen sind ebenfalls wichtig für erfolgreiches Jagen.

## Der Ansitz

Die Ansitzjagd auf Schwarzwild kann man sowohl im Walde als auch im Felde erfolgreich ausüben. Im Wald lassen sich abends die Sauen am Auswechsel aus ihren Einständen abpassen und an bevorzugten Fraßplätzen oder auch Suhlen erwarten. Dabei ist darauf zu achten, dass das Wild beim Anwechseln nicht in den Wind des Jägers gerät. Morgens ist der Ansitz besonders am Einwechsel in den Einstand erfolgversprechend. Immer ist wichtig, dass man dann seinen Ansitzplatz, sei dies ein Hochsitz, ein Schirm oder ein ausgewählter Platz ohne Jagdeinrichtung, rechtzeitig ohne Störung des Wildes erreicht.

Im Felde wird der Ansitz auf Sauen meist an Schadensflächen oder in deren Nähe ausgeübt. Der Ansitzplatz ist so zu wählen, dass man das Wild sicher ansprechen und beschießen kann. An oder in Getreide- und Maisfeldern sind bewegliche Ansitzmöglichkeiten stationären Sitzen vorzuziehen, damit man Lü-

cken im Aufwuchs nutzen kann. Je leichter und beweglicher die Ansitzeinrichtungen sind, desto flexibler ist man bei der oft notwendigen Umplatzierung. Oft lassen sich Ansitz und Pirsch kombinieren.

### ▶ Die Jagd an der Kirrung

In der Mehrzahl der Fälle wird der Schwarzwildansitz heute an Kirrungen ausgeübt. Gegen die Jagd an der Kirrung ist nichts einzuwenden, wenn sie maßvoll und waidgerecht betrieben wird, und wenn es wirklich eine Kirrung ist. Der einzelne Jäger muss es mit seiner persönlichen Auffassung von Jagd ausmachen, ob er das Schwarzwild an der Kirrung bejagt oder nicht. Dabei hat er die Reviersituation und die notwendige Abschusshöhe und -verteilung zu berücksichtigen, sie machen mitunter die Jagd an der Kirrung unumgänglich.

Diese Abschusshilfe ist von einer Erhaltungsfütterung oder einer Ablenkungsfütterung scharf zu trennen! Sie darf keinerlei Fütterungs- oder Sättigungseffekt haben und sich nicht zu einer Dauerfütterung entwickeln. Sie dient lediglich dazu, mit ganz geringen Futtermengen Schwarzwild zum Zwecke seiner sicheren Erlegung anzulocken, was aus Gründen der Wildschadensverhinderung, der Selektion, besonders aber auch dem notwendigen Bachenabschuss und dem Schutz vor Wildseuchen dienen kann und soll. Die mögliche und sinnvolle Art und Weise der Anlage und Ausstattung von Kirrungen richtet sich nach den jagdrechtlichen Bestimmungen und nach dem persönlichen Geschmack des Jägers.

Immer haben wir zu bedenken, welche Eindrücke unsere Aktivitäten auf

## Tipp

Zugunsten einer sicheren Schussabgabe bringt der Jäger das Kirrgetreide am zweckmäßigsten in einer geraden Reihe quer zur Ansitzmöglichkeit und nicht weiter als 50 m von ihr entfernt aus. Dies sichert eine immer gleich weite Schussentfernung und erleichtert es, den Anschuss zu finden. Die Sauen machen außerdem keine Fläche schwarz und kommen sich weniger ins Gehege. So ist die Gefahr ungewollter Verletzungen versetzt stehenden Wildes durch den abgeleiteten Kern oder Splitter des Geschosses deutlich geringer. Tritt das Schwarzwild an die Kirrung, wartet man mit dem Schuss so lange, bis es eine Zeit lang ruhig im Gebräch steht.

**Die Vorteile der Streifenkirrung: Die Schussentfernung ist immer nahezu gleich und die Sauen verdecken sich selten gegenseitig.**

nicht jagende, naturverbundene Mitbürger machen, und darauf zu achten, dass deren Naturgenuss möglichst wenig beeinträchtigt wird.

▶ **Anlage der Kirrung**

Am wenigsten auffällig und in einigen Bundesländern ohnehin vorgeschrieben ist es, die Kirrgaben in den

Boden einzubringen oder mit am Ort natürlich vorkommenden Materialien wie Erde, Steinen, Holz oder Reisig abzudecken. Sie dürfen für alles übrige Schalenwild nicht erreichbar sein.

Außerdem sollten Kirrungen nicht mit aufwendigen und weithin erkennbaren Jagdeinrichtungen möbliert werden. Unumgänglich Notwendiges muss unauffällig und naturverträglich eingebaut werden.

Nach Aussagen von Schweißhundführern beginnen heute viele Nachsuchen an mehr oder weniger großen Futterhaufen vor festungsgleichen Ansitzeinrichtungen. Das spricht wahrlich nicht für einen hohen fachlichen und ethischen Standard unserer Schwarzwildjagd. Mancherorts werden Kirrungen ganze Nächte im Schichtbetrieb belagert, damit die geringste Chance zur Erlegung einer Sau genutzt wird. Oft glaubt der Jäger bei langem Ansitz ohne Wildanblick, es sei nichts in seiner Nähe gewesen. Dabei hat das Wild, das sich nicht immer aus der gewünschten Richtung nähert, den Jäger längst registriert und seine aktuellen und nachhaltigen Schlüsse aus dessen Anwesenheit gezogen.

▶ **Intervalljagd statt Dauerbelagerung**

Intervallansitze wechselweise an mehreren Kirrungen sind sicher sinnvoller und verhindern den Störeffekt menschlicher Dauerpräsenz. Sehr effektiv bejagt man Sauen an Kirrungen, wenn man diese gegen den Wind anpirscht und auf die Anwesenheit von Wild kontrolliert. Kommt man an einer Kirrung nicht zu Schuss, pirscht man rasch von dannen, begibt sich zu einer anderen oder nach Hause und versucht es zu einem anderen Zeitpunkt erneut. Bei dieser Art der Kirrungsbejagung muss allerdings der „Einstand" des Jägers im oder nahe am Revier sein. Zur Vorbereitung genügen Pirschwege von mehreren Seiten und eine einfache Gewehrauflage, aufwendige Einrichtungen sind entbehrlich. Wichtig ist, dass man sich der Kirrung nie von der Seite nähert, aus der die Sauen normalerweise anwechseln.

► **Die Nachtjagd**

Ähnlich wie mit der Jagd an der Kirrung ist es mit der Nachtjagd – nicht auf das Was, sondern auf das Wie kommt es an. Auf schadensgefährdeten Feldern ist die Nachtjagd unerlässlich. Entscheidend ist, dass Licht und Entfernung zum Wild sauberes Ansprechen und eine sichere Kugel zulassen, und dass die mit jeder Bejagung – zumal der nächtlichen – verbundene Störung so gering wie möglich gehalten wird. Nach heutigem Kenntnisstand ist die Störung gering, wenn alles aus einer Gruppe (Rudel, Sprung, Rotte) beschossene Wild ohne Todesflucht im Knall bleibt, da im anderen Fall die vom übrigen Wild registrierte Todes- oder Wundflucht einen starken Stress bei ihm auslöst.

Dieser Idealfall ist beim Schwarzwild kaum zu realisieren, da die harten Sauen mit Schüssen, nach denen anderes Schalenwild im Feuer bleibt, oft noch eine erhebliche Strecke flüchten. Der Jäger muss nach dem Schuss unbemerkt bleiben, bis das letzte Stück den näheren Bereich zuverlässig verlassen hat, und darf sich erst dann dem Anschuss nähern.

Für mich persönlich gehört zu störungsarmer Schwarzwildjagd, dass ich

bei der Einzeljagd schon lange kein Stück mehr aus einem kopfstarken Rottenverband beschieße, um die große Stressmultiplikation zu vermeiden. Die nächtliche Kirrjagd kann in Rotwildrevieren erhebliche Störungen und Schäden provozieren.

## Die Pirsch

Die Pirsch verlangt dem Jäger großes Können hinsichtlich Körperbeherrschung und Reaktionsvermögen sowie gute Revierkenntnisse ab. Neben vielen heute nicht mehr gebräuchlichen Jagdmethoden kannte man sie sowohl im Altertum als auch im Mittelalter. In der Siegfriedsage heißt es von Siegfried und Hagen: *„Sie lobeten ein pirsen in den walt"*, also etwa: „Sie vereinbarten eine Pirsch im Walde." Auch in der Feudalzeit, wo das stille, individuelle Jagen eher unüblich war, war sie als Teil der so genannten „teutschen Jagd" durchaus im Gebrauch.

► **Anpirschen im Feld**

Auf Schwarzwild kann man sowohl im Felde als auch im Walde pirschen. Im Felde geht man zu Schaden gehende Sauen an, wenn man sie vom Ansitz aus sehen oder hören, aber nicht erreichen kann. Man versucht, auf einsehbaren Stellen im Getreide oder Mais heran- und zu Schuss zu kommen. Ebenso kann man Sauen auf deckungslosen Grünlandflächen ohne weiteres angehen, wenn man sich mit gutem Wind langsam bewegt. Macht man sich die Mühe, die Sauen anzurobben, braucht man nur den Wind zu berücksichtigen – es besteht keine Gefahr, dass die Sauen den am Boden liegenden Jäger erkennen. Ohne die Absicht, eine Sau zu erlegen, bin ich in einer Vollmondnacht in einem ungarischen Revier einmal eine Rotte Sauen an einer Kirrung auf der blanken Wiese direkt und aufrecht angegangen. Mit dem Mond im Gesicht kam ich fast auf Schrotschussentfernung an die Rotte heran, bevor sie absprang, obwohl an Kirrungen öfters beschossenes Wild besonders aufmerksam ist. Mit dem Mond im Rücken wäre das Angehen noch leichter gewesen.

Die spannende Pirsch im Felde erfordert genaue Ortskenntnisse und große Selbstbeherrschung, damit die Sicherheit des Hinterlandes vor allem in ebenem Gelände gewährleistet ist, wenn man in der freien Flur vom Boden aus schießt. Die Gefahr, dass man das falsche Stück unter Feuer nimmt, ist nachts groß. Immer ist es wichtig, nicht auf größere Entfernung, also nicht über 50 m weit zu schießen.

▶ **Waldpirsch**

Sehr reizvoll ist die Pirsch auf Sauen im Wald. Sie ist jederzeit möglich. Frischlinge, also noch nicht einjährige Sauen, kann man zu jeder Jahreszeit bejagen, wenn man sicher ansprechen kann, dass sie nicht selbst führen.

Auf Schwarzwild im Walde pirscht man frühmorgens oder nachts gegen den Wind durch einsehbare Bestände am besten dort, wo man vorher die Anwesenheit von Sauen festgestellt hat. Bekommt man eine Rotte in Anblick, muss man so nahe wie möglich herankommen, notfalls unter Hinterlassung von Schuhen oder Stiefeln, damit man idealerweise alle Stücke der oft weit verteilten Rotte betrachten und die richtige Auswahl treffen kann. In Waldbeständen mit Unterwuchs oder Verjüngungspartien heißt es aufpassen, dass man kein Stück ungesehen überläuft und in den eigenen Wind bringt. Hat man das richtige Stück ausgewählt, muss ein

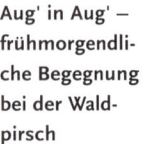

Aug' in Aug' – frühmorgendliche Begegnung bei der Waldpirsch

## Tipp

Besteht die Gefahr von Schwarzwildschäden im Feld, muss auf die Pirsch im Wald tunlichst verzichtet werden. Denn in dieser Zeit gilt es, den Sauen den Aufenthalt im Walde so angenehm wie möglich zu machen und nicht zu verleiden. Anders ist das im zeitigen Frühjahr, im Herbst oder Winter, vor allem dann, wenn es darum geht, den Schwarzwildbestand bei jeder sich bietenden Gelegenheit zu regulieren.

Auch am Abend muss die Pirsch auf die Fälle beschränkt bleiben, in denen man vom Hochsitz aus außer Schussentfernung ausgetretene Sauen angehen will und kann. Ansonsten zeitigt die Abendpirsch in die Dämmerung hinein eine unvertretbare Störung des austretenden Wildes.

sicherer Schuss angebracht werden. Von freihändigen Schüssen ist selbst auf nahe Entfernung dringend abzuraten, sicher schießt man nur angestrichen oder von einem Zielstock, den man möglichst noch zusätzlich an einen Baum anlehnt.

Vor dem Schuss sollte man sich unbedingt den Standort des Stückes anhand von Besonderheiten im Bestand merken. Nach dem Schuss und unverzüglichem Nachladen verharrt man zunächst ohne Bewegung am Platz. Gerade in Beständen mit reicher und mosaikartig verteilter Bodendeckung ist es mir so mehrfach gelungen, auf ein weiteres Stück zu Schuss zu kommen.

Im Winter ist die Pirsch auf Schwarzwild nur in ganz wenigen Revieren bei Tageslicht möglich, da die Sauen dann am Nachmittag noch oder morgens schon wieder in ihren Einständen sind. In meinem störungs- und nahrungsreichen Forstrevier sehe ich schon ab Mitte Oktober, wenn ich Gäste in der Damwildbrunft führe, kaum noch einmal Sauen bei Tage, im Winter mit seinen langen Nächten so gut wie nie mehr. Das kann höchstens an wenigen Tagen bei trübem oder regnerischem Wetter anders sein.

### ▶ Pirschen bei Nacht

Die winterliche Nachtpirsch auf Sauen im Wald ohne gekehrten Pirschpfad kann zu Sternstunden des Jägerlebens gehören, die man jedoch nur sehr maßvoll genießen darf. In Rotwildrevieren muss man auf diese Jagdart verzichten, will man sie nicht in kürzester Zeit in rotwildfreie Gebiete verwandeln. Weniger stark ist die Störung anderer Schalenwildarten. Oft bin ich nachts an Damwildrudeln vorbeigepirscht, die mich wahrgenommen hatten und das nur mit langen Hälsen quittierten, als ob sie wüssten, dass mein Bemühen ihnen nicht gelten durfte. Rehwild reagiert auf das nächtliche Wahrnehmen des Jägers mitunter mit lautem Schrecken. Manches Mal ist mir erst dadurch aufgefallen, dass der Wind plötzlich seine Richtung geändert hatte; ich konnte dann meine Pirsch entsprechend umstellen.

Zunächst müssen die Sauen gefunden werden, wobei Auge und Ohr gleichermaßen konzentriert einzusetzen sind. Man pirscht nur wenige Meter, verhält, um das Vorgelände abzuleuchten und intensiv zu verhören. Je nach Wetterlage hört man brechende Sauen unterschiedlich weit oder überhaupt nicht. Bei weichem Wetter steht man oft kurz vor ihnen, ohne sie vorher vernommen zu haben. Viele Jäger halten die Schwarzwildpirsch bei trockenem oder gar gefrorenem Laub für unmöglich, ich habe andere Erfahrungen. Wichtig ist stets, dass man die Sauen sieht oder hört, bevor sie einen bemerken. Bei trockenem Wetter oder Barfrost verursachen die Sauen beim Brechen im Laub selbst erheblichen Lärm nahe an ihren eigenen Tellern. So werden die unvermeidbaren Geräusche des sich anpirschenden Jägers bis zu einem gewissen Geräuschpegel überlagert.

### ▸ Nahe genug herankommen

Trotzdem muss man sich sehr vorsichtig bewegen und alle paar Schritte innehalten. Mitunter verhoffen nämlich alle Sauen auf den leisesten Warnton eines Rottenmitgliedes wie auf Kommando. Macht man dann noch einen unbedachten Schritt, geht das Wild dahin. Hilfreich ist es, wenn Sauen bei der Fraßsuche einmal aneinandergeraten oder sich die Rauschzeit bemerkbar macht. Dann sind sie mitunter sehr weit zu vernehmen, man hat dann die grobe Pirschrichtung. Wichtig ist die dauernde Windprüfung, da gerade im Wald und hier besonders in kuppiertem Gelände der kleinörtige Wind dauernd wechseln kann. Jede bekannte Art der Windprüfung kann zur Hilfe genommen werden, vom angefeuchteten Finger über die Tabakspfeife bis zur Seifenblasendose. Hat man Sauen entdeckt, heißt es, nahe genug heranzukommen, um sauber ansprechen und sicher schießen zu können. Mit dem Vorsatz, nie weiter als 50 m zu schießen, schreite ich grundsätzlich nach jedem Schuss die Entfernung von meinem Standort zum An-

## Tipp

Wenn der Wald wenig Mast trägt, sind die Sauen zur Nahrungssuche lange unterwegs; dann habe ich sie auch an Wintertagen noch morgens bei vollem Licht brechend angetroffen.

Bei guter Mast ist es aber falsch zu glauben, dass man Sauen dann dauernd in den Laubholzbeständen findet. Besonders bei Vollmast sind sie recht schnell satt und brechen danach bevorzugt in Nadelholzbeständen, auf Wegebanketten oder Grünlandflächen, um ihren Bedarf an tierischem Einweiß zu decken.

schuss ab und stelle in den meisten Fällen fest, dass ich auf Schrotschussentfernung am Stück war. Komme ich nicht auf eine Entfernung von 50 m oder weniger an die Sauen, lasse ich von der Rotte ab und vermeide so jedes Risiko. Auf Sichtdeckung braucht man besonders in der Nacht wenig Rücksicht zu nehmen, wenn man sich nicht zu rasch bewegt.

Ob man des Nachts pirscht oder ansitzt, in aller Regel ist die beste Zeit um Mitternacht oder kurz danach vorbei. Einige wenige Male bin ich allerdings im Winter Rotten mehrere Stunden und durch etliche Waldabteilungen bis fast gegen Morgen nachgehangen, um endlich den Schuss auf das richtige Stück anbringen zu können.

## Die Treibjagd

Bei der planmäßigen Bewirtschaftung eines Schwarzwildbestandes kommt man um Gesellschaftsjagdformen wie Treib- oder Drückjagden nicht herum;

sie dienen dazu, einen bedeutenden Teil der notwendigen Jahresstrecke zu erzielen. Der Begriff Gesellschaftsjagd ist in jüngster Zeit in Misskredit geraten, wir finden ihn jedoch als Rechtsbegriff im § 16 des BJagdG und z. B. im § 17a des LJagdG Nordrhein-Westfalen. Hier wird die Gesellschaftsjagd als Jagd definiert, bei der mehr als vier Personen – also mindestens fünf – Personen jagdlich zusammenwirken.

Gesellschaftsjagden sind wichtige Instrumente der störungsmindernden Intervalljagd. Dabei gilt es, die für die örtlichen Revierverhältnisse beste Methode zu finden, das Schwarzwild erfolgreich und gerecht zu bejagen. Bis noch vor wenigen Jahren war es allgemein üblich, die Gesellschaftsjagd als Treibjagd durchzuführen. In Ausnahmefällen hat diese Jagdart auch heute noch ihre Berechtigung und soll deshalb nachfolgend dargestellt werden.

▶ **Merkmale der Treibjagd**

Im Gegensatz zur großflächigen Drückjagd befindet sich bei einer Treibjagd das Wild in einem abgegrenzten Einstandsraum und wird vor die außen in meist gleichmäßigen Abständen postierten Jäger gebracht. Jedes Stück Wild kommt normalerweise nur einem Jäger und seinem unmittelbaren Nachbarn und verlässt endgültig den bejagten Raum, wenn es nicht erlegt wird. Die Treibjagd auf Sauen wird auf gekreiste Sauen, bei deren sicherem Vorkommen auch als grüne Jagd oder als Maistreiben veranstaltet.

Bei Neuschnee werden die Sauen gekreist und nach ihrer Bestätigung bejagt. Bei entsprechenden Schneeverhältnissen kann man morgens feststellen, wo Sauen frisch gewechselt sind. Fällt der Neuschnee nach Mitternacht, ist das Kreisen meist erfolglos, da die wetterfühligen Sauen in aller Regel vor dem Schneefall ihre Kessel bezogen haben. Allerdings hat man Sauen, die doch noch spät gezogen sind, meist sehr schnell festgemacht.

*Treibjagden gehören heute aus Sicherheitsgründen fast überall der Vergangenheit an.*

▶ **Kreisen und Jagen**

Beim Kreisen begeht man das Revier großräumig und umschlägt die Revier-

**Tipp**

Nach dem ersten Schneefall des Jahres kann der Jäger getrost zu Hause bleiben und auf das Kreisen verzichten – beim ersten Schnee sind Sauen nie unterwegs, sondern bleiben im Einstand und lassen sich einschneien. Meist ziehen sie dann in der zweiten Schneenacht, sodass das Kreisen am zweiten Morgen erfolgreich sein kann. Wiederholt habe ich aber auch erlebt, dass die Sauen ihren Einstand tagelang nicht verließen, dafür aber im Inneren der Dickung recht aktiv waren.

partien, in die Schwarzwild eingewechselt ist, um zu sehen, ob es sich gesteckt hat oder nur durchgezogen ist. Ist es durchgewechselt, umschlägt man den nächsten Revierteil. Sind die Sauen nicht durchgewechselt, umgeht man die abgefährtete Fläche in einem engeren Kreis erneut und stellt so fest, in welcher Dickung die Sauen wirklich stecken. Dabei muss man, vor allem bei hellhörigem Wetter, vorsichtig zu Werke gehen, damit das Wild nicht vorzeitig rege wird. Allerdings sitzen Sauen auch bei tauendem Schnee locker und sind mitunter auch bei Tage im Einstand auf den Läufen. Hat man sie in einer Dickung bestätigt, bedeutet das: „Sauen fest!"

Nun verständigt man die erforderlichen Schützen sowie Treiber und Hundeführer nach deren rechtzeitiger Vorwarnung. Die Schützen werden um das Treiben im Kreise abgestellt, bei ausreichender Anzahl in gleichmäßigen Abständen, ansonsten an bekannten oder erkennbaren Wechseln. Beim Anstellen muss wiederum die größte Ruhe herrschen. Dann heißt es, die Sauen vor die Schützen zu bringen. Mitunter genügt dazu ein Hundeführer mit einem schwarzwildfirmen Hund oder einer Meute, die dem Einwechsel bis zum Kessel folgen. Bei größeren Dickungen kann der Einsatz einer Treiberwehr erforderlich sein. Bei dieser Jagdart geht es darum, die Rotten zu sprengen, um die Erfolgschancen zu erhöhen. Es soll verhindert werden, dass alle Sauen an einer Stelle und damit nur einem oder zwei Schützen kommen.

### ▶ Die Nachteile der Waldtreibjagd

Diese Jagdart hat zwei gravierende Nachteile. Erstens beschwört das Jagen und Schießen mit der Kugel vom Boden aus und in einer Schützenkette sowohl für die Jagdteilnehmer als auch für die heute überall präsenten Waldbesucher immer Gefahren herauf. Es darf nur aus dem Treiben heraus geschossen werden, wenn nicht ein einsehbarer Gegenhang als sicherer Kugelfang eine Ausnahme zulässt, die von der Jagdleitung ausdrücklich genehmigt sein muss. Die Bäume einer Dickung bilden niemals einen Kugelfang – dies tut immer nur das Erdreich, der „gewachsene Boden" also.

Zweitens kommt gesprengtes Wild in der Regel einzeln, sodass der Jäger ohne Vergleichsmöglichkeiten nur schwer ansprechen kann. Sicheres Ansprechen ist aber für ein modernes Schwarzwildmanagement unverzichtbar. Wird dann noch so abgestellt, dass der Jäger nur ein ganz geringes Sicht- und Schussfeld hat, sind alle denkbaren Gefährdungen und Abschussfehler bereits vorprogrammiert. Bei den Sautreibjagden früherer Zeiten, die ich als Treiber und als junger Jäger erlebt habe, wurde eigentlich jede vorkommende Sau beschossen. Bei gesprengten Sauen sind waidgerecht nur die leicht erkennbaren Frischlinge und – so gewollt – jagdbare Keiler freizugeben und zu bejagen. Bei entsprechend weiträumigem Abstellen mit Platz zum rechtzeitigen Ansprechen des Wildes und zur Erkennung möglicher Gefährdungen aller Jagdteilnehmer und Dritter kann diese schöne Jagd auf die schnelle Sau im stiebenden Schnee sicher und waidgerecht ausgeübt werden.

### ▶ Treibjagd im Mais

Eine andere Form der Treibjagd ist die Bejagung von Sauen in Maisäckern,

**Gefährlich für die Hunde, aber manchmal unerlässlich – Treibjagd im Mais**

gung ist gerade hier zu bedenken und einzuplanen.

Die vorstehend beschriebenen Formen der Treibjagd sind unter heutigen Verhältnissen oft wenig effektiv und entsprechen in vielen Revieren nicht mehr den Sicherheitsanforderungen. Eine Vielzahl von Revieren ist heute unkontrollierbar von Erholungssuchenden belaufen.

## Die Drückjagd

Die Gesellschaftsjagd, die überwiegend heute auf Schwarzwild und anderes Schalenwild ausgeübt wird, ist die Drückjagd auf großer Fläche als Ansitzdrückjagd, Bewegungsjagd oder Stöberjagd. Die Philosophie der Drückjagd ist eine völlig andere als die der Treibjagd.

### ▶ Merkmale der Drückjagd

Bei der Drückjagd sind Wild und Jäger auf der ganzen Fläche verteilt, Treiber und Hunde agieren ständig zu verschiedenen Zeiten an den unterschiedlichsten Orten, also überall, und versuchen, das Wild in Bewegung zu bringen und zu halten. Bei einer Stöberjagd werden statt Treibern überwiegend oder ausschließlich Hunde mit ihren Führern eingesetzt. Bei der Drückjagd muss man Wild und Jäger durch die Bewegung des Wildes so oft wie möglich zusammenbringen. Dabei ist wichtig, dass das Wild den Jäger nicht zu flüchtig und im Rotten- oder Rudelverband anwechselt, damit er sicher ansprechen, selektieren und sauber schießen kann.

Flächen zwischen mehreren Hundert bis zu einigen Tausend Hektar Wald werden an einem Tage bejagt und erfor-

bei der die Schützen um die zu bejagenden Äcker anstehen und die Sauen von Treibern und Hunden aus dem Mais getrieben werden. Sie kann zur Schadensminimierung unerlässlich sein. Das Abstellen muss so erfolgen, dass ein Ansprechen möglich ist und Frischlinge geschossen werden können. Hilfreich ist das Häckseln von Schneisen im Mais auch dann, wenn diese zwar als Schussschneisen zu schmal sind, aber Sichtverbindung zu einem Hochsitz bringen, von dem sich dann der Einsatz der Hundeführer und Treiber steuern lässt. Die beim Maistreiben eingesetzten Hunde sind immer in großer Gefahr, da sie plötzlich annehmenden Sauen nur schwer ausweichen können. Die Möglichkeit schneller tierärztlicher Versor-

dern in der Regel eine revierübergreifende Aktion. Die Flächengröße einer solchen Drückjagd richtet sich nach dem regionalen Waldzusammenhang. Daraus ergibt sich die Anzahl der erforderlichen Schützen. Die Jagd muss von der Organisation her so übersichtlich bleiben, dass ein geordneter Ablauf bis hin zu konsequenter Nachsuche sichergestellt ist; Sicherheit hat dabei die höchste Priorität.

### ▶ Ziele und Zeitpunkt

Der Erfolg einer Drückjagd erfordert eine Vielzahl frühzeitiger Überlegungen und eine intensive Planung. Zunächst muss sicher sein, dass der zu bejagende Wildbestand eine solche Bejagung zulässt oder erforderlich macht. Wer eine solche Jagd nur abhält, um sich die Unbequemlichkeit der Erfüllung eines Restabschusses vom Halse zu schaffen, und ab einer bestimmten Zahl gefallener Schüsse um seinen Wildbestand bangt, handelt zutiefst unwaidgerecht an Wild und Jagdteilnehmern. In den meisten Schwarzwildrevieren ist heute das Gegenteil der Fall: Die gut geführte Drückjagd ist ein vorzügliches Mittel, den zur Bestandesregulierung unumgänglich notwendigen Abschuss durch Konzentration von Jagddruck auf einen Tag ein erhebliches Stück voranzubringen. Das oberste Ziel muss sein, mit vertretbarem Aufwand und einem Höchstmaß an Sicherheit bei bestmöglicher Nachsuchenvermeidung eine hohe Strecke zu erzielen.

Die Jagd ist frühzeitig zu planen, dabei sind die normal zu erwartenden Witterungsverläufe der Region zu berücksichtigen. In Mittelgebirgsrevieren können Schnee und Frost den Energiehaushalt der Wildtiere erheblich beeinflussen, was aus Gründen des Tierschutzes frühzeitige Drückjagden etwa ab Mitte Oktober bis spätestens Anfang Dezember erfordert. Hier ist in der Regel die Bodenvegetation zeitig am Boden und der Anteil der Nadelholzbestände ohne Bodenvegetation groß, was ein frühes Jagen möglich und erfolgversprechend macht.

In tiefer gelegenen Regionen mit mildem Klima spielt der Energiehaushalt des Wildes keine so große Rolle, hier ist für den Erfolg der Zusammenbruch der meist üppigen Bodenvegetation von Bedeutung.

### ▶ Auswahl und Einladung der Schützen

Die Auswahl der einzuladenden Schützen sollte weniger nach deren gesellschaftlicher Bedeutung als ihrem Können erfolgen. Jede Drückjagd erfordert einen Stamm erfahrener, guter und beherzter Schützen. Weniger erfahrene Jäger müssen aber auch Gelegenheit erhalten, das Handwerk zu erlernen, denn solches ist Waidwerk zu weiten Teilen. Schießfertigkeit erwirbt man allerdings nicht auf dem Drückjagd-, sondern auf dem Schießstand.

Die Einladungen ergehen mit entsprechenden Rückmeldeterminen so früh, dass es noch möglich ist, Nachrücker einzuladen, ohne dass diese sich als Notstopfen fühlen müssen. Bei einer Drückjagd müssen die Zahl der Jagdteilnehmer und der sorgfältig vorbereiteten Stände punktgenau zusammenpassen. Besonders gute Freunde kann man als Jagdteilnehmer in Reserve halten für den Fall, dass „Familienfälle" – meist bei unwirtlichem Wetter – ganz kurzfristige Absagen zeitigen.

### Schützenstände

Im Revier sind die Jagdstände vorzubereiten. Dazu gehört die Kenntnis der Wechsel des Wildes. Wechsel zu den Äsungs- oder Fraßplätzen, die ich gerne „Friedenswechsel" nenne, werden bei Drückjagden nicht angenommenen. Sauen bleiben am liebsten ständig in Deckung und nehmen deren kürzeste Verbindung, so genannte Dunkelbrücken, an. Recht vertraut bewegen sie sich auch bei Drückjagden in ihren Einständen, das müssen nicht immer geschlossene Dickungen sein.

Drückjagdstände über sich schließenden, aber noch stellenweise einsehbaren Jungwüchsen sind hervorragende Plätze, erfordern aber versierte Jäger. Dort beginnen die Sauen bei einer Drückjagd mitunter unruhig von einem Jungwuchshorst zum anderen zu wechseln, wenn Treiber und Hunde erst von weitem zu vernehmen sind. Man muss genau wissen, wem man solche Stände zumuten kann, oft gibt es nur ein sehr geringes Schussfeld (s. Foto S. 88). Äußerste Konzentration mit blitzschnellem Ansprechen und Schießen sind gefordert. Die Erlegung einer oder mehrerer Sauen an solchen Stellen, an denen sie sich recht sicher fühlen, bewirkt mitunter eher ihr Auswechseln als der massivste Treiber- und Hundeeinsatz, bei dem jede erfahrene Leitbache weiß, was die Stunde geschlagen hat.

Im ebenen Gelände, zumal im Erholungswald, ist es wichtig, dass die Schützen auf erhöhte Stände postiert werden. So erreicht der Kugelschuss bei drückjagdgerechter Schussentfernung bald den Erdboden. Stände dürfen nicht in die Nähe von Wegen und Erholungseinrichtungen stehen. Als erhöhte Stände eignen sich alle Arten von Hochsitzen, die ein unbehindertes, stehend freihändiges Mitschwingen und Schießen nach allen einsehbaren Seiten zulassen. Eine Überdachung kann zwar bei Regen und Schnee angenehm sein, behindert aber die Möglichkeit des Mitziehens beim Schuss auf Wild in Bewegung.

### Drückjagdleitern

Im Kottenforst haben sich Scherenleitern bewährt, die ich vor Jahrzehnten entwickelt habe. Sie lassen sich nach festen Maßvorgaben und rechtzeitiger Materialvorbereitung zügig in Serie bauen oder sind im Handel erhältlich. Man besteigt diese Leitern mit dem Gesicht in die Hauptschussrichtung und kann Platz nehmen, ohne sich herumzudrehen.

Im Standbereich haben diese Leitern Doppelsprossen, die für unterschiedliche Körperlängen in zwei verschiedenen

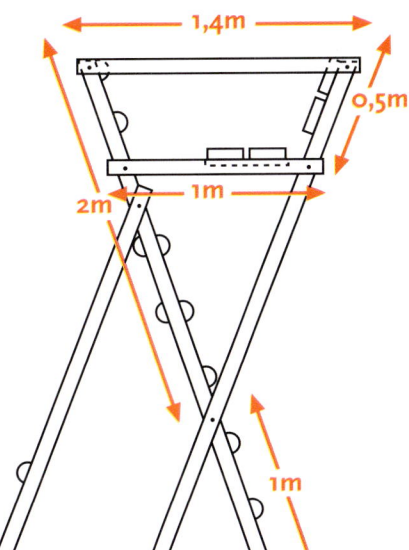

Die „Happ-Leiter": schnell gebaut und für Drückjagden ideal

Höhen beidseitig der Längsholme so angenagelt sind, dass man stehend freihändig schießen kann, weil man sich nicht festhalten muss. Bei Sauen ist dies erforderlich, da sie bei Drückjagden meist in der Bewegung beschossen werden müssen. Ich selbst habe mir bei Drückjagen angewöhnt, fast immer zu stehen, um jederzeit schussbereit zu sein. Die Chancen beschränken sich bei schnell anwechselndem Wild oft auf wenige Sekunden.

Die Höhe der Leiter richtet sich nach ihrem vorgesehenen Standort. In Stangenhölzern und Beständen mit tiefer Beastung reicht eine Sitzhöhe von einteinhalb bis zwei Metern auf die Entfernung, die man sicher mit der Kugel erreichen kann, völlig für einen guten Schusswinkel aus.

In sichtweiten Althölzern und über sich schließenden Jungwuchsflächen müssen die Leitern höher sein. Ihre Sitzhöhe sollte aber nicht über fünf Meter betragen, da man Schwarzwild, wenn es auf kurze Distanz eine sehr hohe Leiter anwechselt, schlecht ansprechen und in Bewegung beschießen kann.

**Eingebundene Leitern stören das Landschaftsbild nicht und ... leben länger.**

> ## Tipp
>
> Scherenleitern lassen sich in Bestandesränder, vorspringende Baumecken und unterständige Bäume so einbauen, dass man sie mit lebenden Zweigen einbinden kann. Schneidet man bei geringen Bäumen, in die man die Leitern einfügt, mit Einverständnis des Waldbesitzers in Höhe der oberen Auflageholme die Spitze heraus, begrünen sich die Bäume im unteren Bereich derart, dass man schon nach wenigen Jahren die Leitern nur noch mit Mühe erkennt.
>
> Dass der Einbau in Bestandesränder- und -ecken meist den Schuss in Richtung der Rückendeckung nicht zulässt, ist bei ansonsten fachgerechter Postierung zu verschmerzen. Natürlich eingegrünte Sitze erfordern mitunter mehrfach jährlich einen Rück- und Beischnitt der Zweige. So eingepasste Leitern sind nicht nur vor dem Wild optimal verblendet, sondern stören darüber hinaus das Waldbild nicht und werden seltener mutwillig zerstört.

Das Annageln der Sitze an Bäume muss unterbleiben; nicht zuletzt auch deshalb, weil sich angenagelte Leitern bei Wind immer bewegen.

▶ **Drückjagdkanzeln**

Sehr gut geeignet für die Drückjagd sind Kleinkanzeln, die man mit Rundumsicht an alle günstigen Stellen postieren kann. Stehen sie frei im Holz, gestatten sie nach allen Seiten unbehindertes Agieren. Eine Sitzbank sollte hochzuklappen sein, besser als sie ist ein abgedeckter Rundholzklotz. Auf den Bo-

den nagelt man Schweißbahn oder Kaninchendraht, um ein Abrutschen zu verhindern. Was immer man an Drückjagdsitzen verwendet, sie müssen bei sicherem Aufenthalt unbehindertes Schießen zulassen und soviel Platz bieten, dass man alle Utensilien griffbereit hat. Der Einbau in Deckung oder eine Verkleidung empfiehlt sich, da meist das übrige gut äugende Schalenwild und immer der Fuchs mitbejagt werden – und auch beunruhigte Sauen jede unbedachte Bewegung eräugen. Erhöhte Einrichtungen sollte man ohne Aufwand versetzen können, wenn sich ihre ursprüngliche Platzierung als ungünstig herausstellt.

Die Aufstellung der Stände kann man nicht nach ungefähren Angaben oder durch Markierungen Dritter überlassen – man muss selbst vor Ort sein, denn oft entscheiden einige wenige Meter über Erfolg oder Misserfolg.

▶ **Die Standortwahl**

Kulturflächen mit Bewuchs, in dem sich die Sauen gedeckt wähnen, sind für erhöhte Drückjagdstände gut geeignet. In keinem Fall eignen sich dagegen Stellen, die das Schwarzwild meist hochflüchtig passiert: Äsungsflächen, blanke Kahlschläge, niedrige Kulturen oder Wege und Schneisen.

Blanke Schneisen überfällt das Wild meist mit hohen Fluchten, zumal dann, wenn sie bei früheren Treibjagden als Schützenlinien gedient haben. In manchen Revieren fand ich die Drückjagdstände in Reih und Glied auf Schneisen in Dickungen und Stangenhölzern da aufgestellt, wo man früher bei Treiben herkömmlicher Art die Schützenketten abgestellt hatte.

In einsehbaren Stangenhölzern gehört der Stand 50 m seitlich von der Schneise auf Schrotschussentfernung von einem Wechsel entfernt. Das Wild kommt dort oft ruhig oder verhofft, be-

„Drückjagdgerechte" Kleinkanzel mit hochklappbarer Sitzbank

## Die Standauswahl – was ist wichtig?

- Stände immer an Fluchtwechsel legen
- Stände nicht in die Nähe von Erholungseinrichtungen
- Deckungslose Flächen, Schneisen und Wege meiden
- Beachtung des Geländereliefs
- Auf Kugelfang und Sicherheit der Nachbarn achten

Ein idealer
Schützenstand
im Dienstbezirk
des Autors:
Hier fiel bei
Drückjagden so
manche Sau.

gefährden können. Am besten ist es, wenn sie sich überhaupt nicht sehen und ungehindert rundum schießen können. Sollte der geringste Verdacht auf eine mögliche Gefährdung eines Nachbarstandes bestehen, muss die direkte Linie zu diesem deutlich gekennzeichnet werden. Unschönes, aber nach der Jagd wieder abnehmbares Trassierband ist einer Sprühfarbenmarkierung vorzuziehen, auch wenn es mehr Arbeit macht.

vor es die Schneise überfällt. Solche Stände sind allerdings nicht Jedermanns Sache und erfordern eiserne Standruhe. Wenn man als Jagdleiter bei einer Drückjagd eine Rotte Sauen auf ihrem Wechsel an der Schussfolge von mehreren Ständen verfolgen kann, hat man die Bestätigung, dass diese Sitze oder Stände richtig platziert sind.

Vermeiden sollte man immer Positionen, wo vorbeilaufende Wechsel sich bald der Horizontlinie nähern, damit kein mitgezogener Schuss über diese hinwegfährt. Sitze und Stände auf Hügeln und Kuppen sind immer gefahrenträchtig, da sehr schwer abzuschätzen ist, wie weit das oft allseitig abfallende Gelände einen sicheren Schuss noch zulässt. Mit Fehlschüssen – auch weit am Wildkörper vorbei – ist zu rechnen. So hat man schon mit der Auswahl der

▶ **Die Sicherheit beachten!**

Neben der jagdlich richtigen Positionierung und guten Verteilung auf der Fläche ist das wichtigste, die Stände so zu stellen, dass die Schützen sich nicht

## Tipp

In kuppiertem Gelände kann man Bodenstände einrichten, wenn ein Hang sicheren Kugelfang bietet. Hier sind Bodenstände Hochsitzen sogar vorzuziehen. Besonders sicher sind Plätze in Mulden oder Tälern mit Hängen rundum. In entsprechenden Mittelgebirgsrevieren rate ich deshalb immer wieder gerne: Gebt doch jedem Schützen seine eigene Mulde, dann kann am wenigsten passieren.

Das Gegenbeispiel: Nirgendwo ist das Wild so schnell wie auf Wegen und blanken Schneisen.

Drückjagdstände eine hohe Verantwortung.

Die Drückjagdstände sind zu nummerieren und entsprechend zu kennzeichnen. Auch hier sind kleine Kunststofftafeln mit wasserfest aufgetragenen Standnummern den hässlichen Sprühfarbenmarkierungen in jedem Fall vorzuziehen.

Hat der bejagte Wald nummerierte Abteilungen, setzt sich die Standnummer am zweckmäßigsten aus der Abteilungsnummer und einer fortlaufenden Nummer zusammen. Gefälliger und origineller sind Eigennamen der Stände. Ihre Lage ist in einer Revierkarte festzuhalten. Hat man eine Kartierung aller Jagdeinrichtungen, die zumindest bei großen Revieren für die Überprüfung nach der VSG 4.4 – Jagd (UVV Jagd) unverzichtbar ist, lässt man bei der Drückjagdkarte alle Einrichtungen weg, die nicht als Drückjagdstände dienen, um eine Überfrachtung mit unnötigen Informationen zu vermeiden.

▶ **Der Hundeeinsatz**

Zur weiteren Vorbereitung der Drückjagd gehört die Organisation der Treiberwehr und des Hundeeinsatzes. Der Einsatz von Hunden muss sich an den Deckungsverhältnissen orientieren. Große Dickungs- und Jungwuchsflächen machen den Einsatz von Hunden zwingend erforderlich. Er sollte sich nach dem Grundsatz richten: So viele Hunde wie nötig und so wenige Hunde wie möglich. Der Hundeeinsatz kann und darf sich nicht an der gewünschten Einsparung von Treiberlöhnen und auch nicht an der Anzahl der in der Jägerschaft gehaltenen und verfügbaren Hunde orientieren. Viele Hunde im

Treiben können den Erfolg etwa erforderlicher Nachsuchen, einen bedeutenden Eckpunkt waidgerechter Drückjagd, in Frage stellen.

Das in einigen Revieren praktizierte Verfahren, möglichst viele Hunde in der Treiberwehr einzusetzen und noch die meisten oder gar alle Jagdteilnehmer von den Ständen aus ihre eigenen Hunde schnallen zu lassen, ist aus Tierschutzgründen abzulehnen und dient keinesfalls der Verbesserung des Streckenergebnisses. Jagen diese Hunde wirklich nur kurz, ist die Erfolgschance für den Hundeführer auf dem Stand gering. Jagen sie weit, gerät das gesamte Geschehen außer Kontrolle, der Stress für das Wild wird außerordentlich groß und Nachsuchen führen kaum zum Erfolg, weil zwangsläufig alles kranke Wild einmal oder mehrfach aufgemüdet und hin und her gejagt wird.

Geeignete Hunde in der Treiberwehr sind unabhängig von Rasse und Größe alle Jagdhunde, die führerbezogene Kurzjager und zuverlässig spurlaut sind.

Sind die eingesetzten Hunde spurlaut und jagen sie kurz, ist die Rasse Nebensache.

Die Stöberhundrassen, wie Terrier, Wachtel, Spaniel und Bracken, zusätzlich auch Teckel sind dabei für den Einsatz prädestiniert. Dabei sollte es der Jägerschaft Verpflichtung sein, nur eingetragene Hunde anerkannter Jagdhundrassen zu führen.

### ► Saumeuten

Der Einsatz bewährter Meuten ist in großen Dickungskomplexen sehr nützlich, besonders wenn die Hunde ausschließlich an Schwarzwild jagen, was bei den heutigen Jagden mit der meist gleichzeitigen Bejagung mehrerer Wildarten allerdings die Ausnahme ist. Die Einarbeitung von Schwarzwildmeuten in Hatzgattern, wie sie W. FREVERT (1996) aus Rominten beschreibt, gehört aus ethischen und rechtlichen Gründen der Vergangenheit an.

Jedenfalls steht bei jedem Hundeeinsatz der Jagdleiter in der besonderen Verpflichtung, alle Auswirkungen zu

## Tipp

Waren überörtlich eingesetzte Hunde oder Meuten in Schweinepestgebieten oder schweinepestgefährdeten Regionen im Einsatz, dürfen sie nicht anschließend in schweinepestfreien Revieren gearbeitet werden. Das Virus kann von einem Hund bis zu einer Woche mittransportiert werden und sich sogar wochenlang in Fahrzeugen und Kleidungsstücken halten. In gefährdeten Gebieten sollte man, wenn man überhaupt Bewegungsjagden durchführt, auf jeglichen Hundeeinsatz verzichten, damit das Schwarzwild nicht über weite Räume verteilt wird.

überdenken und abzuwägen, damit nicht Belange Dritter verletzt werden. Es besteht die Gefahr des Überjagens, der Beeinträchtigung Erholungssuchender und der Gefährdung des Straßenverkehrs. Ebenfalls ist die Wirkung auf Außenstehende, vor allem in Ballungsräumen und Erholungsgebieten, zu bedenken. Der mir einmal geschilderte Fall, dass einige Hunde vor der Fensterfront einer Schule eine Sau gerissen und zerfleischt haben, bedarf keiner weiteren Erörterung.

Jagdberechtigte Hundeführer führen eine geeignete Langwaffe mit sich, um gestellten kranken Sauen den Fangschuss geben, nicht aber, um gesundes Wild beschießen zu können. Nach VSG 4.4 – Jagd dürfen sie die Waffe nur ungeladen (ohne Patrone im Patronenlager) mit sich führen und nur zum Eigenschutz, für Fangschüsssse und für Schüsse auf gestelltes Wild davon Gebrauch machen.

Die Möglichkeit einer schnellen Erstversorgung geschlagener Hunde muss geplant sein. Ein Tierarzt unter den Jagdgästen, ausgerüstet mit Handy oder Funk, ist für den Jagdleiter und seine Gäste mit Hunden sehr beruhigend.

### ► Treiberwehr

Die Treiberwehr muss sorgfältig zusammengestellt werden. Eine Anzahl von ortskundigen und interessierten Stammtreibern ist vonnöten, um die Treibergruppen anzuführen, und als Flügeltreiber, damit das Treiben geordnet abläuft. Sie werden von Ehrentreibern unterstützt. Gut geführte Drückjagden mit hohen Strecken haben auch für die Treiber besonderen Erlebniswert. Mit der Zeit bildet sich bei solchen Jagden eine eingeschworene Mannschaft. Die Treiber sind voll eingebunden und werden als wichtige Jagdteilnehmer respektiert. Auch Jungjägeraspiranten, möglichst bei Anwesenheit ihres Lehrgangsleiters, können als Treiber teilnehmen, damit sie den Ablauf einer solchen Jagd in der Praxis erleben und die Tätigkeit der Treiber kennen und schätzen lernen.

Um das Wild auf der ganzen Jagdfläche in Bewegung zu bringen und zu halten, bildet man mehrere Treibergruppen, die in verschiedenen Revierteilen gegenläufig agieren. Echtes Scherentreiben, bei dem zwei Gruppen gegeneinander treiben und sich überrollen, sind zwar effektiv, führen aber oft zu heillosem Durcheinander. Hat die Jagdfläche nur eine bestimmte Anzahl abgegrenzter Dickungen, kann man jeden dieser Einstände von einer Gruppe während eines gesamten Treibens permanent umrühren lassen. Bei naturnaher Waldwirtschaft bilden sich aber allenthalben Verjüngungsflächen, die ein lineares Durchdrücken der Jagdfläche erforderlich machen. Wir setzen bei den Drückjagden im südlichen Kottenforst bei zwei Treiben von je 600 – 700 ha 25 bis 30 Treiber und drei bis fünf einzeln jagende Hunde ein. Die Marschrouten der Treiber werden ebenfalls auf der Drückjagdkarte festgehalten.

Die Treiberführer erhalten eine solche Karte und werden rechtzeitig eingewiesen; man setzt sie später immer wieder in denselben Revierteilen mit denselben Mittreibern ein. Alle Treiber erhalten Papierfarbbänder zur Markierung unterwegs gefundener Schweißfährten.

Während des Treibens sollen die Treiber nicht lauter sein, als zur Verständigung und zur Ausrichtung der Wehr notwendig ist. Der Abstand von Treiber zu Treiber ist bestockungsabhängig und bedingt deren Gesamtzahl in der Gruppe. Das Tragen von Warnwesten ist nach der UVV Jagd vorgeschrieben, für das Tragen sonstiger Schutzkleidung einschließlich Handschuhen ist Sorge zu tragen. Beim Einsatz größerer Wehren empfiehlt sich das Führen einer Treiberliste.

### ▶ Transport von Schützen und Treibern

Weiter sind der Transport von Jägern und Treibern und die Wildbergung für den Jagdtag zu organisieren. In ruhigeren Gebieten mit gutem Wegeaufschluss kann man Gruppen bilden, die jeweils mit eigenen Fahrzeugen, besetzt mit möglichst vielen Teilnehmern, den Anstellern folgen, in der Nähe ihrer Stände die Fahrzeuge abstellen und nach Beendigung des Treibens selbstständig zum Treffpunkt zurückkehren. Dabei können die jeweiligen Gruppen einen Teil der Wildbergung übernehmen.

In Mittelgebirgslagen muss das Anstellen oft auf weite Strecken fußläufig erfolgen. Hier bringen die Ansteller die Schützen zu ihren Ständen und rollen rückwärts die Schützen wieder auf, wobei gleichzeitig Anschusskontrollen möglich sind. In Revieren mit starkem Besucherverkehr hat es sich bewährt, Traktoren mit entsprechend den Unfallverhütungsvorschriften ausgestatteten Anhängern zu chartern und das Anstellen in Rundfahrkursen vorzunehmen. Die Treiber können ebenfalls entsprechend befördert werden. Beim Einsammeln der Jäger kann die Wildbergung teilweise mit abgewickelt werden. Bei unseren Drückjagden im Kottenforst organisieren ortskundige Treiber ihren Transport selbst mit eigenen Fahrzeugen und stellen dann einzelne davon vor den Treiben an den Endpunkte ihrer Routen ab.

Ansonsten ist jeder Individualverkehr möglichst einzuschränken. Für die Wildbergung bedarf es kundiger Helfer mit geeigneten Fahrzeugen, die vor allem die einzelnen Schützenstände kennen müssen. Eine Vorlieferung des Wildes bis zu den Ständen kann von den meisten Jagdteilnehmern verlangt werden. Ansonsten muss der Standort des gestreckten Wildes mit Farbbändern deutlich und vom Stand aus schnell auffindbar gekennzeichnet werden.

### ▶ Verpflegung und Nachsuchen

Die Verpflegung der Jagdteilnehmer zur Mittagspause und zum abendlichen Treff ist zu organisieren. Es ist selbstverständlich, dass Treiber und Helfer vom Jagdherrn oder der Jagdgesellschaft dazu eingeladen sind.

Ein ganz wichtiger Punkt ist die Organisation der Nachsuchen. Es ist unwaidgerecht abzuwarten, ob Nachsuchen anfallen und sich dann erst um Nachsuchengespanne zu bemühen, die in dieser Zeit ohnehin auf die Schnelle kaum verfügbar sind. Man lädt den Leiter einer Schweißhundestation seines Vertrauens sehr frühzeitig zur Jagd ein, bittet ihn um Sucheneinsatz und stellt damit sicher, dass schon am Jagdtage mit Nachsuchen und Kontrollen begonnen werden kann. Bei großen Jagden entscheidet der Schweißhundführer im Benehmen mit der Jagdleitung, ob von vornherein weitere Gespanne zugezogen werden und wie der gesamte Nachsucheneinsatz koordiniert wird.

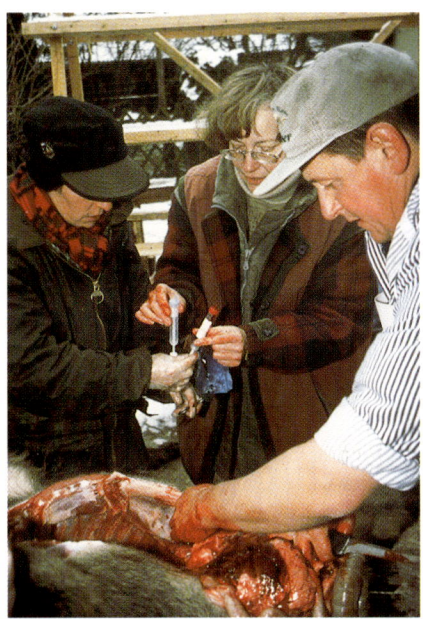

**Profis am Werk: Ein Metzger bricht auf, sofort werden Proben entnommen.**

### ▶ Zentrales Aufbrechen ist vorteilhaft

Im Vorfeld der Jagd ist festzulegen, wer das anfallende Wild wo und wann aufbricht. Das Aufbrechen durch Jagdteilnehmer kann den Ablauf der Jagd erheblich verzögern und mitunter umfangreiche und unangenehme Nacharbeit erforderlich machen. Außerdem behindern bei Jagden mit hohem Wildanfall die liegen gebliebenen Aufbrüche die Nachsuchen. Es hat sich sehr gut bewährt, das Wild zentral und professionell aufbrechen zu lassen. Man findet leicht einen versierten Jäger oder jagenden Metzger, der bei der Möglichkeit der Jagdteilnahme im ersten Treiben und Überlassung des Geräuschs bereit ist, diese Arbeit zu übernehmen. Jagdscheinaspiranten können dabei assistieren und viel profitieren.

Der Notwendigkeit der unverzüglichen Wildversorgung steht ein zentrales Aufbrechen nicht entgegen, da während des laufenden Treibens aus Sicherheitsgründen ohnehin nicht aufgebrochen werden darf. Entscheidend ist dabei das zügige Bergen des Wildes. Wo das wegen schwierigen Geländes nicht möglich ist, muss am Ort der Erlegung aufgebrochen werden. Der zentrale Aufbrechplatz kann sowohl an einem Forst- oder Jagdhaus als auch an einem dazu eigens hergerichteten Platz im Revier liegen.

Wichtig für eine einwandfreie Wildprethygiene ist die unmittelbare Verfügbarkeit von frischem Wasser mit Trinkwasserqualität auch am Aufbrechplatz.

▶ **Sicherung des Straßenverkers**

Wird das Jagdgebiet von öffentlichen Straßen oder Autobahnen durchschnitten oder tangiert, müssen Vorkehrungen für die Verkehrsicherung getroffen werden. Der Bundesgerichtshof hat 1976 dazu entscheidende Aussagen gemacht, deren Zusammenfassung im Kommentar zum Jagdrecht in NRW (H. SCHANDAU u. H. DREES, 1998) der Kasten unten auszugsweise wiedergibt.

Die Absicherung von Straßen muss also für den Drückjagdtag eingeplant werden, dazu bedarf es der Zustimmung der Straßenverkehrsbehörde. Ferner sollte man die örtlich zuständigen Polizeidienststellen rechtzeitig von der Jagd verständigen, wenn mit Jagdgeg-

## Drückjagd und Straßenverkehr – das meint der BGH

(Zusammengefasste Auszüge aus einer Urteilsbegründung vom 16. 2.1976)

„Wird der Straßenverkehr über das Maß normaler Verkehrserwartung hinaus durch bei der Jagd hochgemachtes Wild beeinträchtigt, so muss dieser erhöhten Gefahr entweder durch wirksame Maßnahmen begegnet werden oder die Jagd muss unterbleiben. Bei Treib- oder Drückjagden ist der Jagende verpflichtet, das Wild nicht in Richtung auf eine befahrene Straße zu treiben oder zu drücken. Das Treiben ist von der Straße weg zu führen, wobei durch möglichst dichte Treiberketten ein Auswechseln des Wildes nach rückwärts zusätzlich zu verhindern ist. Weiter ist durch das Anbringen so genannter Jagdlappen entlang der gefährdeten Straßen ausbrechendes Wild von einem Wechsel über die Straße abzuhalten. Verkehrsteilnehmer sind durch Warnbilder und Warnposten auf die Jagd hinzuweisen. Solche Maßnahmen sind vor allem deshalb angebracht, weil ein Treiben in Richtung auf eine befahrene Straße die Gefahr von Wildbegegnungen geradezu heraufbeschwört. Bei einer Treibjagd auf Schwarzwild entlang einer Autobahn sind besondere Vorkehrungen erforderlich, selbst wenn die Jagd auf die gleiche Art und Weise ohne besondere Schutzmaßnahmen bereits seit 50 Jahren unfallfrei durchgeführt wurde. In einem solchen Falle ist die Aufstellung eines Knotengitterzaunes notwendig; das Argument, das sei aus wirtschaftlichen Gründen nicht zumutbar, ist unbeachtlich. Gibt es keine wirksamen Sicherheitsvorkehrungen, um das Wild von der Autobahn fernzuhalten, muss die Jagd unterbleiben."

**Um solche Vorfälle zu vermeiden, muss der Jagdleiter Vorkehrungen zur Sicherung des Straßenverkehrs treffen.**

nern gerechnet werden muss. Oft wird auch die Polizei von der Bevölkerung alarmiert, wenn Schüsse fallen.

▸ **Die Einladung**

Die Einladung zur Drückjagd muss mindestens die Art der Jagd, Revier, Treffpunkt, Tag und Stunde, Verpflegungsmodus sowie die bejagten Wildarten enthalten. Die wichtigsten Regeln werden ebenfalls schon bekannt gegeben, damit die Jagdteilnehmer ausreichend Gelegenheit haben, sich damit vertraut zu machen. Die Regeln im nachstehenden Kasten haben sich im Laufe von fast 35 Jahren Ansitzdrückjagdpraxis im Kottenforst auf den Einladungen des Forstamtes Bonn bewährt.

## Regeln für die Ansitzdrückjagd auf Schalenwild

(Rückseite der Drückjagdeinladung im Kottenforst, Forstamt Bonn)

Ansitzdrückjagden auf Schalenwild tragen dazu bei, an wenigen Tagen den Wildbestand wirksam und waidgerecht zu regulieren, ohne dabei unverhältnismäßige Beeinträchtigungen des Erholungsverkehrs herbeizuführen. Der Jagderfolg dieser Tage führt zu einer Verminderung des Jagddruckes in der übrigen Zeit.

Da sich das Wild während der Jagd meist in Bewegung befindet, erfordert diese Jagdmethode große Disziplin, sicheres Ansprechen und Schießen. Um den Wildbestand effektiv und waidgerecht regulieren zu können, sind folgende Verhaltensregeln unabdingbar:

1. Es sind vorzugsweise Waffen mit Kaliber .30-06 bzw. 8 x 57 und stärker, mit schweren Teilmantelgeschossen, zu verwenden.

2. Halbautomatische Waffen und Flintenlaufgeschosse dürfen nicht verwendet werden.

3. Die im Jagdschein abgedruckten allgemeinen Sicherheitsvorschriften müssen strikt eingehalten werden.

4. Der zugewiesene Hochsitz/Stand darf während der angegebenen Jagdzeit nicht verlassen werden.

5. Es darf nur vom Hochsitz/Stand aus geschossen werden (auch Fangschüsse). Nach Besteigen des Hochsitzes/Standes kann anwechselndes Wild beschossen werden. Nach Ablauf der angegebenen Jagdzeit darf nicht mehr geschossen werden.

6. Der Schuss auf ziehendes Schalenwild sollte auf keine weitere Entfernung als auf etwa 50 m und freihändig abgegeben werden.

7. Ein weiteres Stück aus gleicher Rotte/gleichem Rudel darf nur beschossen werden, wenn das zuvor beschossene Stück gut getroffen oder sicher gefehlt ist.

8. Erkennbar krankes Wild ist vorrangig zu beschießen; notfalls auch auf weitere Entfernungen, soweit die Sicherheit dies zulässt.

9. Nach Ende des Treibens muss zuerst jeder Anschuss und jeder zu kontrollierende Schuss mit Farbband und Fluchtrichtungsbruch verbrochen und dem Ansteller gemeldet werden. Zusätzlich sind diese Stellen in Augenhöhe mit Farbband zu markieren.

10. Selbstständiges Nachsuchen des Schützen, auch das Ausgehen deutlicher Schweißfährten und das Angehen kranken Wildes, das sich niedergetan hat, ist untersagt. Fangschüsse dürfen nur vom Hochsitz aus abgegeben werden.

11. Die Behandlung des erlegten Wildes wird vor Jagdbeginn bekannt gegeben.

12. Beim Eintreffen am Sammelplatz bitte sofort
   – die vollständig ausgefüllte Jagdkarte dem Ansteller abgeben,
   – notwendige Nachsuchen und Kontrollsuchen dem Schweißhundführer melden.

13. Beachten Sie bitte diese Grundregeln im Interesse einer sicheren, reibungslosen und waidgerechten Jagd. Sie haben sich aus der Praxis heraus als notwendig erwiesen und helfen mit, jagdliche Freuden und notwendige Wildstandsregulierung in Einklang zu bringen.

### ▶ Maximal zwei Treiben

Da der Grundaufwand für eine Drückjagd hoch ist, werden zwei Treiben von nicht mehr als zwei bis drei Stunden Dauer durchgeführt. Längere Ansitzzeiten sollte man bei Drückjagden vermeiden, die Konzentration der Teilnehmer lässt sonst stark nach, vor allem bei kaltem Wetter. Bei den kurzen Wintertagen muss man den Jagdtreffpunkt früh ansetzen. Pünktlichkeit ist zwingende Pflicht der Eingeladenen, da die Drückjagd wirklich erst begonnen werden kann, wenn der letzte Jäger eingetroffen ist. In schwer zugänglichen Mittelgebirgsrevieren ist oft nur ein Treiben am Tage möglich.

### ▶ Jagdscheinkontrolle und Standkarte

Übernimmt der Jagdherr nicht selbst die Leitung der Jagd, muss er nach der UVV Jagd einen Jagdleiter bestimmen. Bei Eintreffen der Jäger werden die Jagdscheine kontrolliert. Im bereits angeführten Kommentar zum Landesjagdrecht in Nordrhein-Westfalen wird dazu aus einem Urteil des Oberlandesgerichtes Oldenburg vom 19.9.1978 auszugsweise zitiert: *„Ein Jagdleiter verletzt die ihm obliegende Verkehrssicherungspflicht auch dann, wenn er sich vor Beginn der Jagd nicht vergewissert, ob die eingeladenen Gäste im Besitz eines gültigen Jagdscheines sind. Ein bloßes Nachfragen reicht insoweit nicht aus. Auch wenn es sich um bekannte*

*Jäger handelt, ist auf eine Kontrolle nicht zu verzichten. Beim Jagdschein handelt es sich im Hinblick auf die erforderliche Jagdhaftpflichtversicherung auch um den Schutz dritter Personen bei Jagdunfällen."* Die Jagdscheinüberprüfung wird in eine Liste eingetragen, die gleichzeitig als Anwesenheitskontrolle dient.

Dem Jagdteilnehmer werden farbiges Anschussband, eine Standkarte und ein Bleistift ausgehändigt. Es hat sich sehr bewährt, jedem Schützen eine Anzahl fortlaufend nummerierter Ohrmarken auszuhändigen, die er an Lauscher oder Teller des von ihm erlegten Wildes anzubringen hat. Diese Marken dienen der Zuordnung des Wildes zu Schützen und Ständen und können dabei helfen, bei mehrfach beschossenem Wild die Nachsuche zu erleichtern. Die Ohrmarkennummern werden in die Anwesenheitsliste schützenzugeordnet eingetragen.

Für den Fall, dass Schützen kein signalfarbenes Hutband dabei haben, wie es nach der UVV Jagd vorgeschrieben ist, werden Hutbänder, Warnwesten o.Ä. bereitgehalten.

► **Die Freigabebestimmungen**

Der Jagdherr oder der Jagdleiter begrüßen die Jagdgesellschaft, machen nochmals auf die Sicherheitsbestimmungen aufmerksam und geben die genaue Freigabe bekannt. Außerdem wird Auskunft über alle organisatorischen und technischen Fragen gegeben.

Zur Freigabe müssen eindeutige Angaben gemacht werden, um jegliche spätere Diskussion zu vermeiden. Beim Schwarzwild werden auf Drückjagden gemeinhin Frischlinge und Überläufer bejagt. Richtgewichte und Kniehöhenhinweise nicht zu groß gewachsener Jagdleiter sind hilfreich.

## Standkarte

Hochsitz/Stand- Nr.

Name:

Wildmarken- Nr.

|  | Rotwild | Damwild (Muffel) | Sauen | Rehwild | Fuchs |
|---|---|---|---|---|---|
| Gesehen |  |  |  |  |  |
| Erlegt |  |  |  |  |  |
| Nachsuche |  |  |  |  |  |
| Kontrolle |  |  |  |  |  |
| Fehlschüsse |  |  |  |  |  |

Insgesamt abgegebene Schüsse:

**Weitere Beobachtungen und Bemerkungen zum Stand bitte auf der Rückseite notieren**

Der schwierige Abschuss von Bachen darf in keinem Falle bei der Drückjagd erfolgen. Mit einer darüber hinaus verordneten zahlenmäßigen Begrenzung des Schwarzwildabschusses bei einer Drückjagd tut man dem Wildbestand und dem Revier allerdings keinen Gefallen. Es ist nur festzulegen, ab welcher Situation der Jagdteilnehmer seine Aktivitäten einzustellen hat, damit er jederzeit den Überblick über das gesamte Geschehen, den Standort des gestreckten Wildes und insbesondere auch über die Anschüsse und Kontrollsuchpunkte behält.

Der vielfach geäußerten Meinung, dass man schon beim ersten Stück, das nicht am Anschuss bleibt, jeden weiteren Schuss zu unterlassen habe, vermag ich mich nicht anzuschließen. Hinweise wie unter Ziff. 7. der im Kasten S. 94 f. zitierten Regeln können helfen, entsprechende Regelungen zu treffen.

## Tipp

Die Freigabe jagdbarer Keiler wird unterschiedlich gehandhabt und ist in Hegegemeinschaften eine Frage der getroffenen Absprachen. Da in öffentlichen Forstverwaltungen für die Erlegung von Keilern Jagdbetriebskosten zu zahlen sind, ist dort zu überlegen, ob deren Freigabe nicht ein Zweiklassensystem schafft: Nicht jeder Jäger ist zu einer entsprechenden Zahlung in der Lage. Auf jeden Fall sollte ganz klar festgelegt werden, ob von einem Schützen nur ein Keiler oder mehrere erlegt werden können. Auf eine freiwillige Selbstbeschränkung, so wünschenswert sie wäre, sollte man sich nicht verlassen.

Bei großflächigen Jagden sind Hornsignale nicht überall vernehmbar. Die genaue Uhrzeit des Beginns und der Beendigung des Treibens wird nach Uhrenvergleich bekannt gegeben.

Die zur Drückjagd verwendete Bewaffnung und Optik ist weitestgehend Sache des Geschmacks, Könnens und Vermögens des einzelnen Jägers. Hier mögen die Regeln 1. und 2. der Einladungsrückseite und das nachfolgende Kapitel über die Ausrüstung des Schwarzwildjägers hilfreich sein.

**Ansprache des Jagdleiters: Wichtig sind u. a. eindeutige Freigabebestimmungen.**

▶ **Für alle Fälle gut gerüstet**
Wie hat sich nun der Jagdteilnehmer weiter auf eine Drückjagd vorzubereiten? Seit langem habe ich mir angewöhnt, zu Beginn der Saison meinen Rucksack nach der auf S. 98 wiedergegebenen Checkliste zu packen.

Standhauer und Kordel leisten mir auf Ständen am Boden ohne Deckung zum schnellen Bau eines Schirmes gute Dienste. Mit dem kleinen Handfeger vermeide ich bei Schnee nasse Handschuhe oder Ärmel. Der Packhaken, die Bergezange oder ein Rolloband mit

## Nützliches im Drückjagdrucksack

- [ ] Zweites Jagdmesser
- [ ] Plastiktüten und Handtuchpapier
- [ ] Sitzkissen
- [ ] Standhauer und Kordelrolle
- [ ] Handfeger
- [ ] Packhaken, Bergezange o. Ä.
- [ ] Rettungsdecke, Verbandszeug
- [ ] Wollmütze und Taschenwärmer
- [ ] Zusatzbekleidung (Lodenkotze o. Ä.)
- [ ] Markierungsband
- [ ] Taschenhorn
- [ ] Pirschglas
- [ ] Handy
- [ ] Ersatzpatronen

Fleischhaken sind bei der Bergung erlegten Wildes von großem Nutzen. Eine zusätzliche alte Lodenkotze verschafft mir Wärme oder Deckung, ganz kalte Tage zu überstehen helfen Taschenwärmer und die Wollmütze. Ein Handy ist praktisch, sollte aber während des Treibens nur auf ausdrücklichen Wunsch der Jagdleitung eingeschaltet sein. Trotz all dieser Dinge erweckt mein Rucksack nicht den Verdacht, als wolle ich auswandern, ich bin aber für viele Situationen gerüstet.

Verpflegung und nichtalkoholische Getränke können ebenfalls mitgeführt werden, ihr Gebrauch sollte allerdings weder vom Jagdgeschehen ablenken, noch den Jäger dem Wild verraten.

Die Kleidung wähle man nach dem Motto: Unten warm und oben beweglich. Wichtig sind warme Füße; ein Jäger mit kalten Füßen trifft schlechte Entscheidungen. Bei Bodenständen ist eine kleine Matte unter den Füßen günstig. Hat man einen weiten Angang zum Stand, muss man die warme Kleidung mit, aber nicht an sich tragen. Kommt man verschwitzt auf den Stand, friert man bald danach erbärmlich.

▶ **Auf dem Stand**

Auf dem Stande macht man sich mit der Umgebung vertraut, prüft das Schussfeld und achtet auf angegebene oder erkennbare Gefahrenpunkte. Einige Anschlagübungen können hilfreich sein. Dann lädt und sichert man die Waffe und verschafft ihr einen sicheren Platz mit schnellem Zugriff. Hat der Ansteller das Gelände sicher verlassen und ist die Verständigung mit den Nachbarn

**Auf dem Stand: Sind die Nachbarn orientiert, ist das Schussfeld klar und hat der Jagdleiter es gestattet, darf vor dem offiziellen Beginn des Treibens geschossen werden.**

## Tipp

Beim Schrotschießen ist das Vorschwingen notwendig, beim Schuss auf ziehende oder flüchtige Sauen ist diese Technik allerdings sehr gefährlich: Üble Gebrechschüsse sind oft die Folge!

Der Haltepunkt muss hier im Blattbereich oder kurz davor gesucht werden, dann wird mitgezogen und aus dieser Bewegung heraus der Schuss abgegeben. Aus Sicherheitsgründen erfolgt die Schussabgabe in Bewegung immer ohne vorheriges Einstechen!

erfolgt (UVV), kann anwechselndes Wild beschossen werden, wenn es so angesagt wurde.

Vor der vereinbarten Zeit darf man niemals den Stand verlassen. Die unselige Sitte, zwischendurch „mal eben nachzuschauen", was man so angerichtet hat, oder irgendwo einem Stück den Fangschuss anzutragen, kann tödlich sein. Ein erforderlicher Fangschuss darf nur vom Stand aus angetragen werden.

Zu der als Ende des Treibens vereinbarten Uhrzeit entlädt man sofort, verlässt dann erst Stand oder Sitz, kontrolliert Anschüsse und markiert sie so, dass ein Schweißhundführer seine Zeit für das Nachsuchen des Wildes einsetzen kann und nicht für das Suchen eines Anschussbruches verwenden muss. Gegebenenfalls ist es besser, nur den wahrscheinlichen Bereich des Anschusses kenntlich zu machen, als ihn auf der Suche nach der exakten Lage womöglich ausgiebig zu vertreten. Selbständiges Nachsuchen, auch das Ausgehen gut sichtbarer Schweißfährten, hat unbedingt zu unterbleiben.

### ▶ Verhalten nach dem Treiben

Wird man am Stande abgeholt, händigt man dem Ansteller die ausgefüllte Standkarte aus und weist ihn in die Positionen der Anschüsse oder Kontrollsuchen ein. Sorgfältiges Ausfüllen der Standkarten ist nicht nur eine Frage der gebotenen Höflichkeit, sondern dient dem ordnungsmäßigen Ablauf der Jagd einschließlich der Wildbergung und der Nachsuchen. Die Eintragung von besonderen Beobachtungen und Bemerkungen zum Stand helfen zur stetigen Optimierung der Jagd.

Wird man nicht abgeholt, meldet man sich je nach örtlicher Regelung am Jagdwagen oder am Treffpunkt unverzüglich beim Ansteller oder Jagdleiter, gibt die Standkarte ab und meldet neben der Strecke, ob und wo Wild zu bergen ist. Zusätzlich gibt man Anschüsse oder Kontrollsuchen beim anwesenden Schweißhundführer oder beim Jagdleiter an. Erst danach (!) kann man mit Waidgenossen Erlebnisse austauschen und sich dem leiblichen Wohle widmen.

Über Anschüsse und Kontrollsuchen wird ein Anschussprotokoll aufgenommen, das es auch einem ortsfremden Schweißhundführer möglich macht, selbständig nachzusuchen oder Anschüsse zu kontrollieren. Dem fremden Schweißhundführer muss ein ortskundiger Begleiter beigegeben werden, der nicht unbedingt Jäger, aber passioniert und körperlich fit sein muss.

Ist abends nach dem zweiten Treiben das letzte Stück geborgen und versorgt, findet das Streckelegen statt. Bis es soweit ist, beschäftigt man die Jagdgesellschaft an einem vereinbarten Treffpunkt, damit die erforderlichen Arbeiten der Jagdleitung und ihrer Helfer zügig

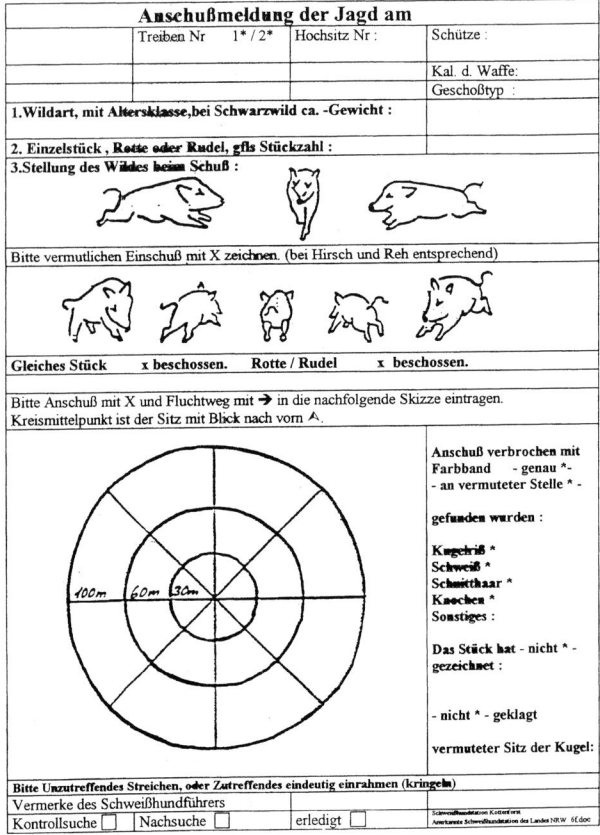

**Anschußmeldung der Jagd am**

| Treiben Nr 1* / 2* | Hochsitz Nr : | Schütze : |
| | | Kal. d. Waffe: |
| | | Geschoßtyp : |

1. Wildart, mit Altersklasse, bei Schwarzwild ca. -Gewicht :

2. Einzelstück , Rotte oder Rudel, gfls Stückzahl :

3. Stellung des Wildes beim Schuß :

Bitte vermutlichen Einschuß mit X zeichnen. (bei Hirsch und Reh entsprechend)

Gleiches Stück    x beschossen.    Rotte / Rudel    x beschossen.

Bitte Anschuß mit X und Fluchtweg mit ➔ in die nachfolgende Skizze eintragen.
Kreismittelpunkt ist der Sitz mit Blick nach vorn ⋀.

Anschuß verbrochen mit
Farbband    - genau *-
- an vermuteter Stelle * -

gefunden wurden :

Kugelriß *
Schweiß *
Schnitthaar *
Knochen *
Sonstiges :

Das Stück hat - nicht * -
gezeichnet :

- nicht * - geklagt

vermuteter Sitz der Kugel:

100m    60m    30m

Bitte Unzutreffendes Streichen, oder Zutreffendes eindeutig einrahmen (kringeln)
Vermerke des Schweißhundführers

| Kontrollsuche ☐ | Nachsuche ☐ | erledigt ☐ | Schweißhundstation Koblenzamt Anerkannte Schweißhundstation des Landes NRW 6E.doc |

**Ein Anschussprotokoll ermöglicht es auch ortsfremden Schweißhundführern, selbständig zu arbeiten.**

und unbehindert vonstatten gehen können. Ist die Strecke gelegt, sind gemeldete Abschüsse und tatsächliche Strecke abgeglichen, kann sich die Jagdgesellschaft an der Strecke versammeln.

▶ **An der Strecke**

Die Strecke wird nach den Regeln des jagdlichen Brauchtums gelegt. Besser, als alles Wild auf grüne Fichtenzweige zu legen, sieht es aus, wenn die Strecke mit einer Umrandung aus Zweigen geschmückt wird. Eine Beleuchtung mit Fackeln oder brennenden Nadelholzstö-

cken ist stilvoller als elektrisches Licht.

Der Jagdherr oder Jagdleiter hält eine Ansprache, die alle Besonderheiten der Jagd beleuchtet und vor allem den Dank an die Mitwirkenden beinhaltet. Sind jagdfremde Zuschauer anwesend, kommt der Ansprache eine besondere Bedeutung zu; sie kann ganz wesentlich zur Akzeptanz der Jagd beitragen. Die Schützen erhalten unabhängig von der Zahl ihres erlegten Wildes einen Erlegerbruch.

Eine sinnvolle Entwicklung des jagdlichen Brauchtums ist es, einem Schweißhundführer, der am Tage der Jagd bereits ein Stück Wild erfolgreich nachgesucht hat, ebenfalls einen Bruch zu überreichen, den er mit seinem Hund teilt. Die Strecke wird gerecht verblasen und anschließend zur Vermarktung ordnungsgemäß endversorgt.

Wie behandelt man nun Jagdteilnehmer, die Fehlabschüsse getätigt haben? Von finanziellen Sanktionen zugunsten der Revierkasse oder verordneten Maisspenden halte ich nichts. Noch unsinniger sind Getränkerunden am Jagdabend. Die Streichung aus der Gästeliste für ein Jahr oder bei Wiederholungstätern für mehrere Jahre oder die Einladung, bei der nächsten Jagd als Treiber zu fungieren, wirken da viel besser.

Sehr häufig habe ich an guten Strecken mächtiges Gemaule von Waidgenossen über jede falsch geschossene Sau gehört. Fehler passieren selbst dem besten Jäger einmal sowohl bei der Drückjagd als auch bei der Einzeljagd; absolute Fehlerlosigkeit ist schlicht unmenschlich. Der Unterschied liegt darin, dass bei der Gemeinschaftsjagd alle Jäger die Fehlabschüsse zu Gesicht bekommen, bei der Einzeljagd aber so gut wie nie.

### ▶ Wildverwertung und Nachsuchen am Folgetag

Auf die meisten Bedingungen einer Drückjagd hat man einen erheblichen Einfluss, wenn man bereit ist, die notwendige Zeit und Arbeit zu investieren. Nichts ist für den Jagdveranstalter blamabler, für den Wildbestand schädlicher und für die Sicherheit der Jagdteilnehmer gefährlicher als eine schlecht geführte Drückjagd. Gute Jagden können Strecken von durchschnittlich einem halben, einem oder gar zwei Stücken Schalenwild je teilnehmendem Jäger ergeben. Da heißt es natürlich auch, über das eigentliche jagdliche Geschehen hinaus zu denken und zu planen. Mit Überlegungen zur Wildverwertung darf man nicht warten, bis man die Strecke vor sich liegen hat, das muss rechtzeitig vorher geklärt sein. Gerade beim Schwarzwild mit seinem hohen Anteil an den meisten Drückjagdstrecken und seiner begrenzten Aufbewahrungszeit ist das vonnöten. Bevor nach dem Streckelegen der gesellige Teil beginnt, sind alle Fragen bezüglich der am kommenden Tag noch erforderlichen Nachsuchen zu klären. Das Hinzuziehen weiterer Nachsuchengespanne, die Bestimmung und Einteilung der Suchenbegleiter und weiterer Jäger für notwendiges Umstellen muss bedacht und geplant sein. Der Schweißhundführer als Jagdleiter bei den Nachsuchen trifft die notwendigen Entscheidungen.

### ▶ Schlussbemerkungen

Zum Schluss ein Wort zum größten Unsicherheitsfaktor – dem Tageswetter.

Hier hat auch beste Planung keinen Einfluss, da braucht es einfach Glück. Dauerregen, Neuschnee und starker Wind können die schönsten Hoffnungen zerstören, die Strecken fallen in aller Regel vor allem beim Schwarzwild mager aus. Bestimmte Wetterbedingungen zeitigen unbedingt die kurzfristige Absage oder auch den Abbruch der Jagd, das sind Eisregen und Sturm.

Das geschilderte Drückjagdverfahren ist nach örtlichen Gegebenheiten und unterschiedlichen Erfahrungen in vielfacher Weise variabel; entscheidend sind letztendlich die Sicherheit aller Jagdteilnehmer und unbeteiligter Dritter sowie der jagdliche Erfolg.

Es ist besonders schön, wenn ein erfreulicher Jagdtag mit einer stilvollen Jagdfeier ausklingt. Sie dient dem notwendigen Zusammenhalt und der Freundschaft der Jäger und fördert damit erfolgreiches Jagen. Jagdgesang und Hörnerklang sind Bestandteil unserer alten Jagdkultur und sollten weiter gepflegt werden. Gut geführte Drückjagden sind rationelle Jagdausübung mit effektiver Schwarzwildregulierung und können dabei Erlebnisstunden besonderer Art sein, vor allem wenn die Teilnehmer den hohen Planungs- und Organisationsaufwand kaum wahrnehmen.

**Die Strecke ist gelegt, jetzt fehlt noch eine Reisigumrandung.**

# Schuss und Nachsuche

## Jagd ist Beutemachen

Nach einer Definition von K. LINDNER (1985) ist die Jagd eine zweckbewusste, in der Regel auf die Tötung von Tieren gerichtete Verfolgung des Wildes. Man mag noch so viel philosophieren über das Wesen der Jagd, dabei den Vorgang des Tötens herunterspielen, die Jagdvorbereitung, die Vorfreude, das Naturerlebnis mit seinen Begleitumständen und Stimmungen in den Vordergrund stellen – die Erlegung eines Wildtieres ist das wesentliche Element, das Ziel des Jagens, der Endpunkt allen jägerischen Bemühens und Strebens. Wenn man das nicht ohne Wenn und Aber akzeptiert, nimmt man der Jagd ihre Berechtigung und sollte sie selbst nicht ausüben.

Wenn man nun ehrlich dazu steht, dass Jagd Beutemachen und Beutemachen der Zentralpunkt des Jagens ist und Töten bedeutet, ergibt sich zwangsläufig, dass alles, was sich unmittelbar um diesen Vorgang abspielt, an den geistig und sittlich dem Tier überlegenen Menschen die höchsten ethischen Anforderungen stellt. Der eigentliche Tötungsvorgang erfordert alle Fähigkeiten der „humanitas", der Menschlichkeit, und auch der technischen Überlegenheit des Menschen, um dem schmerzfähigen Tier, der sensitiven Tierseele, Schmerzen und Qualen zu ersparen.

Das ist der Mittelpunkt der jagdlichen Ethik und der in sie eingebetteten Waidgerechtigkeit. Das erhebt den Geistmensch über das Instinkttier, und je weniger dem Menschen das gelingt, desto geringer ist sein Abstand zum Tier. S. ARJES (1994) schreibt dazu: *„Jedes Tier, auf das wir schießen, hat einen Anspruch auf einen schnellen, möglichst qualfreien Tod, und sein Wildpret soll frisch und sauber verwertet werden."*

## Der Schuss auf Schwarzwild

Was sollte man unbedingt beachten, um das Schwarzwild waidgerecht und tierschutzkonform zur Strecke zu bringen? Zunächst sind die Rahmenbedingungen für einen guten und gerechten Schuss zu schaffen, die über die richtige Bewaffnung, Munitionierung und optische Ausrüstung hinausgehen. Grundvoraussetzung für die Jagdausübung ist, dass die richtige Waffe auch ordnungsgemäß eingeschossen ist und durch regelmäßiges Anschießen immer wieder überprüft wird. Ihre Handhabung muss der Jäger sicher beherrschen und seine Treffsicherheit auf dem Schießstand und nicht auf Wild trainieren. Laufende Anschläge des Gewehres als „Trockenübungen" sind hilfreich und schaffen Vertrautsein mit der Waffe. Ein guter

Schütze ist ein gern gesehener und gern eingeladener Jäger, der dann durch ausreichende Jagdgelegenheit die notwendige Routine erhält, auch schwierige Situationen sicher zu beherrschen.

### ▶ Schussentfernung und -position

Die Schussentfernung spielt bei der Schwarzwildjagd eine große Rolle. Zur sicheren Einschätzung schreitet man immer wieder einmal nach dem Schuss diese Entfernung ab. Sowohl beim Schuss auf Sauen in der Nacht als auch in schneller Bewegung am Tage sind als maximale Schussentfernung 50 m anzuhalten. Ausnahmen sind nachts nur bei hellem Mondschein auf der freien Fläche und mitunter bei Schneelicht zulässig. Am Tage kann man natürlich sowohl bei der Einzeljagd als auch bei Bewegungsjagden auf ruhig stehende Sauen weitere Schussentfernungen wählen, die jedoch immer im Einklang mit dem eigenen Treffvermögen und den gegebenen Bedingungen wie Stand oder Sitz, Auflage, Geländeverhältnissen und Sicherheit stehen müssen.

Beim Ansitz achte man auf eine gute Gewehrauflage und eine möglichst zusätzliche Auflage für den Schießarm. Die Waffe darf nicht mündungsnah aufgelegt werden, um einen Hochschuss zu verhindern. Der Hinterschaft wird fest eingezogen, der Vorderschaft liegt am besten auf einer Gewehrunterlage und wird mit der Führhand gehalten. Als Gewehrauflage haben sich Sandsäckchen, aber auch dicke Stoff- oder Filzteile bewährt, die man mitnimmt oder auf dem Hochsitz bereithält. Auch bei der Pirschjagd kann man für eine Gewehrauflage sorgen, indem man immer einen Schießstock mit Gabel oder einen zwei- oder

Stimmen Schussentfernung und -position, bleibt der Erfolg nicht aus.

gar mehrbeinigen Stock mit sich führt. Kann man den Schießstock zusätzlich an einen Baum lehnen, schießt man fast so sicher wie von einem Hochsitz. Habe ich bei der Pirsch meinen Zielstock einmal vergessen und komme zu Schuss, versuche ich immer, einen Baum zum Anstreichen zu erreichen. Dann kann ich oft mein Jagdmesser in passender Höhe in den Baum stoßen und das Gewehr gleichzeitig anstreichen und auflegen. Die Führhand der Waffe wird als Puffer zwischen dem Gewehr und der Auflage oder dem Anstreichbaum eingesetzt. Sitzend oder kniend mit auf den Oberschenkeln aufgestützten Armen hat man ebenfalls eine gute Schussposition – man muss aber nach dem Gelände entscheiden, wie weit die Kugel bei einem Fehlschuss fliegen „darf", ohne dass sie das Hintergelände gefährdet. Die Sicherheit steigt proportional mit der Neigung des Büchsenlaufes zum Boden.

### ▶ Der freihändige Schuss

Freihändige Schüsse sollten der Bewegungsjagd vorbehalten bleiben – hier aber sind sie unumgänglich. Auf Wild in

Bewegung kann man gerecht nur freihändig schießen, das gilt sowohl für den Boden- als auch für den Hochstand. Letzterer muss also die Möglichkeit bieten, dass man sitzend, besser noch sicher stehend auf Wild in Bewegung schießen kann. Dabei heißt es, in freier Bewegung mit dem Zielstachel, dem Zielpunkt oder der freien Visierung im vorderen Blattbereich mitzuschwingen. Wenn man bei der Schussabgabe nicht verharrt, gibt es auf gerechte Schussentfernung kaum oder nur geringe Abweichungen zwischen Ziel- und Treffpunktlage. Keineswegs darf man, wie beim Schrotschuss, vorhalten oder vorschwingen, um die schlimmen Gebrechschüsse zu vermeiden. Beim aufgelegten Mitschieben der Waffe kommt es zu erheblichen Verzögerungs- und Verrutschungsfehlern, schlechte oder Fehlschüsse sind vorprogrammiert.

Die Frage des ausreichenden Lichtes ist natürlich sehr heikel, da ihre Beantwortung je nach Sehvermögen in Ab- hängigkeit von Alter und Übung des einzelnen Jägers sehr unterschiedlich ist. Jedenfalls ist dann, wenn man die soziale Zuordnung eines Stückes Schwarzwild nicht mehr zweifelsfrei vornehmen und nicht mehr einer zuverlässigen Platzierung der Kugel sicher ist, die subjektive Grenze für eine Schussabgabe erreicht. Wenn man Schwarzwild mit dem freien Auge als solches noch sicher erkennen kann, sind in der Regel das Ansprechen mit Glas und der Schuss übers Zielfernrohr noch möglich. Die meisten Anschüsse werden infolge Selbstüberschätzung oder Leichtfertigkeit nach dem Motto „Nachts sind alle Katzen grau"... und alle Sauen schwarz, also infolge der bereits erwähnten Anonymität des beschossenen Wildes fabriziert.

▶ **Schussgerechte Kirrungen**

Da heutzutage viele Sauen an Kirrungen erlegt werden, gehört deren Anlage auch zu den jagdlichen Rahmenbedingungen, auf die der Jäger Einfluss hat

**Ob über Zielfernrohr oder die offene Visierung – bei der Drückjagd muss der Freihandschuss beherrscht werden.**

und im Sinne der sicheren und gerechten Erlegung des Wildes nehmen soll. Es empfiehlt sich die auf Seite 76 bereits beschriebene und mir von einem erfahrenen Schweißhundführer empfohlene Streifenkirrung. Muss man einen Anschuss suchen, ist er hier leichter zu finden als bei einer flächigen Kirrung. Bei schlechtem Licht ist es viel einfacher, sich einen Anschusspunkt auf einer horizontalen Linie zu merken, als die Entfernung zum Stück genau zu bestimmen. Die Fläche, auf der man den Anschuss zu suchen hat, wird deutlich geringer, da die Entfernung vom eigenen Standort zum Anschuss bei der Anlage des Kirrstreifens bereits vorgegeben wurde.

Die Lage des Kugelrisses gibt den ersten Aufschluss über den Sitz der Kugel. Liegt er ganz kurz hinter dem schmalen Kirrstreifen, kann man davon ausgehen, die Sau unterschossen zu haben. Nach Schnittborsten hat man vor oder unmittelbar am Kirrstreifen, nach Ausrissborsten, Knochensplittern, Schweiß und sonstigen Pirschzeichen hinter dem Streifen zu suchen (H.P. ALBERT, mündl. 2000).

### ▶ Wundballistik

S. ARJES, Forstmann und Schweißhundführer (1994) schreibt: *„Das fliegende Projektil ist unsere bedeutsamste Botschaft an das Wild."* Folgen wir auszugsweise den Ausführungen von F. BONGARTZ, Forstmann und Leiter der Schweißhundstation Kottenforst (1998) aus seiner Schrift „Praxisorientiertes Anschussseminar" zur Wundballistik: *„Ein von einem Geschoss getroffenes Lebewesen stirbt durch den Stillstand des Blutkreislaufes infolge der Zerstörung des Herzens oder großer Gefäße, durch Zerstörung lebenswichtiger Gehirnzentren oder durch den Schocktod. Diese biologisch-medizinische Wirkung des Geschosses bei und nach dem Auftreffen auf den Wildkörper ist für den Jäger wie den Nachsuchenführer die entscheidende Größe. Die Wirkung besteht zunächst aus der direkten mechanischen Verletzung des Wildkörpers durch den Schusskanal, der aber eigentlich keine tunnelartige Öffnung ist, sondern ein Feld von zertrümmertem, zerrissenem und stark blutendem Gewebe mit unregelmäßiger Begrenzung. Sein Durchmesser ist von der Energieabgabe abhängig und kann so weit absinken, dass er nur noch als Schlitz erkennbar bleibt."*

### ▶ Geschosswirkung

ARJES weiter: *„Beim Durchdringen des Geschosses entstehen im Wildkörper heftige Schwingungen entlang der Flugrichtung, die eine Gewebeverdrängung und -zerreißung bewirken. Je höher die Durchschlagsgeschwindigkeit des Geschosses ist, desto stärker werden die Druckänderungen, die zu blitzartigen, heftigen, aber schnell wieder abklingenden Pulsationen des Gewebes führen. Die Druckwellen beschleunigen in Millisekunden das zu fast 80% aus Wasser bestehende Muskelgewebe und erzeugen Hohlräume, die immer wieder zusammenfallen. Es entsteht die so genannte temporäre, pulsierende Wundhöhle, die frühestmöglich nach dem Auftreffen des Geschosses entstehen soll, damit die größtmögliche Wirkung auf Nerven und Gefäße erzielt wird.*

*Ist der Zielwiderstand wie bei schwachen Sauen oder bei Weichschüssen gering, entsteht die pulsierende Kaverne oft sehr spät, also erst im zweiten oder dritten Drittel des Wildkörpers. Bei entsprechenden Ge-*

schossen und günstigem Zielwiderstand kann diese Kaverne aber bis zu fünfundzwanzigmal größer sein als der eigentliche Schusskanal und bewirkt, je nach Betroffensein von Muskel- oder Organgewebe, früher oder später den Verletzungstod.

Bei hoher Durchschlagsgeschwindigkeit des Geschosses, wobei es zu schneller Energieabgabe und zur vorbeschriebenen Gewebepulsation kommt, werden die Nerven so überstarken Reizen ausgesetzt, dass dies zu reflektorischen Lähmungen im Organbereich führt, die den Schocktod bewirken. Das ist besonders dann der Fall, wenn die Reize nicht nur an der Einschussseite des getroffenen Stückes, sondern auch auf die Nerven an der Körperseite des Ausschusses, also paarig wirksam werden. Bleibt das Nervensystem einer Körperseite unbeschä-

## Tipp

Auch ich habe das Phänomen des fehlenden so genannten „paarigen Schocks" schon einige Male erlebt: Getroffene Sauen brachen – oft mit einem kurzen Klagelaut – blitzartig zusammen, kamen, anders als beim Krellschuss, sofort wieder auf die Läufe und stürzten mit schnellen Fluchten weg. Sie lagen dann aber auf kurze Distanz.

Als mir das zum ersten Male morgens früh an einem dichten Jungwuchsrand passierte, habe ich mit dem Schlimmsten, nämlich einem nicht tödlichen Schuss am Haupt gerechnet, gar nicht weiter nachgeschaut und sofort einen verfügbaren Schweißhundführer zur Nachsuche gebeten. Er konnte mir dann nach gut zehn Metern im Jungwuchs den erlegten Frischling präsentieren.

digt, kann es die durch Verletzungen und Schock an der betroffenen Körperseite entstandenen Ausfälle teilausgleichen. Wir kennen das aus der Praxis, wenn Stücke mit Blattschuss umfallen und, ähnlich wie bei einem Krellschuss, wieder hoch werden und flüchten."

### ▶ Oft fehlt anfangs Schweiß

F. Bongartz (1998) schreibt im Zusammenhang mit der Geschosswirkung dann weiter: „Am Geschosskopf laufen zusätzlich Stoss- und Schockwellen der temporären Wundhöhle voraus und bewirken bei einer Geschossgeschwindigkeit von 1.000 m/s einen Druck von 1.500 bar. Hinter dieser Welle hohen Drucks entsteht sofort wieder ein Unterdruck, der bewirkt, dass Stücke mit guten Schüssen mitunter anfangs nicht schweißen, ja selbst bei Schnee kein Schweiß zu finden ist."

Ein solcher Fall ist für mich einmal insofern betrüblich ausgegangen, als ein nachts bei einer geschlossenen Decke Pulverschnees beschossener Frischling keinerlei Pirschzeichen hinterließ und sofort eine Dickung annahm. Es bestand kein Grund oder Anhaltspunkt dafür, noch eine Nachsuche durchzuführen. Bei der Nachsuche am nächsten Morgen war der Frischling nach gut 40 m mit Durchschuss auf den Rippen kurz hinter dem Blattrand bald gefunden, leider von Füchsen schon stark angeschnitten und nicht mehr verwertbar. Erst auf der Hälfte der Todesflucht des Frischlings hatte in der Dickung der Schweißaustritt begonnen.

### ▶ Krankschüsse bedeuten immer Qual

Zusammenfassend ist zur Wundballistik zu sagen, dass bei Durchschüssen immer tödliche Verletzungen entstehen, da entweder die Kammer mit den lebenswichtigsten Organen Herz und Lunge geöffnet ist, das Nervensystem geschockt ist oder mehrere Organe geschädigt oder zerstört sind. Alle anderen Schüsse, wie Lauf-, Krell-, Streif- und Wildpretschüsse, sind nicht unbedingt tödlich, hier gibt es eine große Abhängigkeit von der Schwere der Verletzungen, aber auch von der Jahreszeit. Im Sommer können schon kleine Verletzungen durch Fliegenmadeninfektionen zum Tode führen. Immer ist die nicht tödliche Schussverletzung für das Wildtier eine große Katastrophe, unsägliche Schmerzen und qualvolles Siechtum sind die Folge.

Werden sie nicht von den organischen Schmerzen eines zerschossenen Laufes, einer zerfetzten Keule oder der zerrissenen Halsmuskulatur ausgelöst,

**Wird schlampig geschossen, nützt auch das beste Geschoss nichts …**

dann entstehen die Qualen durch den Madenfraß der Großen Grünen Fliege, der vom verletzten auch in das gesunde Gewebe übergeht. Der Blutverlust eines angeschossenen Stückes spielt meist eine untergeordnete Rolle, da es bei Arterienzerreißungen bald zum natürlichen Verschluss durch das Einklappen und Einrollen der innersten von drei Gewebeschichten kommt und bei den Venen zum Schließen der Venenklappen.

▶ **Gebrechschüsse**

Sauen mit Gebrechschüssen überleben nachweislich bis zu einem Jahr. Kommen sie bei der Nachsuche nicht zur Strecke, ziehen sie sehr viel umher, bis sie durch qualvollen Hungertod an irgendeiner Kirrung oder in einem Bachbett verenden. Sie versuchen immer wieder Futter aufzunehmen und wechseln häufig Fütterungen und Kirrungen an. Hier findet man hin und wieder herausgewürgte Häufchen von zerquetschten Binsen, ein untrüglicher Hinweis, dass hier eine gebrechkranke Sau wechselt. Gerade nach Drückjagden sollte man an Kirrungen vorpassen und dabei gesundes Wild ziehen lassen, besonders wenn man weiß, das gebrechkranke Sauen nicht zur Strecke gekommen sind. Man hat hier eine gute Chance, diese von ihren Qualen zu erlösen. Manche irren im Endstadium am helllichten Tage als bretteldünnes, schwarzes Gerippe umher und haben mitunter noch „Glück", wenn sie mit einem Jäger zusammentreffen, der ihnen den Fangschuss gibt.

So wurde ich vor vielen Jahren einmal im Sommer von meinen Waldarbeitern geholt, die an ihrer Arbeitsstelle eine große, klapperdürre Sau hatten umherziehen sehen. Nach einigem Suchen sah ich sie torkelnd vor mir und konnte ihr den Fangschuss antragen. Ihre Gebrechverletzung stammte wahrscheinlich aus dem Vorwinter.

▸ **Unverzeihlich: Der „Schuss hinter den Teller"**

Die unseligen Gebrechschüsse haben zwei Gründe. Der erste ist zu starkes Vorschwingen oder Vorhalten nach Schrotschussmanier beim Schuss auf die flüchtige Sau, der zweite Grund sind die zu verdammenden Tellerschussversuche einiger vermeintlicher Kunstschützen. Da wird gesprochen vom „Schuss hinter den Teller" – hier genau sitzt allerdings nur der dicke Wildpretteil des Oberhalses. Stücke mit Schüssen hierhin sind kaum oder nicht zu bekommen: Es ist kein Leben gefasst, sie sind gesund auf allen vier Läufen. Der tödliche Punkt liegt nämlich nicht hinter dem Teller, sondern am unteren Tellerrand, da wo die Wirbelsäule und auch der Unterkiefer am Oberhaupt ansetzen. Der Abstand von diesem Haltepunkt zum Unter- und Oberkiefer ist kurz – für einen verantwortbaren Schuss viel zu kurz. Der so genannte Tellerschuss erfordert eine Schussgenauigkeit vom Durchmesser eines Zwei-Euro-Stückes, die bei Mondschein, Schnee oder Reflektionslicht auf die üblichen Schussentfernungen nicht sicher zu erbringen ist. Der Schweißhundführer F. BONGARTZ sagt dazu: „Der beabsichtigte Schuss auf den Teller einer Sau ist ein jagdliches Verbrechen!"

▸ **Schusshärte**

Schwarzwild ist viel schusshärter als alles andere heimische Schalenwild.

Durch diese Schusshärte, die Größe seines Streifgebietes und seine starken sozialen Bindungen unterscheidet sich sein Fluchtverhalten deutlich von dem anderer Wildarten. Beschossene Frischlinge versuchen ihrer Rotte zu folgen, so lange sie vermögen. Deshalb ist dem Verhalten des Schwarzwildes vor dem Schuss, im Schuss und nach dem Schuss ganz besondere Aufmerksamkeit zu widmen.

Zunächst ist bei ruhig im Gebräch stehenden oder vertraut ziehenden Sauen die Trefferwahrscheinlichkeit höher, außerdem liegen die so beschossenen Stücke mit vergleichbaren Treffern sehr viel häufiger im Knall als ange-

## Tipp

Sauen geraten trotz ihrer Sinnenschärfe und Klugheit schnell in Panik und stehen dann unter hoher Adrenalineinwirkung mit entsprechenden Folgen für die Reaktion auf den Schuss. Ich habe Sauen bei ihrer wohl ersten Erfahrung mit dem Geräusch eines sehr tief fahrenden Heißluftballons beobachtet. Einige flohen so hart gegen Bäume, dass sie zusammenbrachen. Später hatten sie sich daran gewöhnt, sodass sie beim Nahen eines Ballons nicht einmal mehr aufwarfen.

Bei mehreren Drückjagden habe ich gesehen, wie Schwarzwild – gar nicht hochflüchtig, sondern im mittleren Troll – wenige Meter neben dem gut angenommenen Knüppeltor eines Kulturgatters den Zaun frontal anfloh, wobei ich sicher war, dass es Wechsel und Tor genau kannte.

spannte, erregte, oder gar gehetzte Sauen, die unter Adrenalinwirkung stehen. Diese sind einfach weniger schock- und schmerzempfindlich, was auch auf bereits angeschweißtes Wild zutrifft. Das gilt aber nicht nur für krankes oder flüchtiges Schwarzwild, sondern auch für Sauen in der Rauschzeit, in der vor allem Keiler mit solchen Schüssen noch weit gehen können, mit denen sie normalerweise sofort oder auf kurze Distanz liegen würden.

Körperanspannungen bei in rascher Bewegung beschossenem Wild können zusätzlich Wundverschlüsse bewirken. Die Schwarte zieht sich über den Ein-, und – je nach Größe – auch über den Ausschuss und verhindert den Schweißaustritt.

### ▶ Zeichnen

Ein erkennbares Zeichnen des Schwarzwildes ist nur in seltenen Fällen zu beobachten. Trotzdem kann man aus dem Verhalten eines Stückes unmittelbar nach dem Schuss einige Schlüsse ziehen. Öfters habe ich bei beschossenen Sauen gesehen, dass sie in der Flucht Vorderläufe und Hinterläufe unterschiedlich schnell bewegten, die Fluchtbewegung also nicht koordinierten. In aller Regel hatten diese Stücke einen guten Schuss mit nicht allzu weiter Todesflucht. Noch eindeutiger ist das Voranstürmen unter Anfliehen von Bäumen und Furchen des Erdbodens mit dem Wurf. Sauen mit solcher Reaktion sind in der Flucht schon tot. Flüchtet eine Sau vom Anschuss mit kurzen Trippelschritten, hat sie mit Sicherheit einen Waidwundschuss.

Des Öfteren kann man durch das Feuer den Schweißaustritt an der Ein-

schussseite erkennen, bei Schüssen auf den Lauf sieht man diesen mitunter schlenkern, bei Waidwundschüssen Gescheide auf der Ausschussseite heraushängen. Mit Knochenschüssen – auch schweren Krellschüssen – klagen Sauen häufig, mit Becken- und Nierenschüssen nahezu immer und heftig.

### ▶ Kontrolle ist stets ein Muss!

Nirgendwo bestätigen jedoch Ausnahmen so sehr die Regel wie beim Schwarzwild. Deshalb ist es oberstes Gebot verantwortungsbewusster Schwarzwildjagd, immer von einem Treffer auszugehen, bis das Gegenteil bewiesen ist. Ein Fehlschuss ist erst dann sicher, wenn man die komplette Energiewirkung des Geschosses im Boden oder anderswo außerhalb des Wildkörpers vorfindet. Im Boden ist an der Größe des Geschosstrichters, dem Erdauswurf und der Eindringtiefe des Geschosses durchaus erkennbar, ob hier dessen volle Energie oder nur die Restenergie nach

**Findet der Jäger am Anschuss keinen Schweiß, bedeutet das noch gar nichts. Im Zweifelsfall „sieht" der firme Hund mehr.**

seiner Berührung oder Durchdringung des Wildkörpers wirksam wurde. Im Zweifelsfalle kann nur eine qualifizierte Kontrollsuche mit einem geeigneten Nachsuchengespann zu einem Ergebnis kommen. Jedenfalls ist die konsequente Anschusskontrolle eine unverzichtbare und immer wiederkehrende Herausforderung an den waidgerechten Jäger.

### ▶ Der Schuss aufs Blatt und seine Nachteile

Mit der Anatomie des Schwarzwildes muss der Jäger sich so vertraut machen, dass er weiß, an welcher Stelle des Wildkörpers der Treffpunkt seines Schusses liegen muss, damit der Tod des beschossenen Tieres unverzüglich eintritt. Der sicherste Schuss wird stets auf das völlig frei und breit stehende Wild abgegeben. Auch ziehendes oder flüchtiges Schwarzwild sollte man nur breit stehend beschießen.

Landläufig spricht der Jäger immer von dem berühmten Blattschuss, das heißt dem Schuss auf das Schulterblatt. Dieser Treffer bannt ein Stück Schwarzwild zweifellos sofort an den Platz, da das Schulterblatt vor der Wirbelsäule liegt. Der Schuss Mitte Blatt geht also immer durch das Rückgrat im Hals- oder Vorderrückenbereich, die getroffene Sau verendet und liegt schlagartig.

Dennoch hat dieser Haltepunkt zwei gravierende Nachteile: Erstens liegt der obere Blattbereich schon über der Wirbelsäule, die an dieser Stelle in einer recht steilen Kurve in Richtung der unteren Hälfte des Halses verläuft. Die Kugel, die hier ankommt, fasst zwar die Blattschaufel, fährt aber mitunter über der Wirbelsäule durch die hier besonders langen Dornfortsätze und öffnet

nicht den Brustraum mit der Lunge und dem darunter liegenden Herz. Es kann also trotz Getroffenseins der Blattschaufel im oberen Bereich und starken Schlags auf die Wirbelsäule zu einem schweren Krellschuss kommen, der stets eine längere, schwierige und oft erfolglose Nachsuche nach sich zieht. Liegt eine Sau im Knall, muss der Schütze unbedingt nach sofortigem Nachladen schussbereit mit dem Zielstachel auf dem Stück bleiben, da mit einem Krellschuss zu rechnen ist.

Liegt das Stück gar auf dem Rücken und schlegelt, hat es sicher einen Krellschuss. Sofortiges Nachschießen erspart der Sau eine selten ausheilende Verletzung und dem Jäger das Nachsehen. Der immer wieder zitierte Hochblattschuss mit dem schlagartigen Zusammenbrechen und Verenden meint bei der Sau eigentlich den Schuss auf die Mitte der sehr hoch liegenden Blattschaufel.

Da tritt dann der zweite große Nachteil ein, nämlich eine erhebliche Wildpretzerstörung an Blatt, Hals und Vorderrücken bei dem hier hart fassenden Schuss. So ist mir lieber, wenn geringe Sauen nach dem Schuss noch eine Todesflucht machen, was auf einen Schuss hinter dem Blatt auf die Rippen hindeutet, und nicht im Knall liegen, da ich dann weiß, was mich im Bezug auf den Wildpretzustand erwartet. Hier noch einmal S. ARJES: „........und sein *Wildpret soll frisch und sauber verwertet werden.*" Ich möchte das noch dahingehend erweitern, dass die auch wirtschaftlich optimale Verwertung legitim und jagdförderlich ist, soweit das nicht zu Lasten einer schmerzfreien und sofortigen Tötung geht.

► **Optimal: Der Schuss hinter die Blattschaufel**

Der Schuss, den ich sowohl vom schnellen Tötungsverlauf als auch von der optimalen Wildpretverwertung her für den günstigsten halte, liegt vertikal zwischen dem hinteren Blattrand und dem Zwerchfell und horizontal in der Mitte des Wildkörpers, also kurz über dem oberen Herzrand. RUDOLF FRIESS (1950) schrieb dazu: *„Das stark gedrungene Gebäude des Schwarzwildes, bei dem Haupt und Rumpf eins, und ein Hals überhaupt nicht da zu sein scheint, verführt selbst beim Ansitz dazu, das Abkommen zu weit vorn und zu hoch zu suchen. Es ist mittendrauf, da mitten in dem ganzen Kasten die Lunge sitzt."* Der im Rheinland und darüber hinaus legendäre Schweißhundführer B. Münzer, der die Schweißhundstation Kottenforst HS zwischen 1962 und 1980 leitete, pflegte den Jägern in seiner drastischen Art zu sagen: „Schießt das Wild doch um Gottes Willen auf die Rippen, die isst ohnehin keiner."

Durch das Geschoss werden Brustwand und Brustfellhöhle geöffnet, es kommt blitzartig zu einem Druckausgleich mit der atmosphärischen Luft, die Lunge fällt zusammen. Doch selbst bei Lungenschüssen kann es die unterschiedlichsten Reaktionen geben, je nachdem, wie die Lunge getroffen ist. Ist von den zwei Luftfellsäcken nur einer betroffen, fällt auch nur ein Lungenflügel aus, und es kann noch zu weiten Fluchten kommen. Selbst bei Lungendurchschüssen passiert es, dass Stücke noch weit gehen, da die Wand der Brustfellsäcke viele elastische Fasernetze enthält. Durch Muskelzug und elastische Membranwirkungen kann sich das Loch im Brustfell soweit verschieben, dass ein totaler Druckausgleich verhindert oder stark verzögert wird. Auch die unterschiedliche Stellung des Zwerchfelles bei der Ein- oder Ausatmung zum Zeitpunkt des Geschosseinschlages kann bei scheinbar gleichen Schüssen differente Reaktionen zur Folge haben (F. BONGARTZ, 1998). Trotz aller dieser möglichen

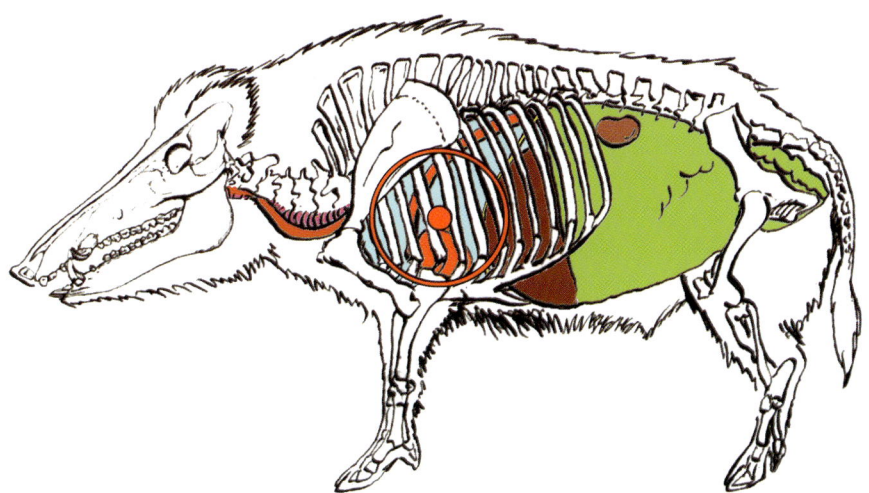

Keine Experimente: Der ideale Haltepunkt liegt zwischen Blattschaufel und Zwerchfell.

Ausnahmen halte ich den Schuss auf die Lungenpartie für den gerechtesten aller denkbaren Schüsse.

▸ **Riskant: Der Schuss aufs Herz**

Der Empfehlung, bei einer Sau unbedingt auf das Herz zu zielen, kann ich nicht folgen, obwohl der Schuss sicher augenblicklich tödlich ist, auch wenn sie damit oft noch längere Todesfluchten macht. Wird allerdings die Aorta – die Hauptschlagader, die alle anderen Schlagadern versorgt – dicht über dem Herzen abgeschossen, bricht eine Sau blitzartig verendet zusammen. Von vielen Jägern mit großer Schwarzwilderfahrung wird der Schuss auf das Herz ebenfalls als Blattschuss bezeichnet (R. Hennig, 1998). Versucht man Mitte Herz abzukommen, liegt mir das schon viel zu nahe am oberen Bereich des Vorderlaufs und kann bei einem schwa-

## Tipp

Die Methode, beim Zielfassen mit dem Zielstachel oder der freien Visierung durch Hochfahren am Vorderlauf ins Leben zu gehen, ist – wiewohl weit verbreitet – absolut unsinnig! Was passiert, wenn dabei der gestochene Abzug zu früh berührt wird, kann sich jeder Jäger selbst ausmalen. Man gehe am besten zwischen Vorder- und Hinterlauf von unten in den Wildkörper und korrigiere dann den Haltepunkt in Richtung Blattrand.
Immer sollte der Jäger versuchen, im Schwarzwildkörper die horizontale Mitte exakt anzuhalten – kleine Abweichungen von der vertikalen Mittellinie sind demgegenüber etwas weniger gravierend.

chen Stück im Falle einer Zielabweichung um die 10 cm nach unten bereits zu einem fatalen Vorderlaufschuss oder zu einem Streifschuss an der Brustkante führen.

Der sicherste Punkt ist also der oben beschriebene, der auch bei schlechtem Licht am besten zu lokalisieren ist. Allerdings haben sowohl dieser Schuss als auch der Herzschuss den Nachteil, dass die so getroffenen Sauen in aller Regel noch eine kürzere oder auch längere Todesflucht machen, obwohl sie bereits „klinisch tot" sind. Man kann das vor allem bei schwächeren Sauen beobachten, die auf kurze Entfernung beschossen wurden.

## Pirschzeichen und Wundfährte

Bei Treffern auf die breit stehende, ziehende oder flüchtige Sau hat man am ehesten einen Ausschuss mit einer gut erkennbaren Schweißfährte. Man kann ihr nach einer Wartezeit von nicht unter einer halben Stunde getrost bis zu 100 m folgen, am besten mit einem geeigneten Gebrauchshund. Das gilt sowohl am Tage als auch mit einer guten Lampe in der Nacht, aus wildprethygienischen Gründen vor allem bei hohen Temperaturen.

▸ **Kurzes Nachgehen ist erlaubt**

Im Gegensatz zu anderem Schalenwild trifft man kein beschossenes Stück Schwarzwild nach entsprechender Wartezeit in einem Bereich von 100 m noch lebend an. Gegen eine solche spontane Nachschau beim Schwarzwild hat kein Schweißhundführer etwas einzuwenden, ganz im Gegenteil, es erspart ihm

## Tipp

Schlechtes Licht führt häufig zu tiefen Schüssen! Ein interessanter Versuch wurde auf einem beleuchteten Schießstand gemacht: Beim Schießen auf eine Schwarzwildscheibe wurde das Licht in der Anlage immer weiter heruntergedimmt. Dabei stellte sich heraus, dass mit abnehmendem Licht die Schüsse immer tiefer saßen ( H.P. ALBERT mündl., 2000). Offensichtlich ist der durch das Zielfernrohr schauende Jäger in der Regel bemüht, „genug Sau" im Glase zu haben, sodass er bei abnehmendem Licht über tieferes Anhalten immer mehr Wildkörper in den noch besseren Sichtbereich bringt. Grundsätzlich sucht der Schütze oft unbewusst nach Licht im Zielstachelbereich. Bei hellem Untergrund und dunklem Hintergrund hält er eher tiefer, bei dunklem Untergrund und hellem Hintergrund umgekehrt meist höher an (F. BONGARTZ, 1998).

sieht der mit weißen Knochenmarkteilchen versetzte Schweiß von einem Laufschuss aus, den man allerdings nicht auf dem Anschuss findet, sondern eher an einem Tropfbett des auf der Wundfährte verhoffenden Stückes. In diesem Falle sind am Anschuss oder in seiner unmittelbaren Nähe bei gründlicher Untersuchung meistens Knochensplitter zu finden.

▶ **Pirschzeichen richtig deuten**

Hellroter, mit weißer Substanz versetzter Schweiß irgendwo auf der Fluchtfährte heißt also keineswegs, dass man das Stück in Bälde tot auflesen kann. Findet man auf dem Anschuss oder auf der Fährte Pirschzeichen, die auf einen Leber-, Weidwund-, oder einen sonstigen nicht alsbald tödlichen Schuss schließen lassen, ist die eigene Nachschau sofort einzustellen und ein Schweißhundführer zu benachrichtigen. Die spontane eigene Nachschau ohne Erfolg ersetzt ohnehin nicht eine nach jagdgesetzlicher Vorschrift und im Sinne der Waidgerechtigkeit ordnungs-

viele Fahrten und Wege. Findet man dabei Lungenschweiß am Anschuss oder auf der Wundfährte, kommt man nach einer Distanz bis zu 100, maximal 200 m zum verendeten Stück und vermeidet, dass es durch Verhitzen oder durch Anschneiden unbrauchbar oder entwertet wird.

Man muss den Schweiß am Anschuss und auf der Wundfährte allerdings sorgfältig untersuchen, um ganz sicher zu sein, dass es sich bei dem hellroten Schweiß wirklich um Lungenschweiß handelt, der blasig und oft mit Lungensubstanz vermischt ist. Ähnlich

## Tipp

Wenn eine beschossene Sau nicht in der Nähe des Anschusses zu finden ist, darf unter keinen Umständen ein Hund frei verloren geschickt werden; dies in der Hoffnung, dass er das beschossene Stück schon irgendwo auftun wird. Ein solches Verhalten ist ein absolut unverzeihlicher Fehler und stellt den Erfolg einer fachgerechten Nachsuche in Frage: Aufgemüdete Sauen mit schlechten Schüssen können unglaubliche Fluchtenergien entwickeln!

## Im Zweifelsfall immer mit Schweißhund

Bei einem jagdbaren Keiler von knapp 130 kg, den ich an einem Spätsommerabend mit dem Kal. 30-06 und dem Geschoss Teilmantel Vulkan mit 180 grains (11,7 g) beschoss, sah ich durch eine kleine Staubfahne zentimetergenau den Einschuss eine Handbreit hinter dem Blattrand auf der vertikalen Körpermitte. Obwohl keinerlei Pirschzeichen und kein Schweiß am Anschuss und auf der Fährte zu finden waren, gab ich mich der Hoffnung hin, die Sau unweit des am Rande einer wilden Laubholzdickung liegenden Anschusses aufsammeln zu können, und vertat mit der Nachschau auf eigene Faust mehrere wertvolle Stunden. Besser hätte ich den Schweißhundführer sofort oder auch später noch verständigt – ich hatte mich einfach geniert, spät in der Nacht noch anzufragen.

Bei der Nachsuche früh am Morgen war der Keiler dann sehr schnell gefunden und gerade noch verwertbar. Das Geschoss steckte unter der Schwarte an der Ausschussseite, daher gab es keine erkennbare Wundfährte. Im offenem Gelände hätte ich den Keiler mit Sicherheit auch ohne Pirschzeichen in kürzester Zeit gefunden, zumal es zunächst noch hell war. In einem solchen Falle ohne erkennbare Wundfährte und in dichtestem Bewuchs muss es deshalb immer heißen, nach der Anschusskontrolle nicht „auf blauen Dunst" alleine herumzusuchen, sondern einen erfahrenen Schweißhundführer zu konsultieren. Er hätte sich bei Kenntnis des genau beobachteten Sitzes der tödlichen Kugel und in Anbetracht der Jahreszeit sicher noch zu einer unverzüglichen Suche entschlossen.

**Wird das Nachsuchengespann frühzeitig hinzugezogen, lässt sich das Risiko der Wildpretentwertung vermeiden.**

gemäße Nachsuche. Sie bleibt stets ein Kompromiss zwischen einer ordnungsgemäßen Nachsuche und der Wildprethygiene mit dem berechtigten Wunsch, das beschossene Wild schnell zu bergen und frisch zu verwerten.

Hin und wieder findet man – wie bereits geschildert – allerdings auch bei besten Schüssen am Anschuss nichts oder vielleicht nur eine oder wenige Schnittborsten, das wichtigste Pirschzeichen überhaupt. Sind es wirklich Schnittborsten, hat die Sau die Kugel. Man darf sie nur nicht verwechseln mit Wurzelborsten, also Borsten *mit* Wurzel, wie man sie an Kirrungen häufiger entdeckt. Oft haben stärkere Sauen keinen Ausschuss, besonders wenn sie nicht ganz breit beschossen wurden. Mitunter ist der Geschosskern noch bis unter die Schwarte an der dem Einschuss abgewandten Seite des Wildkörpers gelangt.

▶ **Nur Leberschweiß oder Leberschuss?**

Bei Frischlingen packt der Schuss auf den idealen Punkt kurz hinter dem Blattrand in der Körpermitte öfters zusammen mit der Lunge die Leber und auch den Weidsack. In einem kleinen Wildkörper liegen diese Organe so eng zusammen, dass beim Schuss auf die Lunge das Zwerchfell aufgerissen wird, das den Brustraum – die Kammer – vom Bauchraum trennt, und an dessen hinterem Rand Leber und Magen sitzen. In diesem Falle findet man am Anschuss Lungen- und Leberschweiß, oft zusätzlich Waidsackinhalt. Ist eindeutig Lun-

genschweiß bei diesen Pirschzeichen, kann man der Fährte nach einiger Zeit bedenkenlos folgen, bzw. sie mit dem Gebrauchshund arbeiten.

Anders sieht das bei einem reinen Leberschuss aus. Eine Sau kann mit einem tiefen Leberschuss ohne Verletzung anderer lebenswichtiger Organe noch lange leben, aus dem Wundbett wieder hoch werden und Hund und Hundeführer annehmen.

▶ **Weidwundschüsse**

Besonders bei Schwarzwild in Bewegung kommen immer wieder Schüsse hinter dem Zwerchfell, also Weidwundschüsse vor, die je nach Art und Stärke viele Pirschzeichen, wie Magen und Darminhalt, Teile von Leber, Milz und Därmen am Anschuss hinterlassen. Sie

## Vorsicht bei Leberschüssen

**Bei einer der ersten Nachsuchen,** die ich als Spannführer der Schweißhundestation Kottenforst vor vierzig Jahren mitgemacht habe, konnte ich das auf eindrucksvolle Weise erleben. Ein älterer Kollege, der sein Leben lang nie ein Zielfernrohr besaß, beschoss im November abends bei schlechtem Licht eine mittelstarke Bache und kam tief ab. Wir begannen am nächsten Morgen mit der Nachsuche, die uns nach langer und komplizierter Riemenarbeit am Nachmittag in einer großen Fichten-Douglasien-Dickung an die Sau brachte. Der Hannoversche Schweißhund wurde geschnallt und hetzte die Sau in der Dickung, klagte ab und an, dann setzte sein Hetzlaut wieder ein.

**Der Schweißhundführer** hatte mich auf dem Einwechsel abgestellt. Er selbst war zum ersten Male ausnahmsweise nur mit einer Pistole bewaffnet – dem am wenigsten geeigneten Gerät für eine Schwarzwildnachsuche – und bat mich nach einiger Zeit in die Dickung zur Hilfe. Wir erlebten, dass einmal der Schweißhund die Sau hetzte, also Schwarz vorne und Rot hinten, dann kam die Reise umgekehrt zurück, Rot vorne und Schwarz hinten – die Sau hetzte den Hund. Das ging einige Male hin und her, bis ich die Sau in einer Lücke spitz verhoffen sah, mit allen Anzeichen, uns anzunehmen. Den Hund konnte ich auf einer anderen Lücke ausmachen und die Sau von vorne in das Haupt schießen. Der Hund war erheblich geschlagen und musste unverzüglich behandelt werden. Seit dem Schuss vom Vorabend waren fast zwanzig Stunden vergangen. Die Sau hatte einen tiefen Leberschuss mit nach unten offenem Bauchraum.

machen so manchen unerfahrenen Jäger glauben, dass das beschossene Stück bei der Nachsuche bald zur Strecke kommen müsse, vor allem, wenn es im Schuss zunächst kurz zusammengebrochen ist. Hier heißt es, mehrere Stunden zu warten und auf keinen Fall selbst nachzugehen. Gerade Sauen mit tiefen Weidwundschüssen, Milzschüssen und insbesondere Schüssen durch das kleine Gescheide brauchen oft sehr lange, um krank zu werden – ihr Verenden kann Tage dauern.

Wird eine Sau mit einem Weidwundschuss aufgemüdet, flüchtet sie oft viele Kilometer, bis sie schließlich in der Fährte zusammenbricht und verendet. Pirschzeichen findet man auf der langen Fährte nur noch selten oder sogar überhaupt nicht mehr. Oft reicht die zur Verfügung stehende Zeit nicht aus, um mit dem Hund an eine solche Sau heran zu kommen.

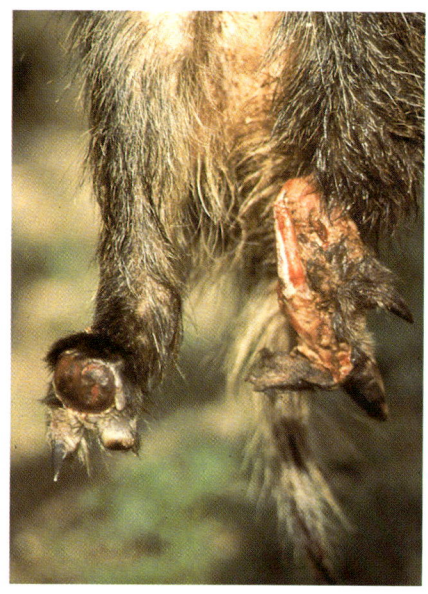

Bei solchen Treffern muss ohne Wenn und Aber nachgeschossen werden.

▸ **Lauf- und Gebrechtreffer**
Beim Flüchtigschießen ohne ausreichende Übung kommt es häufig zu Keulenschüssen; Jagdleiter wissen bei der Streckenaufbereitung von Drückjagden ein Lied davon zu singen. Werden die Hinterlaufknochen getroffen, geht eine Sau meist zunächst hinten zu Boden

## Der Preis der Unerfahrenheit

Bei einem kleinen Drücken schoss ich vor vielen Jahren einmal eine Doublette. Der zweite Frischling brach zusammen, rappelte sich sofort wieder auf, ohne dass ich noch eine Kugel los wurde. Reichlich Schweiß und wesentliche Teile des kleinen Gescheides auf der Fährte, gepaart mit unzureichender Erfahrung, veranlassten meinen Haumeister und mich, der Fährte zu folgen. In einem kleinen Fichtenjungwuchs, etwa 300 m vom Anschuss entfernt, kamen wir an die Sau, das heißt, ich sah nur eine Bewegung in den Fichten, auf die ich nicht zu schießen wagte. Es war aber ganz unzweifelhaft die kranke Sau gewesen.

Schweiß- und Gescheideverluste hörten bald auf, und die ganztägige Nachsuche mit einem Nachsuchengespann brachte das Stück nicht bei. Was ich mir damals – sehr zu Recht – seitens des erfahrenen Schweißhundführers anhören musste, möchte ich lieber nicht zu Papier bringen.

und klagt, wie es auch bei Nierenschüssen der Fall ist, kommt aber bald vorne wieder hoch und flüchtet so schnell, wie es ihr möglich ist. Jetzt heißt es nachzuschießen bei jeder sich bietenden Gelegenheit, soweit die Sicherheit von Menschen nicht gefährdet ist, bis das Stück liegt. Das ist überhaupt bei jedem kranken Stück das oberste Gebot! Wohin die Kugel angetragen wird, ist in diesem Falle völlig gleichgültig.

Wird an der Keule oder am Vorderlauf nur Wildpret getroffen, liefern Anschuss und Fährte zunächst reichlich Schweiß, was manchen unerfahrenen Waidgenossen glauben macht, die beschossene Sau sei um die nächste Ecke aufzuklauben. Am Anschuss findet man oft mehr oder weniger große Wildpretteile, reichlich Schnittborsten und Schwartenfetzen. Der Schweiß wird meist schnell weniger. So getroffene Stücke sind motorisch gesund auf allen vier Läufen und meist sehr schwer zu bekommen.

Ähnlich ist es bei Sauen, die im Gebrech- und Nasenbereich angeschweißt

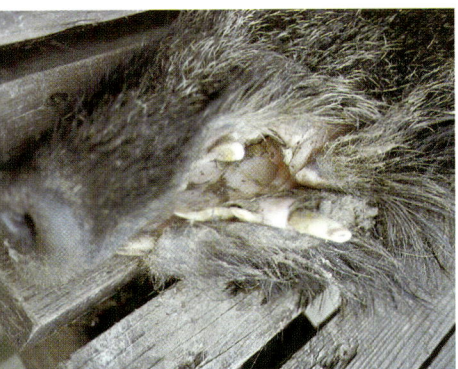

Gebrechschüsse zählen zu den übelsten Krankschüssen überhaupt! So verletzte Sauen fliehen oft kilometerweit.

werden. Bei schweren Treffern brechen sie oft klagend zusammen, in der Flucht meist schlagartig, pflügen mitunter ähnlich wie bei guten Schüssen mit dem Gebrech den Boden, werden dann sehr bald und meist taumelnd wieder hoch und flüchten schnell. Sie vermeiden im Gegensatz zu anderweitig kranken Sauen dichtes Gebüsch, Unterholz und Dickungen und stecken sich nur sehr schlecht. Bei der Hetze flüchten sie über Stunden und Kilometer, stellen sich kaum und können, ähnlich wie Stücke mit reinen Wildpretschüssen, meist nur von vorgestellten Jägern zur Strecke gebracht werden.

### ▶ Anschussmarkierung

Gerade im Zusammenhang mit Gebrech- und Laufschüssen ohne Knochenverletzung sind für den Schweißhundführer der Anschuss und seine unmittelbare Umgebung von hohem Aussagewert, ebenso allerdings auch die Angaben des Schützen über Stärke, Stand und Fluchtrichtung des beschossenen Stückes sowie das verschossene Kaliber und die verwendete Munition. Eine leicht wiederzufindende Markierung des Anschusses ist wichtiger als die Verwendung brauchtumsgerechter Brüche. Gut geeignet für die Kennzeichnung sind die im Forstfachhandel erhältlichen Papiermarkierungsbänder, die inzwischen bei vielen Drückjagden an die Schützen ausgegeben werden. Hat man in Augenhöhe eine weit sichtbare Markierung mit Farbband angebracht, verbricht man zusätzlich den Anschuss mit dem herkömmlichen Anschuss- und Fluchtrichtungsbruch.

Wenn man in einem großen Bestandeskomplex z.B. bei der Pirsch irgendwo

Stück Schwarzwild mit einem sicher tödlichen Schuss darf nicht mit einem jungen Schweißhund durchgeführt werden und sich auch für einen sicher eingearbeiteten Schweißhund nicht zu oft wiederholen, da frische Wundfährten vor allem im dichten Holz lange von der Körperwitterung des Wildes überlagert werden, was den Hund veranlassen kann, auf andere frische Fährten zu changieren. Auch hier gilt: Nur die kurze Totsuche ist sinnvoll; wird das Stück nicht nach einer bestimmten Distanz tot gefunden, muss der Schweißhundführer die unmittelbar nach dem Schuss durchgeführte Nachsuche abbrechen und zu einem späteren Zeitpunkt wieder aufnehmen.

Der Jäger, der unmittelbar nach Schussabgabe einen Schweißhundführer um eine Nachsuche bittet, darf nicht enttäuscht sein, wenn dieser nicht unverzüglich erscheint. Eine ausreichende Wartezeit ist immer im Sinne einer erfolgversprechenden Nachsuche. In aller Regel sollte keine Nachsuche unter vier Stunden nach der Abgabe des Schusses aufgenommen werden. Ausnahmen muss man bei tauendem Schnee machen. Hier gilt es schnell nachzusuchen, da eine weggetaute Fährte im Gegensatz zu einer verregneten Fährte häufig vom Hund nicht mehr gehalten werden kann (F. BONGARTZ, 1998). Wichtig ist, dass der Schütze den Anschuss nur von einigen festen Standpunkten aus in Augenschein nimmt, nicht herumtrampelt und damit die spätere Arbeit des Nachsuchengespannes unnötig erschwert.

**Anschussmarkierungen müssen gut zu erkennen sein. Bei Schnee spricht nichts gegen den brauchtumgerechten Anschussbruch.**

vom Boden aus geschossen hat, ist das deutliche Kennzeichnen des vermeintlichen oder tatsächlich gefundenen Anschusses besonders wichtig, zumal in der Nacht. In einem solchen Falle lasse ich immer an meinem eigenen Standort meinen Pirschstock zurück, den ich ebenfalls mit einer auffälligen Markierung versehe, in Ermangelung von Farbband etwa mit einem Papiertuch oder Taschentuch. Beginnt man nämlich an einer solchen Stelle mit der Suche nach dem Anschuss oder dem Stück und dreht sich dreimal um die eigene Achse, hat man oft größte Not, seine Schussabgabeposition wieder zu finden. Die ist besonders wichtig, wenn man den Kugelriss gefunden hat und die Ziellinie ausfluchten will, um festzustellen, wo die beschossene Sau gestanden haben kann und wo genau man Anschuss und Pirschzeichen zu suchen hat.

► **Frische Wundfährten nur bei kurzer Totsuche arbeiten**

Die aus wildprethygienischen Gründen kurzfristige Nachsuche auf ein

► **Der Nachsuchenexperte sieht mehr**

Selbst der „altgediente" Jäger ist immer wieder erstaunt, was ein erfahrener

Schweißhundführer an einem Anschuss alles herausfindet, wie dieser Pirschzeichen und Kugeleinschläge entdeckt, wo er selbst nicht das Geringste gefunden hat, Knochensplitter und Schnittborsten den entsprechenden Körperteilen zuordnet, anhand der Kugeleinschläge feststellt, ob die Kugel vorher das Wild berührt hat, und manches andere mehr. Alle diese Informationen sind für den Suchenführer eminent wichtig, um möglichst frühzeitig zu wissen, was ihn erwartet: ob mit einer Hetze zu rechnen ist, ob Schützen zum Vorstellen erforderlich sind, und auch, wen er zur Begleitung braucht, wenn mit einer weiten Schweißarbeit in unbekanntem Gelände und über Reviergrenzen zu rechnen ist. Aufschlussreich ist die Foto-Reportage von B. WINSMANN-STEINS (2000) über Schüsse auf Drückjagdsauen, die zeigt, dass man Pirschzeichen nicht nur am Boden oder in dessen Nähe zu suchen hat, sondern ähnlich wie die Einschläge von Geschosssplittern und -kernen durchaus auch im „Luftraum" der umstehenden Bäume und Sträucher.

▶ **Unselige Doppeltreffer**

In diesem Zusammenhang sind unerwünschte Doppeltreffer anzusprechen, die immer wieder unbeabsichtigt und meist unbemerkt vorkommen. Eine Sau steht oder flüchtet hinter einer anderen, nicht wahrgenommen vom Auge des Schützen. Im günstigsten Falle liegt auch sie nach dem Schuss, oft aber wird sie nur angeschweißt. Wer bestimmte Situationen absichtlich für einen Doppeltreffer auszunutzen versucht oder bei gedrängt stehendem Wild billigend in Kauf nimmt, ist ein verantwortungsloser Schießer. Aber auch unbeabsichtigt kommen Doppeltreffer immer wieder vor, einige Male hatte ich selbst damit zu tun.

Wenn man die Abbildungen betrachtet, die von der Splitterstreuung anlässlich von Versuchen mit Schüssen durch Hindernisse angefertigt wurden, hat man ungefähr eine Vorstellung, was sich auch hinter einem gut getroffenen Stück alles abspielen kann. Daher genügt es nie, dass in einem Rudel oder einer Rotte das angezielte Stück frei steht. Immer ist unbedingt darauf zu achten, dass

## Doppeltreffer mit glücklichem Ausgang

Bei einer Drückjagd flüchtete hinter mir auf Schrotschussentfernung eine Rotte Sauen quer zum Hang durch ein dichtes, daher etwas dämmeriges Fichten-Baumholz. Als die Sauen kurz verhofften, kam ich auf einen starken Frischling kurz hinter dem Blatt ab. Eine Sau rollte laut klagend einige Meter hangabwärts auf mich zu – sie hatte einen Keulenschuss. Nach schnell angebrachtem Fangschuss vom Stand aus haderte ich bis zum Ende des Treibens ob dieses Patzers heftig mit mir. Nach dem Treiben fand ich dann zwanzig Meter vom Anschuss einen weiteren, nämlich den ursprünglich beschossenen Frischling mit einem tadellosen Schuss hinter den Blättern.

In diesem Falle war die Sache noch gut ausgegangen – anders sieht es aus, wenn nur Geschosssplitter ein zweites Stück oder gar mehrere treffen, die ohne erkennbare Schweißfährte von dannen flüchten.

## Der Geschosskern fliegt weiter...

**Bei einer Drückjagd** beschoss ich eine Ricke, die nach dem Schuss an meinem Hochsitz vorbeiflüchtete und dann an der Ecke eines dichten Fichten-Stangenholzes, etwa 70 Meter von mir entfernt, zusammenbrach. Als sie mehrfach das Haupt hob, brachte ich einen Fangschuss auf den Trägeransatz an. Der nächste Hochsitz stand ungefähr 80 m von dem gestreckten Reh im rechten Winkel zu mir hinter dem Stangenholz, eine gegenseitige Gefährdung war ausgeschlossen. Der dort befindliche Jäger, ein französischer Freund, konnte das gestreckte Reh an der Stangenholzecke sehen. Nach Ende des Treibens zeigte er mir den Einschlag vom Kern meines Geschosses im Leiterholm seines Hochsitzes, einen halben Meter vom Boden.

**Von einer Kanzel** an einem Wildacker mit kurzer Maisstoppel beschoss ich einen geringen Überläufer, der völlig frei auf etwa 40 m vor dem Sitz stand. Die übrigen Sauen der Rotte brachen in einem Winkel von etwa 120° rechts von der beschossenen Sau, die nächsten Stücke waren etwa 10 bis 15 m entfernt. Die beschossene Sau flüchtete nach links. Mein mich begleitender Haumeister hatte gesehen, dass die Bewegungen der Vorder- und Hinterläufe nicht gleich schnell waren – immer ein untrügliches Zeichen, dass ein Stück die Kugel hat. Wo die Rotte gestanden hatte, lag ein schlegelnder Frischling, der den Geschosskern spitz von vorne in den Kopf gekriegt hatte, nachdem dieser mit einem kalibergroßen Loch durch einen kurzen Maisstängel gefahren war.

**Den erstbeschossenen Überläufer** fanden wir nach einer gut ausgehbaren Schweißfährte nach ungefähr 70 m – er hatte den Schuss kurz hinter dem Blatt. Bis heute hat mir niemand erklären können, wie bei völlig freier Schussbahn der Geschosskern an den Kopf des zweiten Frischlings geraten und dort ein noch kalibergroßes Einschussloch verursachen konnte.

sich nicht seitlich schräg versetzt hinter diesem Stück andere Stücke aufhalten. Die Empfehlung, eine Kirrung nur in einer schmalen Streureihe quer zum Sichtfeld des Jägers anzulegen, gewinnt unter diesem Aspekt eine besondere Bedeutung. Doch auch der Geschosskern kann hinter einem durchschossenen Stück eine unkontrollierte Richtung annehmen oder von einem Knochen abgelenkt werden.

▶ **Der Schweißhundführer ist Jagdleiter**

Nach § 5 der UVV Jagd der Landwirtschaftlichen Berufsgenossenschaft vom 1. Januar 2000 hat der Nachsuchenführer für die Zeit der Nachsuche die Stellung des Jagdleiters. Der Revierinhaber hat nach der UVV bei der Nachsuche für die Bereitstellung von Erste-Hilfe-Material zu sorgen. Kinder und Jugendliche dürfen nicht an Nachsuchen teilnehmen.

Über die Regelungen der UVV Jagd hinaus ist unbedingt und unmissverständlich festzulegen, dass nur der Nachsuchenführer allein das kranke Stück Wild vor dem stellenden Hund angeht und den Fangschuss gibt. Vorgestellte Schützen dürfen unter keinen

Umständen ihren Stand verlassen, sie können nur von dort aus anwechselndes, krankes Wild beschießen und dürfen nicht in die Richtung des Nachsuchenbereichs und auch niemals auf das vom Schweißhund gestellte Wild schießen. Weiter ist für eine ordnungsgemäße Nachsuche erforderlich, dass der Revierinhaber dem Schweißhundführer einen ortskundigen, körperlich fähigen Begleiter beigibt. Zweckmäßig ist weiterhin eine Parallelbegleitung des Nachsuchengespanns mit einem geländegängigen Fahrzeug und dessen Ausstattung mit Funkgeräten oder Handys. Eine wichtige Pflicht des Revierinhabers ist die Verständigung der Jagdnachbarn, deren Reviere von der Nachsuche betroffen sein können.

### ▶ Die Kontrollsuche – ein ethisches Gebot

Die konsequente Nachsuche allen krank geschossenen Wildes gehört zu den wichtigsten rechtlichen und ethischen Pflichten des Jägers. Dazu zählt unbedingt auch die Kontrollsuche, wenn auch nur ein Minimum an Unsicherheit herrscht und ein Fehlschuss nicht ganz sicher zu konstatieren ist. Bei dem schussharten Schwarzwild ist besondere Mühe und Sorgfalt vonnöten, zumal das Wild kaum zeichnet und Pirschzeichen oft nur spärlich und schwer zu finden sind. Der Anschuss ist gerade bei in der Bewegung, bei schlechtem Licht und im freien Feld ohne Merkpunkte beschossenen Sauen oft schwer zu lokalisieren. Fehleinschätzungen gibt es oft bei der Entfernungsbestimmung, die zu der irrigen Annahme führen, gefehlt zu haben, weil man am vermeintlichen Anschuss nichts gefunden hat. Häufig beschwören Schützen Sachverhalte, die erst mit einer qualifizierten Nachsuche von einem Spezialisten widerlegt werden können.

### ▶ Schweißhundstationen

Wer nun ist der Spezialist, auf den der Schwarzwildjäger sich verlassen, dem er vertrauen kann? Grundsätzlich ist der Jäger auf der sicheren Seite, wenn er eine anerkannte Schweißhundstation konsultiert. In Nordrhein-Westfalen z.B. wird einer Schweißhundstation vom Landesjagdverband die Anerkennung zugesprochen, wenn sie jährlich fünfzehn erfolgreiche Nachsuchen unter erschwerten Bedingungen nachweisen kann. Das erfordert zwischen 50 bis 70 Nachsucheneinsätze jährlich. Die anerkannten Stationen mit ihren Anschriften werden regelmäßig veröffentlicht. Absolvierte Schweißprüfungen und einige erfolgreiche Totsuchen sind als Nachweis für die Eignung eines Hundes

**Manchmal endet die Kontrollsuche nach vermeintlichem Fehlschuss am toten Stück.**

auf der Wundfährte des Schwarzwildes nicht ausreichend. Es ist eine Erfahrung der Praxis, dass man gut beraten ist, die anerkannte Schweißhundstation sofort zu konsultieren, wenn die Riemenarbeit mit dem Gebrauchshund nicht nach 100, maximal 200 m zum verendeten Stück führt. Frei-Verloren-Suchen mit einem Totverbeller oder -verweiser haben nichts mit qualifizierter Schwarzwildnachsuche zu tun. Bei Gebrech-, Krell-, Lauf- und Wildpretschüssen aller Art sowie bei unfallverletztem Wild vertut man am besten keine Zeit mit eigenem Nachsuchen, sondern zieht sofort den Spezialisten hinzu.

▶ **Nur anerkannte Jagdhundrassen!**
Die Hunderasse spielt für den Nachsucheneinsatz nicht die entscheidende

**Der Hannoversche Schweißhund ist nicht zufällig ein Spezialist auf der Wundfährte: Jahrzehntelange Leistungszucht hat ihn dazu gemacht.**

Rolle. Nase, Wesensfestigkeit, Wildschärfe, Spezialisierung und eine Größe, die wegen der anfallenden Hetzen nicht unter der eines Terriers liegen sollte, sind die wichtigsten Voraussetzungen. Besondere Nachsuchenspezialisten sind der Hannoversche Schweißhund und der Bayerische Gebirgsschweißhund, sie stellen die Mehrzahl der Hunde bei den auf Hochwildnachsuchen erfolgreich arbeitenden Nachsuchengespannen. Der Einsatz von Hunden ohne Papiere führt die verantwortungsvolle Zucht, Haltung und Führung unserer Gebrauchshundrassen und die um Wild und Waidwerk verdienstvolle Arbeit ihrer Verbände ad absurdum, ihrer Verbreitung sollte der verantwortungsvolle Jäger im Interesse des Wildes entgegenwirken.

▶ **Kontaktpflege ist wichtig**
Es gehört zu den wichtigen Aufgaben eines Revierinhabers, die geeigneten oder anerkannten Nachsuchengespanne der Umgebung seines Reviers zu kennen und den Kontakt zu ihnen zu pflegen, um im Bedarfsfalle die qualifizierte Nachsuche allen beschossenen Wildes sicherzustellen. Die Landesjagdverbände und der Jagdgebrauchshundverband werden dem Jäger mit Anschriften geeigneter Nachsuchengespanne behilflich sein.

Solange wir Jäger beim Nachsuchenaufwand noch Unterschiede machen zwischen einem angeschweißten Frischling und einem Erntekeiler, haben wir noch Defizite bei der bedingungslos geforderten Waidgerechtigkeit. Am besten sind alle Nachsuchen, die nicht stattzufinden brauchen, weil das Wild mit gutem Schuss alsbald verendet ist.

# Die Ausrüstung des Schwarzwildjägers

## Waffen und Munition

Der Leser möge mir nachsehen, dass ich dem Kapitel Ausrüstung keine allzu große Aufmerksamkeit widme. Ich kam in einer Zeit zum Waidwerk, als die heute so wichtige Frage Ausrüstung eine eher nebensächliche Rolle spielte. Man ging zur Jagd häufig zu Fuß, man genoss den Gummistiefel und damit erstmalig anhaltend trockene Füße als neue Erfahrung, kannte den Geländewagen nur als Militärfahrzeug und brachte auch ohne diesen sein Wild nach Hause. Zur Ermittlung der Windrichtung brauchte man nicht den Wetterbericht aus dem Autoradio. Viele Jäger hatten nur ein einziges Gewehr, ein Jagdgewand für den Sommer, ein anderes für den Winter, und jahraus, jahrein dazu ein- und dieselbe Kopfbedeckung, an der man sie jederzeit identifizieren konnte.

▶ **Die Ausrüstung ist nicht das Maß der Dinge**

An bäuerliche Vorfahren erinnere ich mich, die außer in Kriegszeiten nie ein Gewehr mit einem gezogenen Lauf in Händen hielten und doch ihr Wild redlich zur Strecke brachten. So wie ich sie bestaunte, habe ich auch immer die Waidgenossen der ehemaligen DDR in den Zeiten bewundert, als sie das Wild noch überwiegend mit dem Flintenlaufgeschoss erlegen mussten. Nicht mit der ballistischen Kilometerleistung eines Hochrasanzgeschosses ein Stück Wild zu strecken war die Kunst, sondern an das Wild heranzukommen oder sich so zu verhalten, dass das Wild auf entsprechende Entfernung an den Jäger herankam. Wer beherrscht das heute noch? Vor vierzig Jahren ließ ich mir von einem befreundeten Büchsenmacher eine Bockbüchsflinte nach deren Flintenlaufgeschossleistung aussuchen, damals stand die Jagd auf gekreiste Sauen noch für eine kurze Zeit hoch im Kurs. Trotzdem habe ich in meinem langen Jägerleben nicht ein einziges Stück Wild mit einem Flintenlaufgeschoss erlegt. Die Zeiten ändern sich eben. Alle Metersekunden, PS und aller Zwirn sind mir zweitrangig im Verhältnis zur Gerechtigkeit des Jägers gegenüber dem Wild, der Natur und Umwelt. Nicht der Grad der Perfektion unserer Gerätschaften und unseres Anzuges ist entscheidend, sondern die Herzensbildung des jagenden Menschen, sich der Ausrüstung angemessen zu bedienen und die Technik nicht zum Maß aller Dinge zu machen.

▶ **Von 20 bis 150 kg Wildgewicht**

Für die zur Schwarzwildbejagung geeigneten Jagdwaffen und Munition gilt, dass die Mehrzahl der zu erlegenden Sauen geringe Stücke unter 50 kg sind, es allerdings auch möglich sein muss, mit der just benutzten Waffe und deren Patrone ein Stück bis 150 kg gerecht zur Strecke zu bringen. Darüber hinaus muss man bei der Saujagd immer damit rechnen, dass einmal ein Schuss eben nicht da sitzt, wo man ihn gerne platziert hätte, und dass die Sauen viel schusshärter sind als alles andere Schalenwild. Die meisten Schüsse auf Schwarzwild werden auf eine Distanz unter 100 m abgegeben, persönlich habe ich sicher 80 % aller Sauen auf Entfernungen unter 50 m erlegt. Der Forderung einzelner Autoren, als erste wünschenswerte Eigenschaft für ein schwarzwildtaugliches Geschoss eine gestreckte Flugbahn für möglicherweise vorkommende weitere Schüsse anzugeben, kann ich mich daher nicht anschließen. Auf Geschossrasanz kann und muss man bei der Saujagd getrost verzichten.

In der Reihenfolge halte ich folgende Kriterien für wichtig:

1. Der Sitz des Schusses ist entscheidender als das benutzte Gewehr und die verwendete Munition.

2. Aufbau und Gewicht des Geschosses sind bedeutender als das Kaliber.

3. Übung und Vertrautsein mit der Waffe sind wichtiger als deren Bauart, Schönheit und Preis.

▶ **Doppelbüchsen und kombinierte Waffen**

Bei Ansitz und Pirsch auf Schwarzwild mag der Jäger das Gewehr führen, das seiner Neigung und den allgemeinen Erfordernissen des Reviers entspricht, sei dies ein Kipplaufgewehr als einläufige oder kombinierte Waffe oder ein Repetierer. Doppelbüchsen mit gut zusammen schießenden Läufen sind klassische Drückjagdwaffen, haben allerdings den Nachteil, dass bei verlöteten Läufen die Schusspräzision bei mehreren aufeinander folgenden Schussfolgen durch auftretende Wärmespannungen deutlich nachlässt. Das tritt bei Doppelbüchsen mit frei liegenden Läufen nicht ein.

Andere kombinierte Waffen sind bei Drückjagden meist weniger im Gebrauch, da in vielen Revieren heute die Verwendung von Flintenlaufgeschossen unerwünscht ist. Allerdings habe ich auch Jäger erlebt, die den Kugellauf ihres Drillings in einer Geschwindigkeit nachluden, die manchem Repetiererschützen Ehre gemacht hätte.

▶ **Repetierer und Selbstladebüchsen**

Repetierer werden bei Drückjagden am häufigsten verwendet. Sie haben gegenüber Doppelbüchsen den Vorteil, dass mehr als zwei Schüsse in schneller Folge abgegeben werden können. Wenn der Lauf des Repetierers frei schwingen kann, ändert sich auch nach dem Verfeuern aller Patronen eines Magazins die Treffpunktlage nicht. Geradezug-Repetierer kommen in der Geschwindigkeit der möglichen Schussfolge unmittelbar nach den Doppelbüchsen.

Die Selbstladebüchse vereinigt die Vorteile von Doppelbüchse und Repetierer, allerdings dadurch eingeschränkt, dass das Nachladen nach dem dritten Schuss relativ umständlich und zeitaufwändig ist. In manchen Revieren ist sie zur Drückjagd unerwünscht, obwohl nicht das Werkzeug, sondern sein Benutzer die Qualität des Handelns bestimmt.

▶ **Übungssache: Flinten- oder Druckpunktabzug**

Unabhängig von der Bauart des Gewehres ist vor allem für Bewegungsjagden wichtig, dass der Schaft liegt, die Visierung oder Zieloptik passt und der Jäger die Abzugtechnik beherrscht. Den Stecher sollte man nur bei der Einzeljagd betätigen, bei manchen Drückjagden wird seine Benutzung ausdrücklich untersagt. Ob man den trockenen Flintenabzug oder bei Gewehren ohne Stecher den Druckpunktabzug bevorzugt, ist eine Frage der persönlichen Neigung und vor allem der Übung. Mir liegt bei einem Schuss über die freie Visierung der Abzug mit nicht zu hartem Druckpunkt eher als der Flintenabzug, ohne dass ich dies wirklich konkret begründen könnte.

Welche Jagdwaffe mit welcher Ausstattung auch immer man benutzt, für die Sicherheit und den jagdlichen Erfolg ist ihre Beherrschung wie im Schlaf ausschlaggebend. Diejenigen Waidgenossen bewundere ich, die zu jeder unterschiedlichen Jagdgelegenheit ein anderes Gewehr benutzen und es sicher und erfolgreich führen – ich musste mich mangels solcher technischer Perfektion immer mit einigen wenigen Standards begnügen.

▶ **Kaliber und Geschoss**

Auf Schwarzwild verwendet man tunlichst Waffen mit größeren Kalibern, mindestens ab 7 mm in den größeren Abmessungen 7 x 64 im Repetierer oder 7 x 65 R in der Kipplaufwaffe mit Ge-

schossgewichten über 10 g. Bewährt haben sich die Kaliber .30–06, 8 x 57, 8 x 68 S, 9,3 x 62 und 9,3 x 74 R.

Wichtiger als das Kaliber ist das Geschoss. Rasante Geschosse mit schneller Zerlegung und hoher Hindernisempfindlichkeit sind völlig fehl am Platz. Richtungsstabile, schwere Geschosse geeigneter Kaliber, die entweder die Sau an den Platz oder in seine Nähe bannen und deutliche Anschüsse und

**Robust und zuverlässig: Der 98 er Repetierer**

## Tipp

Manche Autoren sprechen sich auch für das Kaliber 6,5 x 57 mit einer 6-g-Patrone für Schwarzwild aus: Ich glaube, dass damit in vielen Fällen problemlos auf Schwarzwild gejagt werden kann, bin aber dennoch davon überzeugt, dass man dieses Kaliber ebenso wenig für Schwarzwild empfehlen sollte wie das Kaliber 7 x 57. Natürlich habe ich Jäger erlebt, die auch letztgenanntes Kaliber mit Teilmantelpatronen ihr Leben lang verschossen, ohne dass ich von einer Nachsuche je etwas gehört hätte. Mir hat es allerdings bei der Führung von Jagdgästen nach schlechten Schüssen mit den unterschiedlichsten Patronen nicht selten erhebliche Nachsuchenprobleme beschert.

Schweißfährten liefern, sind gefragt. Auf Schwarzwild sollten die schwereren Geschosse des jeweiligen Kalibers verwendet werden, die als Deformationsgeschosse so konstruiert sind, dass sie sich dem Zielwiderstand anpassen, früh ansprechen, aber im Heckteil noch so hart sind, dass sie eine gute Tiefenwirkung und damit einen Ausschuss erzielen. Über viele Jahrzehnte haben sich die klassischen Teilmantelrundkopf-Geschosse bewährt. Sie sind relativ unempfindlich gegen Geschossbahnhindernisse und sprechen in aller Regel im Ziel schnell an, liefern allerdings je nach Stärke des Wildes und Sitz der Kugel nicht immer einen Ausschuss. Oft sitzt bei stärkerem Wild das Geschoss auf der Ausschussseite unter der Schwarte, wie ich es bei starken Keilern selbst mehrfach erlebt habe. Hat sich dann die Schwarte über

den Einschuss verschoben und den Schweißaustritt verhindert, muss man oft bei einer relativ kurzen Totfährte ein Nachsuchengespann bemühen.

▶ **Hohe Splitterwirkung ist riskant**

Wegen der geringeren Splitterwirkung ist Geschossen mit Tombak-Mantel der Vorzug vor denen mit Flusseisen-Mantel zu geben. Geschosse mit Splitterwirkung gefährden andere Sauen in einer Rotte, die sich seitlich nach hinten versetzt zum beschossenen Stück aufhalten. In diesem Zusammenhang wird für die Kirrjagd noch einmal auf die Vorzüge der Streifenkirrung verwiesen (siehe Seiten 76 u. 104 f.). Günstiger als die normalen TMR-Geschosse sind solche, bei denen Mantel und Kern chemisch verbunden sind, also Core-Bonded- oder Hot-Core-Geschosse. Magnum-Patronen sind für die Schwarzwildjagd nicht vonnöten, sie sind zu hindernisempfindlich und zerlegen sich bei hoher Zielgeschwindigkeit zu schnell.

## Optik

Für die Einzeljagd auf Schwarzwild, ob bei Pirsch oder Ansitz, benötigt der Jäger ein lichtstarkes Doppelglas, da diese Jagdausübung entweder nachts oder abends in die Dämmerung und Nacht hinein oder morgens aus der Dunkelheit heraus stattfindet.

▶ **Ferngläser**

Für die Einzeljagd stehen dem Jäger Doppelgläser mit den Abmessungen 7 x 50, 8 x 56, 9 x 63 oder auch 10 x 56 unterschiedlicher Bauweisen und Fabrikate zur Verfügung. Eine gute Dämmerungsleistung bringt das bildstabilisierte Doppelglas 20 x 60 von Zeiss, allerdings schleppt man damit gerade bei der Pirsch 1,6 kg Gewicht und ein erhebliches Volumen mit sich herum.

Ist das Doppelglas bei Pirsch und Ansitz unerlässlich, so ist seine Führung bei der Drückjagd dem Geschmack und der Gewohnheit des Jägers überlassen. Für diese Gelegenheit genügt jedenfalls ein kleines Kompaktglas. Ich selbst gehe zu keiner Gelegenheit ins Gelände ohne irgendein Doppelglas und rechne es fast zur Kleidung. Bei der Frühpirsch im Sommer mit nur kurzer Dunkelphase und zur Drückjagd benutze ich dasselbe Glas, ein 6 x 30. Da ich bei Drückjagden häufig über die freie Visierung schieße, ist es mir zum Ansprechen allen vorkommenden Wildes unerlässlich. Auch möchte ich gerne wissen, was alles sich vom Treiber bis zum Spaziergänger um mich herum bewegt. Da darf man nun keineswegs mit dem Zielfernrohr des geladenen Gewehres im Gelände herumstochern. Immer sollte man beim Erwerb eines Doppelglases zur Bedingung machen, das Glas einige Zeit im Gelände erproben zu können.

▶ **Zielfernrohre**

Auch bei der Auswahl der Zieloptik hat man zu bedenken, dass viele Schüsse auf Schwarzwild bei mäßigem Licht und auf kurze Entfernung abgegeben werden. Beim Blick durch das Zielfernrohr muss man gerade bei Nacht immer den Überblick über das Geschehen behalten. Die Sauen sind oft in Bewegung, beim Wechsel vom Doppelglas zum Anschlag und Zielfernrohr kann die angesprochene Situation sich verändert haben. Mit einem variablen Ziel-

fernrohr ist man da auf der sicheren Seite, da man mit dem Verstellen der Vergrößerung auf die unterschiedlichen

**Tipp**

Wer mit einem variablen Zielfernrohr arbeitet, sollte dessen rasche Bedienung ruhig ab und zu üben, um die Vorteile im Ernstfall auch wirklich nutzen zu können!
Ich erinnere mich an eine Nachtpirsch in einer nicht ganz hellen Winternacht, bei der ich plötzlich auf eine Rotte Sauen ganz dicht auflief und schnell ein passendes Stück ausgesucht hatte. Dann aber brachte ich den Schuss nicht zustande, weil das Zielglas noch auf 8facher Vergrößerung stand und ich mir nicht sicher war, ob die bildfüllende Sau auch wirklich die richtige war. Bis ich meinen Fehler dann korrigieren und die Vergrößerung des Zielglases verändern konnte, hatten die Sauen sich von dannen gemacht.

*Auf dem Ansitz ist das lichtstarke Fernglas (l.) die richtige Wahl, für Pirsch und Drückjagd reicht das leichte Tagesglas.*

Situationen reagieren kann, wenn auch die Lichtdurchlässigkeit etwas geringer ist als bei einem Zielglas mit starrer Vergrößerung.

Hat man ein variables Glas mit 2,5-oder 3facher Vergrößerung als geringstem Wert, ist man bei flacher Montage des Glases auch für die Drückjagd gut gerüstet. Man muss sich natürlich daran gewöhnen, die entsprechende Einstellung im entscheidenden Moment auch vorzunehmen.

▶ **Ein Absehen für Jedermann gibt es nicht**

Bezüglich des Absehens kann man keine pauschal gültigen Empfehlungen geben, da jeder Jäger hier seine speziellen Vorlieben entwickelt, die sich aus Gewohnheit und Übung ergeben. Für die Schwarzwildjagd benötigt man allerdings ausreichend dicke Balken im Zielfernrohrabsehen, damit das Absehen auch bei geringem Licht noch gut erkennbar ist.

Sehr hilfreich für einen präzisen Schuss bei schlechtem Licht können Leuchtpunktabsehen sein, wenn sie das Ziel nicht überstrahlen. Sie können und sollen den Schuss auf die Sau nicht noch weiter in die Dunkelheit hinein ermöglichen, da sie nicht die Zielerkennung verbessern, sondern nur den Zielpunkt auf dem Wildkörper präziser bestimmen helfen.

▶ **Offene Visierungen**

Wer über die offene Visierung schießen kann, ist zumindest vor falschen Abschüssen eher gefeit. Ungeeignet sind die alten und meist viel zu feinen Kimme-und-Korn-Versionen – verwenden sollte man spezielle Fluchtvisierun-

## Tipp

Kimme und Korn müssen schon im Anschlag sofort zusammenfinden! Habe ich bei Drückjagden einen Stand mit weitem Schussfeld, ist ein variables Glas mit Einhakmontage auf dem Stutzen, um weiter entferntes Wild ansprechen und schießen zu können. Kommen Sauen näher, ist die Hand an der Montage, um das Glas blitzschnell abnehmen zu können. Nicht immer gelingt das rechtzeitig, dann muss der Schuss halt über das Glas mit geringer Vergrößerung klappen. Auf einem Stand mit geringem Schussfeld lege ich das Zielglas dann von Anfang an zur Seite.

gen. Dabei kommt es weniger darauf an, beim Schuss Einzelheiten der Visierung zu erkennen, als vielmehr ein wirklich gut liegendes Gewehr zu führen. Damit ist der Schuss über die freie Visierung eigentlich unabhängig vom Alter des Schützen.

Bei Visieren für die Bewegungsjagd gab es in den letzten Jahren sehr interessante Entwicklungen und Neuerungen. Fluchtvisiere verschiedener Bauarten und Hersteller haben gemeinsam, dass sie im Gegensatz zu den alten Kimme-und-Korn-Visieren ein grobes Korn und eine seitlich offene Dreieckskimme, also eigentlich eine Korn-auf-Korn-Lösung aufweisen, wobei Kimme und Korn meist unterschiedliche Leuchtfarben aufweisen.

Den oft geschilderten Umstand, dass das alternde Auge mit abnehmender Akkommodationsfähigkeit die drei zu erfassenden Punkte Ziel, Kimme und Korn nicht mehr ausreichend klar erkennen kann, habe ich trotz fortgeschrittenen Alters nicht als merkbaren Nachteil ausgemacht. Auf Schrotschussentfernung muss das Zielfassen so schnell gehen, dass ich bei deutlich abnehmender Sehfähigkeit mit einem optimal liegenden Drückjagdstutzen nicht einmal weiß, was ich denn eigentlich beim schnellen Schuss über die freie Fluchtvisierung nicht scharf erkannt habe. Aber auch bei längerem Zielen vor dem Schuss auf verhoffendes Wild habe ich auf die Entfernung, die ich bei grober, offener Visierung noch als gerecht erachte, also etwa bis 50 m, bisher nicht die geringsten Probleme gehabt.

▶ **Optischen Zielhilfen für den flüchtigen Schuss**

Bei Zieloptiken für den Schuss auf Wild in Bewegung hat der Jäger heute große Auswahlmöglichkeiten. Er kann sich aussuchen, ob er ein Glas mit den gebräuchlichen Absehen wählt, ob er es mit oder ohne Vergrößerung haben will, oder ob er sich für ein Leuchtpunktabsehen entscheidet. Einige Gläser haben nur noch einen Leuchtpunkt, der Jäger kann beim Schuss beide Augen geöffnet haben. Der Abstand vom Auge zum Glas und der Einblickwinkel spielen keine Rolle mehr.

Je höher die Vergrößerung des bei der Drückjagd benutzten Zielfernrohres ist, desto größer ist sowohl die Quote der Fehl- und Krankschüsse als auch der Anteil der falschen Abschüsse. Zielfernrohre für die Drückjagd sollten also variabel sein oder ihre Vergrößerung sollte keinesfalls über 4fach eingestellt werden. Zieloptiken ohne jegliche Vergrößerung sind natürlich als Ansprechhilfen nicht verwendbar.

## Kleidung und weiteres Zubehör

Die Kleidung des Schwarzwildjägers ist von einiger Bedeutung, da die Mehrzahl der Sauen auf dem Ansitz oder bei Drückjagden erlegt werden. Beides bedeutet für den Jäger einen meist längeren Aufenthalt an ein und demselben, oft erhöhten Ort, bei Drückjagden ausschließlich im Winterhalbjahr. Der Winteransitz in geschlossenen und oft zusätzlich beheizbaren Kanzeln kann zwar angenehm sein, ist aber nicht nach jeden Jägers Geschmack. Für Drückjagden scheiden sie aus, einmal wegen ihrer dazu meist ungeeigneten Platzierung, und weil sie kaum einen guten Schuss auf Wild in Bewegung zulassen.

▶ **Unten warm und oben beweglich**

Bei vielen jagdlichen Unternehmungen auf Schwarzwild gilt es, durch

Traditioneller Loden oder moderner Faserpelz? Geschmackssache. Hauptsache „oben warm und unten beweglich"

zweckmäßige Kleidung für die nötige und nachhaltige Körperwärme zu sorgen. Dabei muss immer das Prinzip gelten: Unten warm und oben beweglich. Ein frierender Jäger trifft verzögerte und schlechte Entscheidungen, ein unbeweglicher Jäger kann richtige Entscheidungen nicht schnell genug umsetzen.

Das Angebot an zweckmäßiger Kleidung ist heute so reichhaltig, dass auf eingehende Darstellung verzichtet werden kann. Hilfreich ist das „Zwiebelschalenprinzip": Mehrere übereinander getragene Kleiderschichten schützen besser vor Kälte als ein dickes Gewand. Als Unterwäsche empfiehlt sich die für Wintersportler aus Kunstfaser entwickelte, da sie die durch Schwitzen entstehende Körperfeuchtigkeit nach außen befördert. Die Kleidung des Schwarzwildjägers soll nicht nur wärmen, sondern zusätzlich möglichst lange vor Nässe schützen und geräuscharm sein. Hier kann man sich auf den guten alten Loden besinnen.

▸ **Zweckmäßigkeit vor „Design"**
Die äußere Gestaltung der Bekleidung darf nicht durch modischen Firlefanz den schnellen und hindernisfreien Anschlag verzögern, die Farbe ist – zumindest dem Wild – ganz egal. Hat man im Winter einen längeren Anmarsch zum Ansitz, sollte man dabei die Mehrzahl der Kleidung mit und nicht an sich tragen. Niemals friert man schneller und ausgiebiger, als wenn man verschwitzt auf dem Ansitz ankommt. Kombiniert man längere Pirschgänge in schwierigem Gelände mit Ansitzeinlagen, kann das Mitführen von Ersatzunterwäsche zweckmäßig sein. Auf die Checkliste für den Inhalt des Jägerruck-

sackes bei Drückjagden (Seite 98) wird verwiesen.

Besonders wichtig sind warme und trockene Füße – nichts wirkt negativer auf Verstand und Gemüt des Jägers als Eisbeine. Von beheizbaren Jagdstiefeln bis zu ausgetüftelten Obermaterialen und arktistauglichen Einsätzen für Jagdschuhe und Stiefel gibt es heute alles, was das Jägerherz begehrt. Hat man im Winter bei der Jagd einen Stand am Boden, empfiehlt sich das Mitführen einer kleinen Fußmatte, die die Bodenkälte zusätzlich von den Sohlen abhält.

Warme Hände und Finger sind für den guten Schuss unerlässlich. Handschuhe haben den Nachteil, dass sie den direkten Kontakt von Gewehr und Jägerhand verhindern. In Fingerhandschuhen mit Schießfingerschlitz ist mir öfters der wichtige rechte Zeigefinger so abgefroren, dass er zur entscheidenden Nutzung ausfiel. Strickhandschuhe, die nur noch den unteren Fingeransatz einhüllen, sind völlig aus der Mode, aber bis zu bestimmten Kältegraden ganz hervorragend, ebenso Pulswärmer. Der angenehmste Handwärmer – für mich unverzichtbar, wenn auch zur Zeit nicht „in" – ist der gute alte Muff: ein verkannter Wohltäter für den Jäger.

▸ **Kopfbedeckung und andere Wärmespender**
Die Kopfbedeckung des Schwarzwildjägers hängt davon ab, was ihm gefällt, und wie viel er bei der Jagd hören und sehen will. Der gute alte Jagdhut wird auf dem Wege über die „Schlägerkappe" just von der Baseballmütze abgelöst. Letztendlich muss der Einzelne entscheiden, was er am Kopf trägt und verträgt, und wie warm er diesen für gute

## Tipp

Bei Pirsch und Ansitz muss man immer wissen, „woher der Wild weht"! Der angefeuchtete Finger, in den Wind gehalten, ist ein altes Jägerrezept. Unschlagbar ist der Rauch der Tabakpfeife, der ich ewig nachtrauere. Zur Zeit ihres permanenten Einsatzes pflegte mein alter Haumeister und häufiger Pirschbegleiter zu sagen: „So lange mir der Qualm Ihrer Pfeife um den Kopf weht, weiß ich, wir sind richtig." Windanzeiger mit einer leichten Feder auf dem Hut mögen zwar zuverlässig arbeiten und dekorativ sein, hätten aber bei meinen Fortbewegungsgewohnheiten im Gelände eine sehr geringe Lebenserwartung. Kleine Kunststofffläschchen mit geruchlosem Puder oder Mehl funktionieren gut, Seifenblasen sind mir lieber. In der Tasche muss deren Behälter aber fest verschlossen sein, sollen sie dem Jäger nicht zu einem Erlebnis besonderer Art verhelfen ...

Entscheidungen halten muss. Sturmhauben sind bei Wind und Kälte für manche Jäger wichtiges Requisit, für andere eher hinderlich. Mir genügt für Extremfälle ein im Rucksack mitgeführter, von meiner Frau ausgemusterter Strickhut, der sich allerdings nur für einen Stand ohne Sichtverbindung zum Nachbarn eignet.

Zusätzlich zu Kleidung und Schuhen gibt es weitere Wärmehilfen in Form von Taschenöfen und chemisch wirkenden Heizbeuteln. Letztlich helfen auch wärmende Getränke, die allerdings nur ohne Alkoholzusatz ihre Wirkung in die gewünschte Richtung entwickeln.

► **Zielhilfe Pirschstock**

Bei der Pirsch ist ein Pirschstock ungemein hilfreich. Ob man ihn als einstöckige Zwille, als Bergstock ohne Gabel – und ohne Metallspitze –, als Teleskopgabel, als Drei- oder gar Vierbein führt, bleibt dem Geschick und der Gewohnheit des Jägers überlassen. Auf jeden Fall muss der Umgang mit dem Pirschstock trainiert werden, Trockenübungen sind zweckmäßig.

Im Wald bevorzuge ich den selbst gefertigten einbeinigen Stock aus Hasel oder Linde mit Gabel zum Einlegen des Gewehrs, nach ausreichender hängender Trocknung ist er federleicht. Wenn ich ihn irgendwo im Revier bei einer Pirschunterbrechung oder an einem Anschuss vergesse, ist das kein wirtschaftlicher, sondern höchstens ein ideeller Verlust.

# Nach der Erlegung

## Wildversorgung

Das Wildpret des Schwarzwildes ist ein gesundes und besonders wohlschmeckendes Nahrungsmittel. Seine fachgerechte Gewinnung erfordert die große Sorgfalt des Jägers, zumal das Schwarzwild infolge seiner dicken Schwarte, der zumindest zeitweise vorhandenen Weißschicht und besonderer physiologischer Prozesse im Körper eines einmagigen Tieres schneller verhitzt als anderes Schalenwild.

Eine große Bedeutung kommt dabei der genauen Beachtung der Fleischhygieneverordnung (FlHV) zu, die grundsätzlich eine amtliche Fleischuntersuchung vorschreibt und nur bei der Gewinnung von Wildpret eine Ausnahme macht, wenn das erlegte Wild keinerlei der Genusstauglichkeit entgegenstehenden Merkmale aufweist.

### ▶ Beurteilung vor dem Schuss

Vergleichbar der beim Schlachtvieh vorgeschriebenen Lebendbeschau beginnt der Prozess der ordnungsgemäßen Wildpretgewinnung beim Ansprechen des lebenden Wildes vor dem Schuss. Damit ist in diesem Falle nicht das Ansprechen nach Alter, Stärke- oder Güteklassen gemeint, sondern die Beobachtung des zu erlegenden Wildes zur Erkennung bedenklicher Merkmale, die

auf Krankheit oder Verletzung hindeuten. Diese Verpflichtung kann der Jäger bei den Rahmenbedingungen der Schwarzwildbejagung allerdings nicht immer erfüllen, da schlechtes Licht oder Sauen in schneller Bewegung die Lebendansprache im Sinne der FlHV erschweren oder gar unmöglich machen.

Bei ruhig stehendem Wild erkennt man jedoch mit einiger Routine an der Stellung der Läufe oder an der Körperhaltung schon häufig, ob ein Schaden infolge einer Verletzung vorliegt und daher besondere Aufmerksamkeit geboten ist. Sehr oft habe ich – auch bei schlechtem Licht – den Verdacht von Laufverletzungen schon bei unbeweglich im Gebräch stehenden einzelnen Sauen gehabt, die zunächst als Einzelstücke tabu waren. Bei der ersten behinderten Bewegung des Stückes ist dann sogleich der Schuss gefallen.

### ▶ Abgesonderte Frischlinge

Trifft man vom Hochsommer bis zum Winter einen einzelnen Frischling an, also eine Sau, die sich in diesem Altersstadium eigentlich in einer Familiengruppe aufhält, hat man es normalerweise mit einem kranken oder verletzten Tier zu tun. Man sollte unverzüglich schießen, zumal der Schuss auf einen Frischling in dieser Zeit des Jahres nie ein Fehler ist.

## Tipp

Nicht jeder einzeln gehende Frischling ist krank! Weibliche Frischlinge können zu Ende ihrer Frischlingszeit im Frühjahr, also kurz vor der Vollendung ihres ersten Lebensjahres, bei einem Gewicht ab etwa 30 kg durchaus selbst schon Frischlinge haben und dann auch allein erscheinen. Sie sind damit zur Aufzucht notwendige Elterntiere, also zu schonende Führungsbachen.
In den wenigen Tagen, während derer die Frischlinge im Wurfkessel bleiben, sind solche jungen Mütter besonders gefährdet, wenn sie zur Fraßaufnahme den Kessel vorübergehend verlassen. Deshalb muss man in der Zeit von Februar bis Juni einzeln gehende geringe Sauen besonders sorgfältig beobachten und ansprechen.

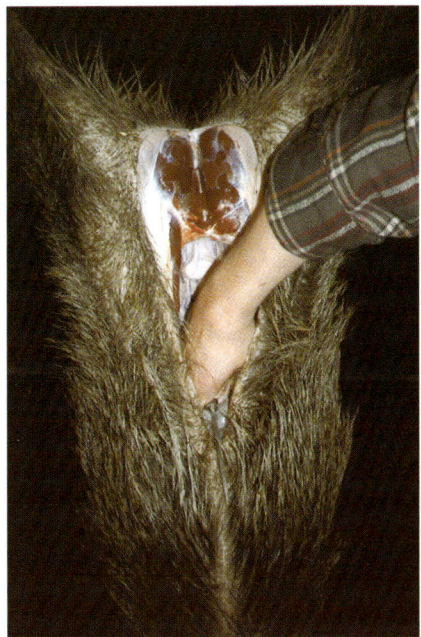

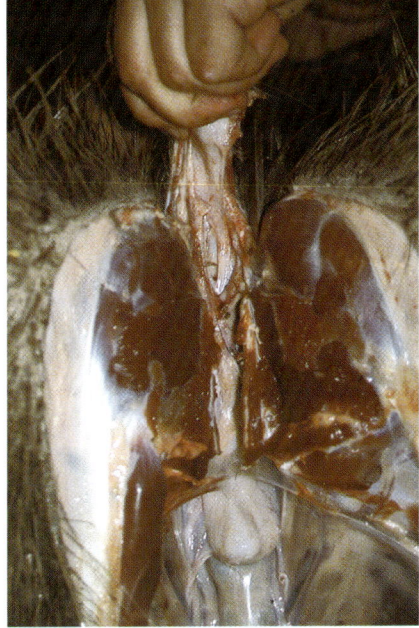

Die „Schlachtermethode" garantiert optimale Wildprethygiene: Die Sau wird an den Hinterläufen aufgehängt, die Bauchschwarte vorsichtig durchtrennt und die Beckennaht freigelegt. Nach dem Öffnen des Schlosses wird die Harnblase entfernt.

▶ **Aufbrechen**

Den größten Einfluss auf den späteren Zustand des Wildprets übt der Jäger mit dem eigentlichen Tötungsvorgang, dem Schuss auf die Sau, aus. Sitz und Wirkung der Kugel sind der größte Risikofaktor.

Eine ganz wichtige Phase ist das Aufbrechen des Schwarzwildes. Hier setze ich die normale deutsche Jägermethode des Aufbrechens als Jägerprüfungswissen voraus. In jedem Falle rangiert die Wildprethygiene vor jagdlichem Brauchtum. Inzwischen ist es weit verbreitete Gewohnheit, bei der herkömmlichen Methode zusätzlich auch den Brustkorb des Wildes zu öffnen. Das ist beim leicht verhitzenden Schwarzwild besonders sinnvoll.

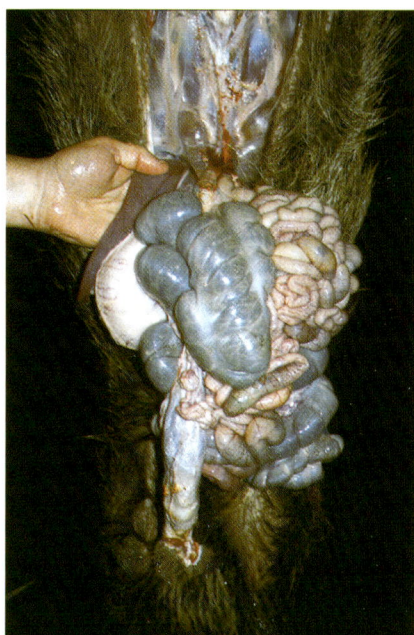

**Tipp**

Besonders bei schlechten Schüssen ist es vorteilhaft, den gesamten Aufbruch vom Drosselknopf oder der Zunge bis zum Weiddarm in einem Zuge herauszunehmen. Viele Verunreinigungen, vor allem der Bauchhöhle, sind so schon ausgeräumt. Die Brandadern sind ebenfalls draußen und müssen daher nicht mehr geöffnet werden. Ein Nachteil dieser Methode ist das gleichzeitige Abziehen der Fleischhaut, was ein unerwünschtes Austrocknen des Wildprets fördert.

Anschließend kann das Gescheide mitsamt Herz und Lunge nach vorn bzw. unten herausgezogen werden, ohne dass es die Keulen berührt und verunreinigt.
Aber Achtung: Vom Zwerchfell muss etwas für die Trichinenschau übrig bleiben.

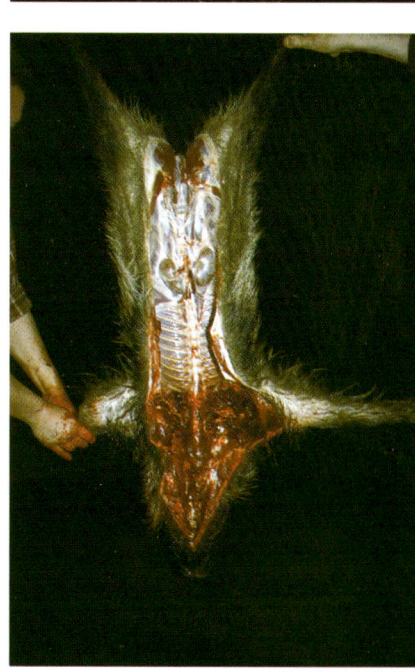

Man schärft das Zwerchfell an den Rippenbögen ab, wobei darauf zu achten ist, dass so viel Wildpret an der Zwerchfellbrücke verbleibt, dass der Trichinenuntersucher ausreichend große Proben entnehmen kann. Hat man bei geringen Sauen mit dem Nicker, bei stärkeren Stücken mit Säge oder Aufbrechzange den Brustkorb über die Buglinie geöffnet, schärft man in der Verlängerung des Brustkernschnitts nach vorne den Hals auf. Nun kann ein Schnitt so geführt werden, dass die Drossel samt Drosselknopf und Schlund abgelöst und mit dem gesamten Aufbruch nach hinten weggezogen wird, man kann allerdings auch bis in den Unterkieferwinkel durchschärfen, die Zunge auslösen und mit nach hinten heraus ziehen.

▶ **Nachreinigung**

Entgegen früherer Lehrmeinung ist – soweit erforderlich – eine Nachreinigung des Wildkörpers mit Wasser in Trinkwasserqualität angezeigt. Verwendet man Leitungswasser, sollte man keinen scharfen Schlauchstrahl benutzen. Für Aufbrechplätze empfiehlt sich die Anschaffung und Benutzung einer speziellen Fleischdusche. Ist die Sau durch Suhlen, Ziehen und Verenden in modrigem Gelände oder durch die Bergung äußerlich verschmutzt, spritzt man sie schon vor dem Aufbrechen sauber, damit dann dabei kein Schmutz in den Wildkörper gelangt. Bei der Nachreinigung darf kein Wasser im Wildkörper verbleiben, das hängende Wild muss abtropfen und trocknen können.

▶ **Zentrales Aufbrechen**

Wenn eben möglich, sollte das Aufbrechen sowohl bei der Einzeljagd als auch bei Gesellschaftsjagden an zentralen Aufbrechplätzen vorgenommen wer-

**Nach der Reinigung wird das Wild zum Abtropfen und Trocknen aufgehängt.**

den, die man hausgebunden, aber auch im Revier an geeigneten Stellen einrichten kann. Zentrales Aufbrechen ist natürlich nur möglich, wenn die Wildbergung sehr zügig erfolgen kann, was bei schwierigen Geländeverhältnissen ausscheidet. Die Bedingungen für einen Aufbrechplatz sind ein sauberer, glatter Untergrund, die Verfügbarkeit geeigneten Wassers, das man natürlich auch heranschaffen kann, die Möglichkeit das Wild zu hängen – am besten mit Hilfe eines Seilzugs –, eine gute Beleuchtung und eine problemlose Zufahrt. Hat man einen solchen Platz eingerichtet, lässt sich das Aufbrechen nach der auf Seiten 133 und 134 in Bildern dargestellten, für die Wildprethygiene besonders förderlichen Art bewerkstelligen, die man getrost die Schlachtermethode nennen kann, da sie bei der professionellen Schlachtung schon immer üblich war.

Bricht man an einem zentralen Aufbrechplatz nach der herkömmlichen Methode auf, ist es zweckdienlich, einen Aufbrechschragen zu verwenden. Man muss so nicht auf dem Boden arbeiten, kann den Aufbruch besser in Augenschein nehmen und ihn einschließlich des Schweißes leicht in einem Behälter auffangen.

Den Aufbruch einzelner Sauen verbringe ich an einen Luderplatz, der so gegattert ist, dass nur der Fuchs Zugang hat, oder ich vergrabe ihn. Der bei Gesellschaftsjagden anfallende Aufbruch wird grundsätzlich über eine Tierkörperbeseitigungsanstalt entsorgt.

Ist es erforderlich, Sauen im Revier in der Dunkelheit aufzubrechen, tut eine ausreichende Beleuchtung Not. Der Einzeljäger stattet sich für solche Fälle am besten mit einer Kopflampe aus.

▶ **Zentrales Aufbrechen ist besser**

Unabhängig von der Art des Aufbrechens erteilt die FlHV uns Jägern mehrere wichtige Aufträge. Zunächst einmal besteht die Verpflichtung, erlegtes Haarwild unverzüglich aufzubrechen, wobei diese Unverzüglichkeit nicht zeitlich exakt definiert ist. Hier gerät der Jäger leicht in eine Konfliktsituation. Will er das Schwarzwild aus hygienischen Gründen unter optimalen Bedingungen zentral aufbrechen, stellt sich sowohl bei der Einzeljagd als auch besonders bei der Gesellschaftsjagd die Frage, ob durch die Zeit, die zwischen der Erlegung und dem Aufbrechen zwangsläufig vergeht, die Forderung nach der Unverzüglichkeit des Aufbrechens noch erfüllt wird.

In der Praxis kann man das nicht zu eng fassen. Eine Sau, die erst zwei Stunden nach ihrer Erlegung in einer Wildkammer sauber aufgebrochen und versorgt wird, befindet sich anschließend sicher in keinem schlechteren Zustand, als wenn sie eine Stunde früher bei Nacht und Nebel irgendwo im Revier aufgebrochen worden wäre. Die Frage der Zeit ist eine Frage von Wetter und Temperatur.

Für Gesellschaftsjagden kann das Aufbrechen während des Treibens nicht zur Diskussion gestellt werden, da die Sicherheit von Menschen immer vor der Wildprethygiene rangieren muss. Es ist abzuwägen, ob man das Aufbrechen des Wildes nach Ende eines Treibens vom Schützen am Stand vornehmen oder nach einer weiteren Zeit des Bergens zentral und professionell erledigen lässt. Nach meiner Jagdleitererfahrung ist Letzteres unbedingt vorzuziehen: Das Nachbereiten schlecht aufgebrochener Stücke am Tage nach der Jagd gestaltet sich sehr schwierig und zeitraubend, mitunter ist der erwünschte Zustand der Wildkörper nachträglich auch bei bestem Bemühen nicht mehr herzustellen. Oft ist die Zeit, die bis zur Beendigung des Aufbrechens am Stand und auf dem zentralen Platz gleich, obwohl bei zentralem Aufbrechen die Bergungszeit darin enthalten ist. Jedenfalls habe ich nach Jagden mit zentralem Aufbrechen keine oder weniger Reklamationen wegen des Zustandes des veräußerten Wildes bekommen als nach individuellem Aufbrechen.

Letztendlich ist diese Frage nach den Bergemöglichkeiten des Reviers zu entscheiden. Wird aus technischen oder geländebedingten Gründen nur ein langes Tagestreiben gemacht, muss eine jagdfreie Aufbrechpause eingelegt werden.

▶ **Begutachtung des Wildprets**

Hat der Jäger schon vor dem Schuss auf ein abnormes Verhalten des Wildes und erkennbare Verletzungen zu achten, besteht seine wichtigste Aufgabe dann beim Aufbrechen des Wildes darin, Wildpret und Organe auf bedenkliche Merkmale zu begutachten, die eine weiter gehende Untersuchung, also eine amtliche Fleischbeschau, oder auch die Verwerfung des Wildprets nach sich ziehen können.

Hierzu zählen

• Geschwülste oder Abszesse
• Schwellungen, Vereiterungen und Entzündungen an Gelenken, Hoden und inneren Organen
• Fremde Inhalte in der Körperhöhle
• Verfärbungen und erhebliche Gasbildung

- Abmagerung und partieller Muskelschwund
- Verklebungen und Verwachsungen sowie andere sinnfällige Veränderungen außer der Schussverletzung. Beim Schwarzwild tritt oft Lungenwurmbefall auf. Er macht nicht in jedem Falle eine Fleischuntersuchung erforderlich, sondern erst bei umfangreichen Lungenveränderungen mit einhergehender Abmagerung der Sau.

Geruchsabweichungen beim rauschigen Keiler erfordern, wenn sie erheblich sind, eine amtliche Fleischuntersuchung und können zum Verwerfen des Wildprets führen. Nach eigener Erfahrung habe ich bisher mit der Vermarktung von Keilern in der Rauschzeit keine Probleme gehabt, wenn sie nach der Erlegung wirklich unverzüglich an Ort und Stelle aufgebrochen, anschließend von innen und außen ganz gründlich mit Wasser gereinigt und zunächst einige Stunden im Freien gelüftet wurden – noch besser ist unverzügliches Abschwarten (H. P. ALBERT, 2000., N. HAPP, 2000).

▶ **Zuständige Untersuchungsstellen**

Die Anmeldung zur amtlichen Fleischuntersuchung nach Feststellung bedenklicher Merkmale kann ebenso wie die Anmeldung zur Trichinenschau bei der für den Erlegungs- als auch für den Wohnort zuständigen Veterinärbehörde des über das entsprechende Stück Verfügungsberechtigten oder bei deren Beauftragten erfolgen. Sie muss so rechtzeitig geschehen, dass der Untersucher alle notwendigen Feststellungen am frischen Wild vornehmen kann. Der vollständige Aufbruch ist zur Untersuchung bereitzuhalten.

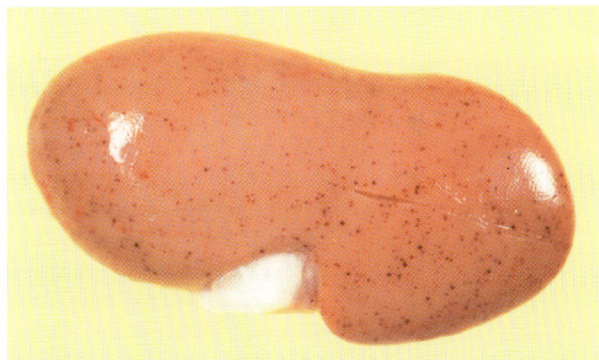

▶ **Schweinepest**

Ganz wichtig ist es, die Merkmale des Befalls von Schwarzwild mit der Europäischen Schweinepest (ESP) zu erkennen, wie sie obenstehend abgebildet sind. Die ESP ist eine Viruserkrankung, bei der sowohl der offensichtliche Befall einer Sau als auch schon der Befallsverdacht der zuständigen Veterinärbehörde anzuzeigen sind.

▶ **Trichinenschau**

Erlegtes Schwarzwild ist nach den Bestimmungen des Fleischhygienegesetzes (FlHG) auf Trichinellen zu untersuchen. Zunächst ist der Revierin-

**Schweinepest-Symptome: Blutpunkte (Petechien) auf der Niere (o.) und „Randinfarkte" an der Milz**

haber verpflichtet, das Wild zur Trichinenuntersuchung anzumelden. Er kann aber bei der Veräußerung des Schwarzwildes diese Verpflichtung ausdrücklich an einen Erwerber, wenn dieser selbst jagdausübungsberechtigt ist, oder an einen fleischbe- oder -verarbeitenden Betrieb übertragen. Bei größeren Drückjagdstrecken empfiehlt es sich in jedem Falle, die Trichinenschau für alle an private Erwerber veräußerte Sauen revierseitig vornehmen zu lassen, damit Verwechslungen und Unterlassungen ausgeschlossen werden. Der Untersucher nimmt Proben aus den Zwerchfellpfeilern und aus der Vorderlaufmuskulatur der unzerwirkten Sau. Erst nach negativem Befund darf das Stück Wild dann weiter verarbeitet werden.

► **Kühlung**

Eine weitere Vorschrift der Fleischhygieneverordnung besagt, dass erlegtes Schalenwild nach der Erlegung alsbald auf eine Körperinnentemperatur von 7°C zu bringen ist. Das ist in aller Regel nur über Kühlvorrichtungen möglich, die mancherorts als Gemeinschaftsanlagen verschiedener Reviere betrieben werden.

Auch für die Kühlung ist keine feste Zeit vorgegeben. Ich selbst lasse Sauen, die ich spät abends oder nachts erlege, und die nach dem Aufbrechen noch körperwarm sind, bei Außentemperaturen von nicht wesentlich über 10° C für den Rest der Nacht üblicherweise im Freien hängen, wenn es nicht friert. Dann werden sie am nächsten Morgen zeitig in die auf 2–3° C vorgekühlte Kühlkammer verbracht.

Die Fleischreife entwickelt sich optimal, und die so gekühlten Sauen können mehrere Tage, sollten allerdings nicht über eine Woche in der Kühlzelle verbleiben.

► **Wildbergung**

Die Bergung des Schwarzwildes richtet sich nach der Beschaffenheit des Geländes. Ist der Erlegungsort mit einem Fahrzeug zu erreichen, macht die Bergung die wenigsten Probleme. Die meisten Sauen werden bis zum Fahrzeug gezogen. Wichtig ist dabei, dass der Vorderteil des Kopfes so angehoben wird, dass er sich nicht an Wurzeln oder Bodenbewuchs verhakt. Hat man einen Keiler erlegt, empfiehlt es sich, ihm einen Waffenschoner anzulegen, damit bei Bergung und Transport die Keilerwaffen nicht beschädigt werden.

Kann man den Wildkörper nicht ziehen, mag man sich der alten Methode besinnen, die Läufe zu hessen und die Sau je nach Gewicht mit zwei oder vier Personen an einer in Längsrichtung durch die gehessten Läufe gesteckten stabilen Stange auf der Schulter zu tragen. Beim Fahrzeugtransport sollten die Sauen luftig und nicht übereinander gelagert werden. Offene Transportständer sind zweckmäßig, allerdings in Revieren mit starkem Besucherverkehr nur bedingt einsetzbar.

## Tipp

Wild wird grundsätzlich besser in offenen Hängern als im Kofferraum transportiert! Im Kofferraum eines geparkten PKW können bei Sonneneinstrahlung Temperaturen um die 70° C entstehen – insbesondere Schwarzwild verhitzt hier in allerkürzester Zeit!

**Nützliche Bergehilfe: Die Bergezange nach W. Schneider**

▸ **Abgabe des Wildprets**

Der über das erlegte Schwarzwild verfügungsberechtigte Eigenjagdbesitzer oder Jagdpächter darf nach der Ausnahmeregelung der FlHV dieses in einwandfreiem Zustand in der Schwarte unmittelbar an Verbraucher oder an nahe gelegene fleischbe- oder -verarbeitende Betriebe zur Abgabe an Verbraucher oder zum Verzehr an Ort und Stelle (Gaststätten) und kleine Mengen von frischem Schwarzwildfleisch an einzelne natürliche Personen zu deren eigenem Verbrauch abgeben. Das bedeutet, dass auch der Portionierung von Sauen und der Abgabe von Einzelstücken an Privatpersonen nichts im Wege steht, wenn alle Bedingungen der FlHV bei der Wildpretgewinnung erfüllt sind. Diese Möglichkeit der Wertsteigerung bei der Vermarktung unseres hervorragenden Produktes Wildpret sollte der Schwarzwildjäger viel mehr als bisher üblich nutzen und durch eine gezielte gute Öffentlichkeitsarbeit den Mitbürgern nahe bringen.

## Altersbestimmung

Die Altersbestimmung einer erlegten Sau der Jugendklasse, also des Frischlings oder Überläufers, ist recht einfach, da uns der Zustand der Zahnentwicklung und des Wechsels vom Milchgebiss zum Dauergebiss eine recht genaue Alterszuordnung erlaubt. In diesem Zusammenhang gewinnt die Klassifizierung der Jugendklasse nach dem tatsächlichen Lebensalter und nicht nach einem willkürlichen jagdgesetzlichen Termin eine besondere Bedeutung.

**Sollen die Keilerwaffen beim Transport unbeschädigt bleiben, empfiehlt sich so ein Waffenschoner.**

Das durchgewechselte Gebiss des Schwarzwildes umfasst 44 Zähne – also mehr als das des Hundes.

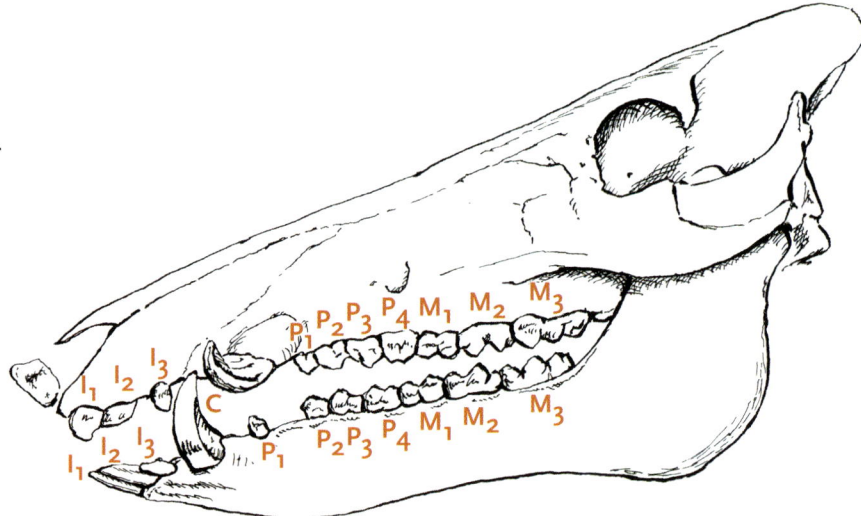

### ▶ Frischlinge und Überläufer

Das Schwarzwild bildet alle *Schneidezähne* und die acht *Prämolaren* im Ober- und Unterkiefer zunächst als Milchzähne aus, die drei *Molaren* erscheinen als Dauerzähne. Nach C. STUBBE (2001) verlaufen Zahnentwicklung und Zahnwechsel auch in ein- und derselben Population innerhalb einer gewissen Variationsbreite, die durch verschiedene Geburtstermine, unterschiedliches Wachstum, Krankheiten und genetische Einflüsse bestimmt wird.

Für die Jagdpraxis sind in der Jugendklasse zwei Zeitpunkte von Bedeutung. Das ist zunächst einmal der Übergang vom ersten in das zweite Lebensjahr, da in einigen Bundesländern nur die tatsächlich noch nicht einjährigen Stücke ganzjährig bejagt werden dürfen. Dann ist der Übergang vom zweiten in das dritte Lebensjahr, also der Wechsel von der Klasse der Überläufer in die der groben Sau besonders wichtig, da Sauen vom dritten Lebensjahr an nach dem BJagdG vom 1. Februar bis zum 16. Juni Schonzeit haben. Auch hier ist nur das biologische Alter maßgeblich.

Der Zustand des Gebisses im Übergang vom Frischlings- in das Überläuferalter und vom Überläufer- in das Alter der groben Sau ist auf der Seite gegenüber dargestellt.

In der Revierpraxis genügt in aller Regel für eine grobe Zuordnung eine Begutachtung der Schneidezähne im Unterkiefer. Im Alter von 12 bis 13 Monaten sind nur die beiden äußeren Schneidezähne schon gewechselt, die übrigen sind noch als stiftförmige Milchzähne vorhanden. Im Alter von 24 Monaten sind alle sechs Schneidezähne gewechselt, weisen aber noch keine Abnutzungsspuren auf. Bei vollständig durchgewechselten Schneidezähnen haben wir es also mit einer groben Sau zu tun, jedoch mit der Einschränkung, dass der Schneidezahnwechsel auch schon mit 22 Monaten abgeschlossen sein kann.

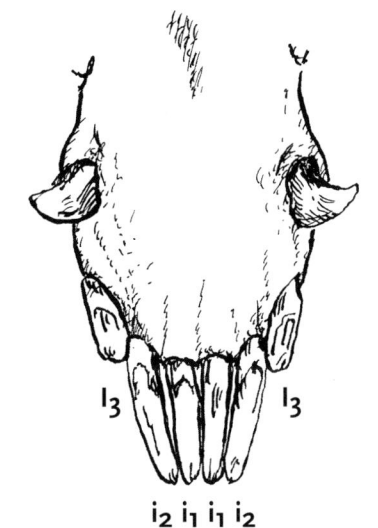

$i_2$ $i_1$ $i_1$ $i_2$

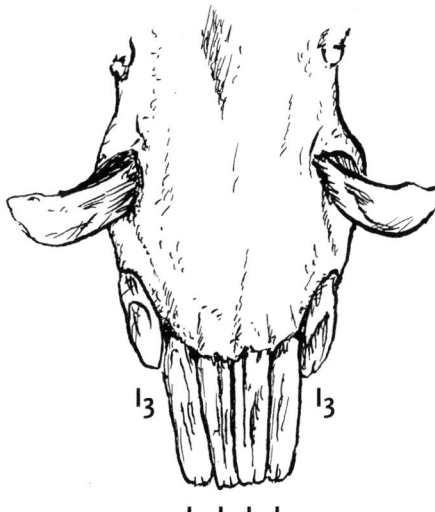

$l_2$ $l_1$ $l_1$ $l_2$

**Wichtige Altersstadien:** Mit gut einem Jahr sind im Unterkiefer erst die beiden äußeren Schneidezähne gewechselt, die vier inneren sind noch Milchzähne. Mit 22–24 Monaten vollständig durchgewechselt, sind die vier inneren Schneidezähne gleich hoch und ohne Abnutzungsspuren.

▶ **Der Abschliff beim Keiler**

Schwieriger wird die Altersbestimmung bei groben Sauen. Die früher oft zitierte Regel, beim Gewehr des Keilers stehe ein Zentimeter Abschliff für ein Lebensjahr, ist völlig unbrauchbar. Die Stellung von Gewehren und Haderern zueinander ist von Keiler zu Keiler unterschiedlich und von großer Bedeutung für den Gewehrabschliff. Bricht ein Haderer ab, wächst das gegenschleifende Gewehr ungehindert weiter, mitunter bis zur Wurfmitte. Bricht ein Gewehr ab, setzt erst dann der Abschliff wieder ein, wenn das nachwachsende Gewehr den inzwischen längeren Haderer wieder erreicht hat. Dabei ist die Geschwindigkeit des Längenwachstums der Eckzähne nicht bekannt. Untersuchungen wären dazu am lebenden Keiler notwendig und sind nicht möglich. Als sicher darf gelten, dass ein Keiler mit fünf, sechs oder mehr Zentimetern Gewehrabschliff nicht mehr ganz jung sein kann. Bei mehreren markierten Keilern von viereinhalb bis vierdreiviertel Jahren habe ich bei unbeschädigten Gewehren Abschlifflängen zwischen 5 und 6,2 cm gemessen, ein Keiler mit drei Jahren und vier Monaten hatte Abschliffe von 4,8 und 5 cm.

▶ **Die Brandt'sche Formzahl**

Ein häufig verwendetes Verfahren der Altersschätzung ist die Formzahlmethode nach Brandt. Es beruht auf der Annahme, dass ein Keiler mit acht Jahren bei dann voll ausgewachsenem Unterkiefer das Breitenwachstum der Gewehre beendet hat und die Basisbreite dann sehr bald an der Schleifecke ankommt. Zur Ermittlung der Formzahl misst man, wie auf der Seite 142 darge-

## BRANDT'sche Formzahlen zur Altersbestimmung an Keilern

| Alter | Formzahl |
|-------|----------|
| Überläufer | 1,8 |
| 2–4-jährig | 1,50–1,21 |
| 5–7-jährig | 1,20–1,05 |
| 8-jährig und älter | ≤ 1,04 |

stellt, die Zahnbreite einen Zentimeter von der Basis und an der Schleifecke, dividiert die beiden Zahlen und erhält eine Formzahl und darüber das Alter des Keilers.

L. Briedermann (1990) führt dazu aufgrund verschiedener Untersuchungen aus, dass bei der Formzahlmethode nach Brandt das Alter der Keiler oft beträchtlich überschätzt wird. Das kann ich nach eigenen Feststellungen an mehreren markierten Keilern bestätigen. Ein im Dezember 2001 gestreckter Keiler hatte bei einem Alter von vier Jahren und acht Monaten an beiden Gewehren die Formzahl von 1,00, hätte also erheblich über acht Jahre alt gewesen sein müssen. Ein im Januar 1998 erlegter Keiler wies an einem Gewehr die Formzahl von 1,12 auf, das andere Gewehr war abgebrochen. Er fiel also nach der Brandt'schen Formel in das Alter 5–7 Jahre, in Wirklichkeit war er nach Markierung zwei Jahre und zehn Monate alt.

L. Briedermann (1990) schreibt, dass Keiler mit der Gewehrformzahl von mehr als 1,01 mit großer Wahrscheinlichkeit jünger als fünf Jahre sind, also das jagdbare Alter nicht oder nur knapp erreicht haben. Keiler, deren Gewehrformzahl 1,00 beträgt, hält er unabhängig von ihrem tatsächlichen Alter für reif, da das Breitenwachstum der Gewehre abgeschlossen ist. Unter diesem Aspekt hat die Formzahlermittlung eine jagdpraktische Bedeutung.

▶ **Zementzonenverfahren**

Der Zahn des Wildschweins wird wie der von Wiederkäuern im Wurzelbereich von Zahnzement umhüllt, dessen Dicke mit dem Lebensalter beträchtlich zunimmt. Im Zahnzement lässt sich oft eine Zonierung von helleren und dunkleren Schichten beobachten. Unter der Annahme, dass in jedem Jahr eine Zone gebildet wird, lässt sich deren Ermittlung zur Altersbestimmung heranziehen. Man schneidet dazu in der Regel den vierten Prämolar (P 4) der Länge nach auf, poliert die Schnittfläche, färbt sie ein und betrachtet sie im Wurzelbereich unter dem Mikroskop. Dabei ist nur bei manchen Stücken die Zonierung gut erkennbar. So bezeichnete E. Ueckermann (mündl.) die Zonenbildung bei einer von mir erlegten, einzeln gehenden alten Bache als besonders gut erkennbar. Acht Zonen waren auszumachen. Nach verschiedenen Merkmalen – leider nicht durch Markierung nachweisbar – hielt ich diese Bache allerdings für eine wesentlixh ältere ausgemusterte Leitbache, die ich in dieser Funktion zehn Jahre gut kannte und bei ihrer Amtsübernahme als bereits vierjährig schätzte.

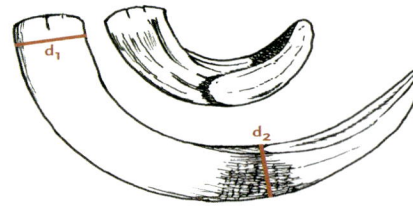

**Die Altersbestimmung an den Gewehren nach Brandt: d1 / d2 = Formzahl**

► **Nomogrammmethode nach C. STUBBE**

Eine besondere Bedeutung wird in Zukunft einer von C. STUBBE (1994) entwickelten Altersbestimmung nach Nomogrammen zukommen. STUBBE hat die Beziehung der Unterkieferbreite zur Zahnhöhe von P 4 und M 2 sowie zur Breite der Eckzahnalveole (Austrittsöffnung des Gewehrs aus dem Unterkiefer) in Nomogrammen (Grafische Darstellungen funktionaler Zusammenhänge) dargestellt. In den Nomogrammen werden die Schnittpunkte der jeweils gemessenen Merkmalswerte gesucht und mit einer Altersachse verbunden. Die Untersuchungen beruhen auf Messungen an Schädeln altersbekannter Sauen, reichen allerdings bei den Keilern bisher nur bis zum Alter von knapp vier Jahren. Bei nur 2–6 % der untersuchten und erfassten Schädel gab es geringe Abweichungen um etwa ein Jahr.

► **Backenzahnabnutzung**

Gute Anhaltspunkte zur Altersansprache der erlegten Sau lassen sich aus der Betrachtung der Backenzahnabnutzung gewinnen, ähnlich wie bei den übrigen Schalenwildarten. Dabei muss sich beim Schwarzwild die Bodenart noch stärker auswirken als bei den anderen Schalenwildarten die Äsungsbeschaffenheit. Sauen kauen bei der Fraßaufnahme aus dem aufgebrochenen Boden immer Erde und Gesteinsgrus mit durch, wobei die Zähne je nach Standort unterschiedlich stark beansprucht werden. So habe ich Abschliffunterschiede bei den Unterkiefern von Sauen aus dem von mir betreuten Forstrevier im Kottenforst ohne jegliches Gestein im Oberboden zu denen von Schwarzwild eines Re-

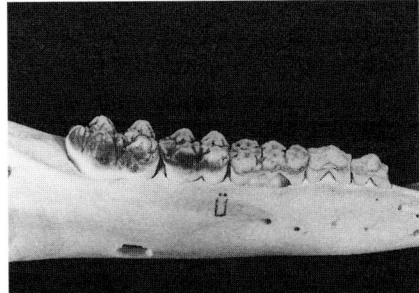

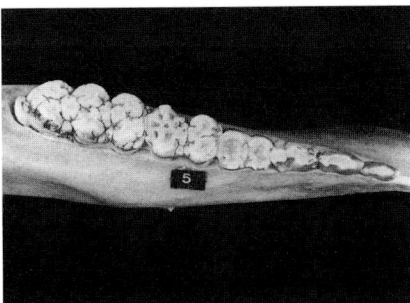

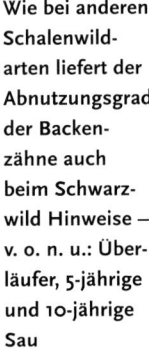

Wie bei anderen Schalenwildarten liefert der Abnutzungsgrad der Backenzähne auch beim Schwarzwild Hinweise – v. o. n. u.: Überläufer, 5-jährige und 10-jährige Sau

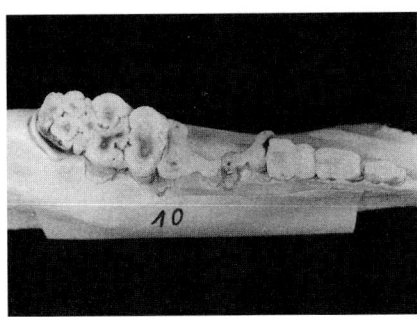

viers im französischen Zentralmassiv mit losem Geröll von Gneis und Glimmerschiefer festgestellt, die signifikant waren. Die obenstehenden Fotos von Schwarzwildunterkiefern können bei Berücksichtigung solcher revierstandörtlicher Besonderheiten in Verbindung mit anderen erwähnten Methoden zur Altersschätzung bei erlegten Sauen sehr dienlich sein.

## Trophäenbehandlung

Der Jäger, der einen Keiler erlegt hat, möchte dessen Gewaff gut präpariert als Erinnerungsstück an seiner Wand sehen. Weitaus üblicher als die Präparation des gesamten Hauptes ist das Aufsetzen der Keilerwaffen auf einem Brett.

### ▶ Keilerwaffen wässern und kochen

Will man die Keilerwaffen auf ein Brettchen aufsetzen oder in einer anderen Fassung an die Wand bringen, löst man zunächst den gesamten Unterkiefer vom Keilerhaupt, damit dieser auch für die Altersbestimmung zur Verfügung steht. Am abgeschwarteten Oberkiefer ist leicht zu erkennen, wo die Wurzeln der Haderer enden. Dahinter kann man den Oberkiefer abtrennen.

Nach einigen Stunden Wässerns werden beide Kieferteile mit kaltem Wasser aufgesetzt und so lange gekocht, bis man mit den Fingern das Wildpret lösen kann. Dem Wasser dürfen keine chemischen Stoffe, Spül- oder Bleichmittel bei-

### Tipp

Soll das gesamte Keilerhaupt präpariert werden, muss ein großer Teil der Schwarte des Vorschlags am Haupt verbleiben. Das spricht man am besten genau mit dem Präparator ab – noch sicherer ist es, jenen diese Arbeit selbst tun zu lassen, denn die Gefahr des Verschneidens ist groß. Bei der Hauptpräparation bleiben entweder die Originalwaffen im Präparat, oder es erhält Nachbildungen, sodass der Jäger zusätzlich die Originalwaffen als Trophäe präparieren kann.

gegeben werden, da sonst die Farbe an den Schleifecken der Gewehre verblasst oder gar verschwindet. Die Gewehre ähneln dann denen von Fallwildkeilern, die lange draußen gelegen haben. Nach dem Kochen schreckt man die Kiefer nicht ab, sondern lässt sie langsam abkühlen.

### ▶ Auslösen von Gewehren und Haderern

Allenthalben liest man bei Anweisungen für die Trophäenpräparation, dass man nach dem Kochen den Unterkiefer solange von hinten her absägt, bis man an die Wurzeln der Gewehre kommt und letztere dann nach hinten herausziehen kann. Bei Keilern ab Alter vier ist das aber völlig unnötig. Man kann die Gewehre nach Garkochen des Unterkiefers und vorsichtigem Lockern mit einem Schraubenzieher und etwas Geduld an der Zahnalveole – der Austrittsstelle aus dem Kiefer – nach vorne herausziehen. Dabei empfiehlt es sich dringend, einen Arbeitshandschuh zu tragen, da man sich an den scharfen Schleifkanten der Gewehre sonst leicht verletzt.

Noch leichter ist das Herauslösen der Haderer. Ist der Keiler jünger als vier Jahre, bevorzuge ich beim Herauslösen der Gewehre den Gebrauch einer großen, scharfen Kneifzange. Mit dieser breche ich an der Außenseite des Unterkiefers, vorne an der Eckzahnalveole beginnend, seitlich stückweise etwas Knochenmasse ab und helfe immer wieder mit einem Schraubenzieher nach, bis das Gewehr frei liegt und nach der Seite herausgenommen werden kann.

Nach dem Auslösen der Waffen entfernt man das Zahnmark, reinigt sie mit

Wasser, etwas Seife und einer Fingerna-gelbürste, wickelt sie in ein Tuch oder Krepppapier und lässt sie langsam an einem neutralen Ort, also nicht in der Nähe der Heizung, trocknen.

▶ **Ausgießen**

Zum Ausgießen steckt man alle vier Zähne in eine Sandbüchse und gießt sie mit Tischlerleim, den man auch mit Sä-gemehl mischen kann, mit Zweikom-ponentenkleber oder speziell entwickel-tem Keilerzahnkleber peu à peu aus.

Völlig ungeeignet ist Wachs, da es an den Innenwänden der Zähne nicht fest bindet, und diese später reißen.

▶ **Befestigung auf dem Brett**

Vor dem Aushärten des Füllmittels verbindet man sowohl die beiden Ge-wehre als auch beide Haderer mit einem Streifen Metalllochband. Ist die Füllung hart, wird das Band mit einer Kombi-zange oder in einem kleinen Schraub-stock so gekröpft werden, dass es in der Mitte zwischen den beiden Zähnen mit einer Schraube glatt auf dem Brettchen so befestigt werden kann, dass die Zähne flach aufliegen.

Ebenso kann man Holzstückchen so schnitzen, dass man damit die Zähne verbinden und das Gewehr- und Hade-rerpaar mit je einer Schraube durch das Holz auf das Brettchen aufschrauben kann. U. VOGEL (1999) empfiehlt, je Ge-wehr und Haderer zwei stabile Drahtstü-cke einzuleimen, deren Enden man dann durch Bohrlöcher im Trophäenbrettchen nach hinten führt und dort arretiert.

Vielfach werden die Gehörnbrettchen von hinten durchbohrt, das Gewaff wird angebohrt und von der Rückseite des Brettchens her festgeschraubt.

Will man die Trophäe zur ersten Punktierung vorlegen, lässt man sie am besten vornehmen, wenn die Zähne zwar ausgeleimt, keinesfalls aber schon aufgesetzt oder gefasst sind.

*In Sand stabili-siert, können die Keilerwaffen ver-füllt werden. Füllmittel auf Epoxiharz-Basis sind ideal.*

**Tipp**

Wer seine Keilerwaffen bewerten lassen will, sollte sie auf keinen Fall auf das Brett kleben! Ein so befestigtes Gewaff lässt sich für eine spätere Bewertung nicht mehr oder nur unter der großen Gefahr von Beschädigungen abnehmen. Die meisten Bewertungskommissionen lehnen überdies die Bewertung aufge-klebter Keilerwaffen ohnehin ab.

### ▸ Abdeckung und Fassung

Zur Abdeckung der Wurzelenden von Gewehren und Haderern werden meist metallene Eichenblätter unterschiedlicher Machart verwendet. Eine hübsche, weil bescheidene Alternative ist auch die Abdeckung der Wurzelenden mit grünem Filz oder Leder.

Neben der Arretierung auf Holzbrettchen oder andere Tafeln kann man das Gewaff auch fassen lassen – zum Beispiel in Silber –, und die Zähne hängend an der Wand befestigen. Auch handgeschmiedete, passgerechte Eisenhalter habe ich schon gesehen. So sind der Phantasie, dem Geschmack und dem Aufwand des Keilererlegers keine Grenzen gesetzt.

### ▸ Bachenhaken

Wer es mag, kann auch Bachenhaken als Trophäe aufsetzen. Die Bearbeitung erfolgt wie die der Keilerwaffen. Da Bachenhaken immer von der Zahnalveole nach hinten spitz zulaufen, lassen sie sich nach Abkochen der Kiefer stets nach vorne herausziehen. Ein Ausgie-

ßen entfällt meist, da die Zahnwurzel – zumindest bei alten Bachen – an ihrer Basis geschlossen oder fast geschlossen ist, und Bachenhaken außerdem kaum einen Hohlraum aufweisen.

### ▸ Saubart und Schwarte

Eine weiteres Erinnerungszeichen an starke Sauen ist der Saubart aus den Rückenfedern. Mit etwas Geschick und Geduld kann man ihn selbst gewinnen und binden. Auch präparierte Saupürzel habe ich schon als dekorativen Hutschmuck gesehen.

Die Winterschwarte des Keilers, aber auch andere Schwarten können Schmuckstücke der Jägerwohnung sein. Wen man mit der Gerbung beauftragt, sollte man weniger nach dem Preis als nach dem Renommée und der Arbeitsqualität des Präparators entscheiden. Kann man die Schwarte nicht frisch abliefern, ist sie mit der Hautseite nach oben an kühlem Ort glatt zu spannen und ausreichend zu salzen, vor allem an den Rändern und im Wurf- und Tellerbereich.

**Je älter die Bache, desto geschlossener die Wurzelenden der Haken (v. l. n. r.: jung – mittelalt – alt)**

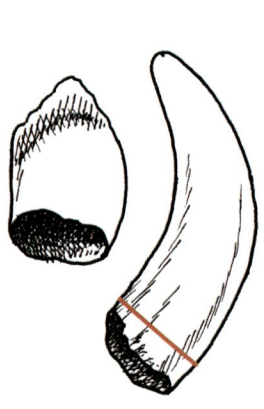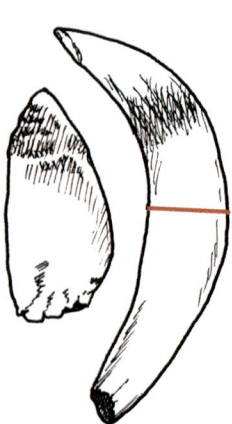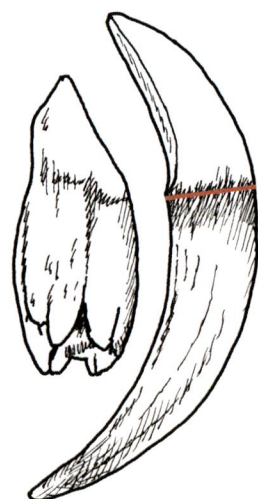

# Schwarzwildschäden

## Die Rechtslage

Die Aufnahme von Fraß und Äsung ist bei allen Wildarten eine natürliche Lebensäußerung und wird erst zu einem Schaden, wenn existenzielle oder wirtschaftliche Belange des Menschen tangiert werden. Der Wildschaden, den das Schwarzwild im Felde anrichtet, ist so alt wie der Ackerbau.

▶ **Schwarzwildschäden – so alt wie die menschliche Landnutzung**

Schon vor 2.000 Jahren schreibt der römische Dichter Ovid über den berüchtigten Keiler von Kalydonien u.a. Folgendes: *„Bald im Kraute zerwühlt er das jugendlich grünende Saatfeld, bald die reifenden Ähren, die Hoffnung des emsigen Landmannes, weidet gierig er ab und zerstöret die künftige Ernte."* (L. HECK, G. RASCHKE, 1985).

Das Wildschwein ist dasjenige frei lebende Landtier, das auch heute noch dem landnutzenden Menschen den größten wirtschaftlichen Schaden zufügt. Davon ist in erster Linie der Landwirt betroffen. Er wird um die Früchte seiner Arbeit gebracht, die er gerne in Stall und Scheuer sehen möchte – auch wenn ihm der entstandene Wildschaden ersetzt wird. Zum zweiten trifft es den Jäger, wenn er als Jagdpächter die zu-

nächst der Jagdgenossenschaft per Gesetz aufgegebene Wildschadenerstattung übernehmen muss oder als selbst wirtschaftender Eigenjagdbesitzer Ernteausfälle hat.

▶ **Schadensarten**

Wir unterscheiden bei den Schäden durch das Schwarzwild Waldwildschäden und Feldwildschäden. Manchen Jäger wird es erstaunen, dass im Zusammenhang mit den Sauen auch von Waldwildschäden die Rede ist, da gemeinhin die Aktivitäten dieses Wildes im Walde als eher segensreich angesehen werden.

Eine besondere Art von Schwarzwildschäden, die nicht Wildschäden im jagdrechtlichen Sinne sind, entsteht durch

*Wo die Lebensräume von Mensch und Sau eng verzahnt sind, bleiben Probleme nicht aus.*

## Tipp

Die Pflicht zur Hege des Wildes und zur Vermeidung von Wildschäden ist ausdrücklich an das Jagdrecht gebunden, wie aus dem Bundesjagdgesetz klar hervorgeht!

Bei der Beschäftigung mit Wildschäden ist es sinnvoll und außerdem recht nützlich, sich den Wortlaut des § 1 (2) BJagdG ab und zu ins Gedächtnis zu rufen, der zum Inhalt des Jagdrechtes u.a. ausführt:

„Die Hege muss so durchgeführt werden, dass Beeinträchtigungen einer ordnungsgemäßen land-, forst- und fischereiwirtschaftlichen Nutzung, insbesondere Wildschäden, möglichst vermieden werden."

Hege und Schadensabwehr obliegen somit den Jagdgenossen und den Jagdausübungsberechtigten gleichermaßen.

das Eindringen von Sauen in Hausgärten, Parks und Grünanlagen.

Gerade dort, wo die Siedlungsflächen unmittelbar an den Wald grenzen, und Teile von großen Gärten und Obstanlagen zwischen Häusern und Wald mitunter brach liegen, fühlen sich die Sauen oft sicherer als im siedlungsnahen, sehr beunruhigten Wald. Dringen sie dann in gepflegte Gartenanlagen ein, wird es unangenehm.

Eine besonders böser Schaden tritt in manchen Weinbaugebieten ein, wo die Sauen in die Weinberge eindringen und – meist kurz vor der Lese – erhebliche Schäden an den Stöcken durch das Herunterreißen der Trauben und Reben anrichten. Viele Weinberge liegen in steilen Hanglagen und grenzen oft an unzu-

gängliche und verdornte Gebüschpartien und aufgelassene Rebanbauflächen, also an beliebte Einstände des Schwarzwildes, wo man ihm nur sehr schwer beikommen kann.

▸ **Schadensersatz in Sonderkulturen nur bei Schutzvorrichtungen**

Zum vorgeschilderten Schadensgeschehen in Gärten und Weinbergen heißt es in § 32 BJagdG:

*„Der Wildschaden, der an Weinbergen, Gärten, Obstgärten, Baumschulen, Alleen, einzelstehenden Bäumen, Forstkulturen, die durch Einbringen anderer als im Jagdbezirk vorkommenden Hauptholzarten einer erhöhten Gefährdung ausgesetzt sind, oder Freilandpflanzungen von Garten- oder hochwertigen Handelsgewächsen entsteht, wird, soweit die Länder nicht anders bestimmen, nicht ersetzt, wenn die Herstellung von üblichen Schutzvorrichtungen unterblieben ist, die unter gewöhnlichen Umständen zur Abwendung des Schadens ausreichen. Die Länder können bestimmen, welche Schutzvorrichtungen als üblich anzusehen sind."*

Als Anhalt für eine übliche Schutzvorrichtung gegen Schwarzwild mag die Bestimmung der Durchführungsverordnung zum Landesjagdgesetz Nordrhein-Westfalen vom 8.2.1985 dienen, nach der ein wilddichter Zaun 1,20 m hoch sein und 0,30 m in die Erde reichen muss.

## Schäden im Wald

Die Aufnahme von Saateicheln und -bucheckern in anerkannten Beständen kann dem Waldbesitzer erhebliche finanzielle Einbußen bescheren. Wenn

## Sauen statt Gartenzwerge

**Eine alte Dame** mit einem großen parkähnlichen Garten am Rande von Bonn rief mich wiederholt an und klagte darüber, dass die Sauen ihr immerzu den mühsam wieder instand gesetzten Rasen umbrächen. Dann hatte ich lange nichts mehr von ihr gehört, bis sie mich eines Tages im Winter wieder anrief, um mir zu sagen, sie habe sich an die Verwüstungen inzwischen gewöhnt, nun aber könne sie wegen des Schwarzwildgeschreis unter ihrem Fenster nachts nicht mehr schlafen. Rauschzeit unter dem Schlafzimmerfenster!

Mit solchen „Hausbesuchen" machen sich die Sauen unbeliebt.

**Ein Bürger rief** beim Forstamt Bonn an und berichtete, dass in der hinteren Ecke seines Garten plötzlich ein Reisighaufen explodiert sei, als er in dessen Nähe kam. Ein großes Wildschwein wäre wütend auf ihn losgestürmt, bevor es dann doch widerwillig in Richtung Wald verschwunden sei. Ein Wurfkessel im Hausgarten ist nicht unbedingt eine Bereicherung deutscher Gartenidylle, zeigt uns aber wieder einmal mehr die unglaubliche Anpassungsfähigkeit unseres Schwarzwildes. **Hängen solche Vorfälle** mit dauernder Beunruhigung der Sauen in ihren normalen Einständen zusammen, ist man ziemlich machtlos, sind sie aber die Auswirkung eines überhöhten Bestandes, herrscht dringender Handlungsbedarf.

auch ein Teil des Preises anerkannten forstlichen Vermehrungsgutes vom Sammellohn bestimmt wird, so kann man doch den Wert ungesammelter Saateicheln zwischen 200 und 400 € pro Dezitonne veranschlagen.

Wiederholt habe ich bei der Frühjahrspflanzung erlebt, dass Forstpflanzen nachts vom Schwarzwild wieder ausgebuddelt wurden. Hier waren die Sauen auf Ansammlung von Kerfen und Würmern in den Pflanzlöchern aus. Die Pflanzen waren unbeschädigt und konn-ten, wenn sie früh genug entdeckt wurden, erneut verwendet werden.

▶ **Wurzelfraß**

Anders liegen die Fälle, die mir in den letzten Jahren aus Brandenburg bekannt geworden sind. In einem Forstrevier fraßen die Sauen rd. 80.000 Unterbau-Buchenpflanzen unter Kiefern – sie brachen die Pflanzen im Jahr nach dem Setzen heraus und fraßen restlos deren Wurzeln (H. Pfützner, mündl. 1996).

## Tipp

Die Verpflichtung zur Vermeidung von Wildschäden aus dem § 1 des BJagdG greift selbstverständlich auch in den Fällen, wo eine Schadensersatzpflicht nicht besteht! Eines dürfte ja wohl klar sein: Wir Jäger tun weder unserem Ansehen noch dem Jagdwesen und dem Wild einen Gefallen, wenn wir unsere Bemühungen zur Wildschadensvermeidung nur auf schadensersatzpflichtige Flächen und Fälle beschränken.

Im Revier einer benachbarten Oberförsterei richteten die Sauen auf über 40 ha einer Brandflächenkultur im Pflanzjahr stellenweise Totalschaden an. Nachdem sie zunächst an den Einschlagsplätzen die beim Wurzelschnitt

Sauen schätzen nicht nur die Früchte alter Buchen, sondern halten sich mitunter auch in Buchenkulturen schadlos.

angefallenen Wurzelhaufen vertilgt hatten, rissen sie anschließend die Pflanzen aus, fraßen zunächst die Wurzeln und dann die gesamten Pflanzen (D. Korb, mündl. 1999).

E. UECKERMANN beschreibt ähnliche Vorfälle bereits 1977. In einer Stellungnahme der Forschungsstelle für Jagdkunde und Wildschadensverhütung des Landes Nordrhein-Westfalen heißt es über einen Fall von Sauen aufgefressener Unterbau-Buchen: „Wurzeln von Bäumen und Sträuchern sind im Nahrungsspektrum des Schwarzwildes vertreten und werden auch im Urwald angenommen. Da Wurzeln den Pflanzen als Reservespeicher dienen, sind sie durchaus attraktiv und unter dem Gesichtspunkt des Nährwertes zu allen Jahreszeiten mit Ausnahme des Sommers von Interesse." (M. PETRAK, 1997). Diesen Schäden, offenbar durch Hunger und Mineralstoffmangel ausgelöst, kann

## Tipp

Im Wald kann die Tätigkeit des Schwarzwilds durchaus auch nützlich sein. Eichel und Buchecker keimen in direktem Kontakt zum Mineralboden wesentlich besser als in der Humusauflage. Brechen Sauen vor dem Mastfall unter Eichen- oder Buchenalthölzern, verbessern sie damit die Keimungsbedingungen für diese Waldfrüchte, soweit sie nicht zu viele aufnehmen. Bei geplanter Naturverjüngung solcher Bestände kann man die Sauen durch breitwürfiges Maisstreuen zur Bodenverwundung animieren und so zu „lohnfreien Mitarbeitern" des Waldbauern machen.

man mit vertretbarem Aufwand kaum begegnen, da Ort und Zeitpunkt ihres Auftretens auch nicht annähernd zu kalkulieren sind.

▶ **Schäden an Gatterzäunen**

Sind gegatterte Kulturen so dicht geworden, dass sie für das Schwarzwild als ruhiger Einstand attraktiv werden, beginnen die Sauen, Löcher in die Gatter zu drücken. Verbeißende Wildarten, insbesondere Rehe, können durch diese Pforten eindringen.

Die Sauen machen in den Kulturen keinen oder kaum Schaden, allenfalls werden beim Brechen einzelne Pflanzen in Mitleidenschaft gezogen. Das Abstreifen von Laubholzweigen und Fressen

frischer Blätter und Triebe wurde gelegentlich beobachtet. Bachen reißen mitunter beim Bau des Wurfkessels Pflanzen bis zur Heisterstärke aus und tragen sie zusammen. Der dadurch entstehende Schaden ist gering, da es sich um einzelne und kleine Plätze handelt.

Man kann schon beim Bau eines Kulturgatters an erkennbaren Hauptwechseln vorsorglich Schwarzwildtore einbauen oder es später nachholen, wenn das Schwarzwild anzeigt, wo es einwechseln möchte.

Mitunter hebt das Schwarzwild trotz eingebauter Tore die Zäune an den unterschiedlichsten Stellen hoch und Rehwild kann eindringen. Durch das Vornageln von Stangen von Pfahl zu

## Pendeltore in Kulturzäunen

Für Schwarzwilddurchlässe in Kulturgattern haben sich Tore aus Einzelpendeln besser bewährt als Rahmentore, die leicht verkanten und damit unbrauchbar werden.

Im Schwarzwildgebiet verlängern Pendeltore im Kulturzaun dessen Lebensdauer.

Ist das Kulturgatter fertig gebaut, schlägt man mit einem Meter Abstand zwei Gatterpfosten nebeneinander ein und verbindet sie etwa in Meterhöhe mit einem stabilen Querholz. Nun schneidet man das Drahtfenster aus und befestigt Pendel aus ca. 8 bis 10 cm dicken Rundholzknüppeln am Querholz. Dazu trennt man ungefähr 30 cm lange Stücke von dünneren Ketten, wie man sie in jedem Baumarkt als Meterware kaufen kann. Diese befestigt man am Querholz und an einem Ende der Knüppel. Der Abstand zwischen Querholz und Knüppeln soll 15 bis 20 cm betragen, damit die Hölzer frei pendeln können. Die Hölzer müssen dicht nebeneinander hängen, damit kein Rehwild in das Gatter eindringt.

In Revieren mit regelmäßigen Schneelagen müssen die Pendeltore unten Querschwellen in der regelmäßig zu erwartenden Schneehöhe aufweisen, damit die Pendel bei Harsch nicht festfrieren. Bei der Einzäunung von Ablenkungsfütterungen gegen anderes Schalenwild baut man die Schwarzwildeinlässe genau so.

Pfahl an der Gatteraußenseite kurz über dem Boden macht man solche Zäune schwarzwildsicher. Man sollte vermeiden, die Stangen auf dem Boden aufliegen zu lassen, da sie dann sehr schnell faulen. Stacheldraht statt der Stangen ist zwar schneller anzubringen und billiger, hat sich nach meinen Erfahrungen mit Kulturgattern nur bewährt, wenn er ganz stramm gezogen ist. Die Gatteranschlüsse unmittelbar neben den Toren verstärkt man am besten mit Holz, da die Sauen hier besonders gerne Löcher in den Gatterzaun machen. Ganz sicher geht man, wenn man den Gatterdraht am Boden ein Stück nach außen klappt und arretiert. Die Sauen stehen dann beim Versuch, in das Gatter einzudringen, auf dem Geflecht und können es nicht hochheben.

▶ **Sekundärschäden im Nadelholzeinstand**

Von Schäden in Nadelholzdickungen habe ich gehört und sie auch einige Male selbst gesehen. Die Aktivitäten der Sauen in ihrem Einstand waren so intensiv, dass sie durch massives Brechen im Stammfußbereich, das Kerben der Rinde beim Markieren und durch Malen Bäume zum Absterben oder Umfallen brachten. Diese Schäden bewegen sich nach Zahl und Umfang meistens im Bereich ohnehin erforderlicher Stammzahlvereinzelung, man kann sie in der Regel vernachlässigen.

Massiver, weil örtlich konzentriert, können solche Schäden gelegentlich in der näheren Umgebung von Ablenkungsfütterungen oder auch Kirrungen auftreten. In diesem Fall ist es angezeigt, die fragliche Einrichtung an einen anderen Ort zu verlegen.

## Feldschäden

Im Gegensatz zu Schwarzwildschäden im Wald treten Schäden in der Feldflur regelmäßig auf. Unabhängig von den aktuell aufstockenden Feldfrüchten entstehen sie häufig durch untergepflügte Erntereste wie Rübenköpfe, Kartoffeln und Mais, die von den Sauen herausgebrochen werden. Das in früheren Zeiten empfohlene händische Absammeln von Ernteresten ist heute nicht mehr praktikabel, es entfiele für Maisreste ohnehin. Die entstehenden Löcher sind unangenehm und gefährlich beim späteren Befahren der Flächen mit Maschinen, vor allem Mähdreschern. Diese Schäden gehören unzweifelhaft auch zu den erstattungspflichtigen Wildschäden, da der § 29 BJagdG ausdrücklich von einem beschädigten Grundstück spricht.

▶ **Abwehrmaßnahme Nr. 1: Artgerecht jagen!**

Der sicherste Garant für die Verhinderung und Verminderung der Schwarzwildschäden im Feld ist immer der richtige Sozialaufbau eines auf die örtlich tragbare Höhe einregulierten Schwarzwildbestandes! Die Schäden sind bis zu einem gewissen, regional unterschiedlichen Bestand von dessen Höhe zunächst unabhängig. In der von mir beobachteten Region waren vor vierzig Jahren bei einem wahllos bejagten Schwarzwildbestand mit geringer Ausbeute die Schäden fast höher als heute bei fünffacher Strecke mit entsprechendem Bestand auf derselben Fläche.

Der Sozialaufbau wird ohne Wenn und Aber vom Handeln des Jägers, also vom Ziel seiner Kugel, bestimmt. Die Jagd an Schadensflächen muss sich auf

## Tipp

Einzeln gehende Sauen sind in der Regel nicht sehr wildschadensrelevant. Will man ein allein zu Schaden gehendes Stück Schwarzwild, das nicht selten ein einzelner Keiler ist, aus hegerischen Gründen mit dem Abschuss verschonen, ihm aber dennoch das Feld vergällen, kann man auch einmal eine Kugel verwenden, die dem Stück nicht zum Tode, aber durchaus zu einem nachhaltigen Schreck verhilft!

den Abschuss von Frischlingen und nicht führenden Überläufern aus der Rotte konzentrieren.

Der Abschuss einer führenden Bache oder gar Leitbache wirkt sich geradezu katastrophal aus. Nichts ist wildschadensträchtiger als die schon zitierte „marodierende Jugendbande". Ältere Bachen meiden nach dem Abschuss eines ihrer Frischlinge oft für lange Zeit die Feldflur. Ein Jagdpächter aus meiner Nachbarschaft berichtete mir von einer 40-köpfigen Rotte, aus der er im Milchweizen einen Frischling schoss. Trotz Bleibens im Feuer klagte dieser noch kurz und heftig. Ich war sicher, dass „meine" Rotte mit ihrer alterfahrenen Leitbache trotz meiner großen Bemühungen einen Feldzug in die Flur unternommen hatte. Nach dem Abschuss hat der Nachbar diese Rotte nie wieder zu Gesicht bekommen.

▶ **Begleitende Schutzmaßnahmen**

Neben dem fleißigen Abschuss von Frischlingen aus den zu Schaden gehenden Rotten sind technische und chemische Schutzmaßnahmen und gezielte

Ablenkungsfütterungen meist zusätzlich vonnöten. Gemessen an der richtigen Bejagung eines Schwarzwildbestandes sind sie sind aber nur flankierende Maßnahmen. Technische und chemische Schutzmaßnahmen sind stark abhängig von der Größe der Feldschläge. Je größer ein Schlag, desto schwieriger ist er zu schützen, das gilt sowohl für Schutzmaßnahmen als auch für gezielte Bejagung. Auf jeden Fall müssen die Landwirte, die ja als Jagdrechtsinhaber per BJagdG ebenfalls zur Verhinderung von Wildschäden verpflichtet sind, angehalten werden, eine schadensbezogene Bejagung durch Gliederung großer Feldschläge und unbestellte oder niedrig bewachsene Streifen vor den Waldrändern zu ermöglichen.

▶ **Wo entsteht Schaden?**

Bei den Schäden im Felde unterscheidet man solche am Getreide, am Mais, am Raps, an Kartoffeln und Rüben sowie am Grünland. In Regionen mit feldmäßigem Anbau von Erbsen und Bohnen können sowohl nach der Aussaat als auch an den Früchten empfindliche Schäden entstehen. Bezüglich der Schadensersatzpflicht ist örtlich zu klären, ob es sich um eine im § 29 BJagdG definierte Beschädigung eines zu einem gemeinschaftlichen Jagdbezirk gehörenden Grundstückes handelt oder ob der Anbau dieser Gemüsearten als eine im § 32 aufgeführte Freilandpflanzung von Garten- oder sonstiger hochwertiger Handelsgewächse anzusehen ist, die einer besonderen Schutzmaßnahme bedarf.

Im Felde richten die Sauen Schäden am Getreide an. Hier sind gemeint: Gerste, Roggen, Weizen und Hafer. Alle vier Getreidesorten sind zunächst nach der

Einsaat bis zum Auflaufen gefährdet. Die Schäden sind meist gering und punktuell und entstehen am ehesten durch das vorerwähnte Brechen nach vorjährigen Ernteresten. Kommt das Getreide in die Milch und dann in die Reife, steigt die Gefährdung. Dabei bleibt die normale Gerste wegen ihrer langen Grannen ungeschoren, grannenlose Gerste dagegen wird geschädigt. Haben die Sauen entsprechende Auswahl an Getreidesorten in der Feldflur, kommt der Roggen einigermaßen gut davon, auch hier werden die längeren Grannen eine Rolle spielen.

**Das wichtigste an einer Ablenkfütterung ist die absolute Jagdruhe.**

▶ **Ablenkfütterung ist keine Kirrung!**

Neben der gezielten Jagd an und in gefährdeten Flächen ist die Ablenkungsfütterung im Walde ein wichtiges Mittel zur Wildschadensverminderung bei zu erwartenden Getreideschäden. Sie ist

ein wichtiger Beitrag der Inhaber und Betreuer von Waldrevieren in der Solidargemeinschaft Schwarzwildring. Wenngleich die Ablenkfütterung in vieler Schwarzwildjäger Munde ist, können und wollen nur wenige sie von der Kirrung unterscheiden.

Die Ablenkungsfütterung im Walde dient ausschließlich dazu, das Schwarzwild vom Felde und nicht vom Nachbarn abzulenken, sie ist weder Mastanlage noch Hinrichtungsstätte!

Kirrungen hingegen haben keinerlei Fütterungsfunktion, sie sollen lediglich Sauen mit ganz geringen Lockfuttergaben für eine gezielte Bejagung anlocken. Ein besonders augenfälliger Unterschied: An Ablenkungsfütterungen kann man die Sauen recht bald bei gutem Licht fotografieren, an Kirrungen – wenn sie nicht im Dauer- oder gar Schichtansitz belagert werden – bei zum Ansprechen und Schießen noch ausreichendem Licht erlegen. Ob und wie man eine Ablenkungsfütterung anlegen und betreiben kann, richtet sich nach den jagdrechtlichen Bestimmungen der einzelnen Bundesländer.

Den detaillierten beispielhaften Genehmigungsvoraussetzungen für die Ablenkungsfütterung im Land Nordrhein-Westfalen (s. Kasten S. 155/156) ist eigentlich nichts hinzuzufügen.

▶ **Bejagungsfreie Pufferzone**

Den dort genannten Umkreis von 200 m um eine Ablenkungsfütterung, innerhalb dessen keine Sau erlegt werden darf, halte ich allerdings für mit Sicherheit zu klein. Oft werde ich gefragt, welchen Abstand von einer Ablenkungsfütterung man bei der Erlegung von Sauen halten müsse.

# Ein Beispiel – die Grundsätze der Ablenkungsfütterung in NRW

In Nordrhein-Westfalen ist die Ablenkungsfütterung sehr detailliert geregelt. Gemäß LJagdG bedarf sie einer Genehmigung der Unteren Jagdbehörde, die dabei nachstehende Grundsätze beachten müssen:

1. Eine Genehmigung darf nur aus Gründen der Wildschadensverhütung erteilt werden. Das setzt voraus, dass Wildschäden entweder bereits eingetreten oder für bestimmte Flächen konkret zu befürchten sind. Bei einem geringen Schwarzwildbestand und beim Überwiegen von Kulturen, die vom Schwarzwild in der Regel nicht geschädigt werden, kommen Ablenkungsfütterungen nicht in Betracht.

2. Unter Berücksichtigung der Notwendigkeit einer Gewöhnung an die Fütterung und der konkreten Gefährdung landwirtschaftlicher Kulturen sollen Ablenkungsfütterungen in der Regel nur vom 1. April bis zum 15. Oktober eines Jahres genehmigt werden.

3. Ablenkungsfütterungen dürfen nicht in der Nähe der wildschadensgefährdeten Flächen angelegt werden. Sie sind im Wald – möglichst in der Nähe der Tageseinstände des Schwarzwildes – einzurichten. Hierdurch soll das Schwarzwild veranlasst werden, sich möglichst lange und ungestört im Walde zu beschäftigen. Wegen der Gefahr der Eutrophierung dürfen Ablenkungsfütterungen nicht auf oligotrophen (nährstoff- und humusarmen) Standorten wie Moorböden, Magerrasen und Heideflächen angelegt werden. Auch in der Nähe von Flächen, die eine besonders schutzwürdige Vegetation aufweisen, darf nicht gefüttert werden.

4. Im Regelfalle soll nicht mehr als eine Ablenkungsfütterung je 150 ha geschlossene Waldfläche genehmigt werden, sofern die Revierverhältnisse dem nicht entgegenstehen. Zu öffentlichen Straßen ist ein Mindestabstand von 200 m einzuhalten.

5. Dem Einbringen von Futter in den Boden (Vergraben) ist der Vorzug vor anderen Arten der Vorlage zu geben. Wo dies nicht möglich ist, sind Ablenkungsfütterungen so anzulegen, dass die Futteraufnahme durch anderes Schalenwild ausgeschlossen ist. (z. B. durch Anlage von Gattern mit Schwarzwildeinlässen). Als Futtermittel kommt nur artgerechtes Futter, insbesondere Getreide, in Betracht. Die Futtermenge ist so zu wählen, dass bei freier Ausbringung des Futters die Aufnahme innerhalb von 24 Stunden gewährleistet ist, bei Verwendung geeigneter Fütterungseinrichtungen innerhalb von einer Woche.

6. Die Jagd an Ablenkungsfütterung und im Umkreis von 200 m ist gem. der Fütterungsverordnung zum LJagdG verboten.

7. Dem Antrag auf Erteilung einer Genehmigung ist eine Karte im Maßstab von 1 : 10 000 bis 1 : 25 000 beizufügen, aus der die genaue Lage der beantragten Fütterung hervorgeht.

8. Bei der Entscheidung über den Antrag holt die untere Jagdbehörde die Stellungnahme des Jagdberaters ein. Sofern für das betreffende Gebiet eine Hegegemeinschaft besteht, ist auch diese zu dem Antrag zu hören.

9. Die Genehmigung soll in der Regel auf drei Jahre mit dem Vorbehalt des Widerrufs befristet werden.

10. Der Antragsteller ist durch Auflage zu verpflichten, die Inaugenscheinnahme durch Bedienstete der Unteren Jagdbehörde, deren Beauftragte und durch den Jagdberater jederzeit zu dulden.

Die Antwort kann nur lauten: Der Abstand ist dann ausreichend, wenn die Sauen Schuss und Ablenkungsfütterung nicht miteinander verknüpfen, also in irgendeine Verbindung bringen; sonst hat die Ablenkungsfütterung jeden Sinn verloren. Da können 300 m ebenso ausreichen wie 1000 m zu wenig sein. Die Bestockung im Umkreis der Ablenkungsfütterung, die Gliederung des Waldes durch Wege und Schneisen, die Größe der Einstandsfläche, in der sich die Einrichtung befindet, alles das spielt bei der Beurteilung des gebotenen Bejagungsabstandes eine Rolle und kann nur in der Örtlichkeit entschieden werden. Je konsequenter in der Umgebung Ruhe herrscht, desto effektiver ist die schadensvermindernde Wirkung einer Ablenkungsfütterung.

### ▶ Vor anderem Schalenwild sichern

Die Ablenkungsfütterungen werden gegen die Annahme durch anderes Schalenwild am besten durch Gatterung abgesichert. Die Gatter versieht man mit den weiter vorne beschriebenen Pendeltoren. Dabei soll man weder mit der Gat-

tergröße noch mit Pendeltoren sparen. Futtergatter sind so einzurichten, dass das Schwarzwild noch innerhalb der Umzäunungen Deckung findet, sich bei Störungen dort sammeln und die Pendeltore annehmen kann. Schwarzwild gerät nämlich bei plötzlichen Störungen sehr häufig in Panik und flieht in ungedecktem Gelände auf dem kürzesten Fluchtweg zur nächsten Deckung die Zäune an.

**Abklenkfütterungen sind für alle Sauen da: Der so genannte Frischlingsrechen sichert auch den Kleinsten ihren Anteil.**

### ▸ Futtermittel und -mengen

An Ablenkungsfütterungen sind keine großen Futtermengen erforderlich, wichtiger sind die Futtersorte, die regelmäßige Beschickung und die langzeitige Beschäftigung der Sauen. Die Ablenkungsfütterungen in dem von mir betreuten Forstrevier basieren überwiegend auf Hinterkorn, also Druschabfall. Dabei rechne ich pro Sau – außer den aktuellen, also diesjährigen Frischlingen – ca. 500–600 g. Das bedeutet je nach Qualität ungefähr die Hälfte des Gewichtes Getreide, wegen der guten Verfügbarkeit und der geringen Kosten überwiegend Gerste. Gefüttert wird durch freie Streuung und mit gesiebtem Futter aus den Futterautomaten oder Rolltonnen nach Oberförster W. Schneider (s. Foto S. 154).

Mit Ablenkungsfütterungen kann man Sauen sehr gut vom Getreide abhalten. Dabei muss man allerdings wissen, dass eine Rotte an eine Ablenkungsfütterung territorial gebunden ist und keine familienfremden Sauen zulässt. Man kann also nur eine Familie an einer Ablenkungsfütterung binden.

### ▸ Kein Pardon bei Feldausflügen

Die Führungsbache einer Rotte oder die Leitbache eines Familienverbandes an einer Ablenkungsfütterung sind die besten Garanten der Wildschadensverhinderung, da sie sich nach dem Besuch ihrer Ablenkungsfütterung mit ihrer Gefolgschaft zur weiteren Nahrungssuche in der Umgebung aufhalten und das Feld meist meiden.

Der von mir betreute Familienverband mit mehreren Untersippen wächst nach dem Frischen auf eine Kopfstärke von 60 Stücken und mitunter mehr an.

Die nächstgelegene Feldflur liegt lediglich gut 1.000 m entfernt. Von Feldbesuchen dieses Verbandes würde ich innerhalb kürzester Zeit Kunde erhalten, sie finden so gut wie nie statt. An einer Kirrung, die an einem der möglichen Wechsel zum Feld liegt, habe ich sie allerdings hin und wieder nächtens angetroffen und dann nicht gezögert, sie – trotz aller Freundschaft – dort zur Ader zu lassen. Diese Maßnahme hat immer zusätzlich gewirkt.

Besonders wichtig ist dabei natürlich, den Sauen gerade in der Zeit der Feldgefährdung den Verbleib im Wald so angenehm wie möglich zu machen. Dazu gehören nicht nur Jagdruhe an oder in den Einständen, sondern auch sonstige Annehmlichkeiten, wie Wildäcker mit Waldstaudenroggen, Hafer, Topinambur, sowie kleereiche Wildwiesen, Suhlen und Salzlecken.

### ▸ Schäden in Mais und Raps

Die Anbauflächen von Mais und örtlich auch Raps haben in den letzten Jahren immer weiter zugenommen. Dabei sind für das Schwarzwild nicht nur große Ernährungsreservoirs entstanden, sondern hat sich auch für mindestens drei Monate im Jahr die Einstandsfläche vergrößert.

Die Schäden am Raps sind überwiegend Lagerschäden. Hybridmais ist im Gegensatz zu normalem Silo- oder Körnermais nach einem Urteil des Amtsgerichtes Bruchsal ein hochwertiges Handelsgewächs, bei dem Wildschäden nur zu ersetzen sind, wenn die üblichen Schutzvorrichtungen nach § 32 BJG angebracht waren, und trotzdem Schäden eingetreten sind (H. Schandau/ H. Drees 1998).

Schwarzwild-
schaden im
Mais: Ein de-
ckender Rand
wurde stehen
gelassen –
Sauen sind
nicht dumm!

Ein Problem liegt in der großen Flächenausdehnung mancher Felder, die es dem Schwarzwild erlaubt, unbehelligt von Besuchern und Ungeziefer dort zu leben. Wenn außerdem noch zunehmende Störungen, wie z.B. intensives Sammeln von Pilzen in den Sommer- und Herbstmonaten, aber auch kontraproduktive Bejagung dem Schwarzwild den Aufenthalt im Wald verleiden, stellt es sich dann mit Vorliebe in den großen Feldschlägen ein.

▶ **Im Mais hilft nur konsequente Bejagung**

Die Bejagung dort ist außerordentlich schwierig und veranlasst die Sauen nicht unbedingt und auf Dauer, diese Schläge zu verlassen. Die Schäden können dann sehr hoch werden, zumal die Sauen nicht nur das zerstören, was sie fressen, sondern vielfach die Mais- oder Rapsbestockung nur zu Boden bringen. So habe ich einmal „meine" Rotte dabei beobachtet, wie sie den reifem Mais auf einem Wildacker von 0,4 ha Größe, dessen Gattertore ich kurz vorher geöffnet

hatte, in wenigen Nachtstunden vollständig zu Boden brachte. Die Sauen ließen rundherum einen Sichtschutzrand von etwa zwei Meter Breite stehen. Das eigentliche Fressen der am Boden liegenden Kolben setzte dann in den folgenden Nächten ein.

Sauen vom Mais durch Ablenkungsfütterungen dauerhaft abhalten zu wollen, ist eine Utopie. Allerdings richten Sauen, die ihren Einstand im Walde haben und vor ihrem Beutezug ins Feld zunächst die Ablenkungsfütterung revidieren, sicher weniger Schaden an als beim Direktangriff.

Die Verhinderung und Verminderung der Schäden geht in aller Regel nur über gezielte, wenn auch schwierige Jagd und über mechanische, chemische oder akustische Abwehrmaßnahmen.

Häufig ist das Treiben von Maisschlägen unumgänglich, wenn die Sauen diese als Einstand nutzen und nicht mehr verlassen. Es birgt allerdings die Gefahr von kontraproduktiven, schadensfördernden Fehlabschüssen (s. Kap. „Die Jagdarten").

## Tipp

Fallen in einem Jahr infolge Sommertrockenheit die Eicheln sehr früh, hat der Mais wenig zu leiden. In einem solchen Mastjahr nutzten in der Nähe meines Forstreviers einmal die Sauen einen Maisschlag von 30 ha als Tageseinstand, ohne den Mais zu schädigen, und zogen von dort aus abends in die Eichenbestände zur Mastaufnahme. Im Jahr davor ohne Eichelmast waren auf demselben Acker 55 Frischlinge im und am Mais erlegt worden.

▶ **Kartoffelschäden, Rüben**

Die Kartoffel ist von ihrer Aussaat bis zur Ernte durchgehend – also für vier bis sechs Monate – in Gefahr. Die Sauen bevorzugen als feinschmeckerische Allesfresser bestimmte Sorten, andere nehmen sie nur zögerlich oder verschmähen sie ganz. In der Regel wird die Attraktivität der Kartoffel für das Schwarzwild durch den Nährstoffgehalt und die Struktureigenschaften analog dem Speisewert für den Menschen bestimmt. Sie nimmt in der Reihenfolge festkochend – vorwiegend festkochend – mehlig kochend ab. Starke Unterschiede bei der Annahme habe ich wiederholt festgestellt, wenn ich einmal im Frühsommer vorjährige Kartoffeln für meine Ablenkungsfütterungen bekam. Die einen lagen bis zur beginnenden Fäule, bevor die Sauen sich darüber hermachten, andere fraßen sie in der ersten Nacht, obwohl sie monatelang keine Kartoffel geschmeckt hatten.

Wie weit man diese Vorlieben beim Anbau berücksichtigen kann, wird davon abhängen, ob man Speise-, Futter- oder Industriekartoffeln anbaut, und ob die vom Schwarzwild verschmähten Kartoffeln den eigenen Ansprüchen an Qualität und Quantität genügen.

Beim Anbau von Saatkartoffeln können die Schäden erheblich sein. So schreibt R. HENNIG (1998): *„Der Schaden kann sich potenzieren, wenn es sich um Saatkartoffelanbau handelt. Wird nämlich die betreffende Fläche zu einem festgelegten Mindestprozentsatz beschädigt, wird der gesamte Schlag als Saatkartoffeln aberkannt und die verbleibende Ernte kann nur als Speise- oder gar als Futterware verwendet werden."* Biologisch angebaute Kartoffeln fallen nach einem Urteil des Amtsgerichtes Celle nicht unter den Begriff des Gartengewächses, sondern zählen wie Getreide zu den Feldpflanzen (H. SCHNADAU/ H. DREES 1998).

Nach L. BRIEDERMANN (1990) ist der Kartoffelanteil an der Nahrung des Schwarzwildes im Herbst sehr stark vom Waldmastangebot abhängig und sinkt mit zunehmendem Mastanfall.

Die Schäden an Rüben halten sich normalerweise gering, die Zuckerrübe ist gefährdeter als die Futterrübe. Während in dem von mir beobachteten Raum Probleme beim Zuckerrübenanbau kaum auftreten, nehmen die Sauen diese Rüben sofort, wenn man sie ihnen im Walde mit anhängendem Laub reicht.

## Grünlandschäden

Die Schwarzwildschäden an Grünlandflächen haben in den letzten Jahren erheblich zugenommen. Der Hauptgrund liegt bei den seit etwa 20 Jahren fast jährlich wiederkehrenden Waldmasten. Sie sind zweifellos unnatürlich, da offensichtlich durch Schadstoff- und Stickstoffeintrag bei unseren Waldbäumen ein starker Vermehrungstrieb zur Arterhaltung ausgelöst wird. Zusätzlich stimulieren warme und trockene Vorsommer die Blühfreudigkeit. Bei der Aufnahme der kohlehydrat- und stärkereichen Waldmast, die das Schwarzwild jedem anderen Fraß vorzieht, sowie bei der Aufnahme größerer Mengen von Mais steigt durch einen Mangel an Aminosäuren der Bedarf an tierischem Eiweiß sofort und sprunghaft. Die hohen Anteile der mehrfach gesättigten Fett-

Wenn Grün zu Schwarz wird, hört der Spaß auf: Der Jäger ist jetzt gefordert!

säuren in Eicheln und Körnermais werden weitgehend im Fettgewebe eingelagert. Hieraus resultiert ein Weißes, das relativ schnell der Oxidation und der damit verbundenen Genussuntauglichkeit anheim fällt (W. HARTFIEL, 1997). Das tierische Eiweiß ist für die Sauen in unseren Revieren nur als Untermast von kleineren Tieren, wie Insekten, Kerfen, Würmern, Fröschen und Kleinsäugern in ihren verschiedenen Entwicklungsstufen, und durch Fallwild erreichbar.

### ▶ Sauen brauchen tierische Kost

Das Schwarzwild sucht sehr intensiv nach animalischer Kost unter der Grasnarbe und bricht daher Wiesen, Weiden und sonstige Grasplätze um. Wer einmal beobachten oder feststellen konnte, in welch kurzer Zeit Sauen mit einem großen Tierkadaver oder auch mit größeren Aufbruchmengen fertig werden, der kann ihren Bedarf an tierischem Eiweiß erahnen. An einen geforkelten

Damhirsch kann ich mich erinnern, dessen Überstellung an eine Tierkörperbeseitigungsanstalt mir am Tage nach seinem Verenden aus irgendeinem Grunde nicht möglich war, ich hatte lediglich das Haupt abgeschärft. Am darauf folgenden Tage hätte ich seinen Platz nicht mehr gefunden, wäre er mir nicht zenti-

Sauen brauchen tierische Kost: Auch die vom Autor betreute Rotte weiß den Aufbruch von Damwild zu schätzen.

## Tipp

Wenn die ersten Eicheln fallen, heißt es aufpassen! In dem von mir betreuten Forstrevier kann ich umgekehrt den Eichelfall schon daran erkennen, dass die Wegebankette und Grasschneisen von Stund an laufend von den Sauen auf der Suche nach tierischem Eiweiß umgebrochen werden. Das schafft in diesem Fall kaum oder nur geringe Probleme, wird aber zunehmend unangenehmer, wenn sämtliche Daueräsungsflächen schwarz gemacht werden und wenn vor allem landwirtschaftliche Grünlandflächen oder Hausgärten betroffen sind. Hier können unvorstellbare und völlig unkalkulierbare Schäden entstehen.

metergenau bekannt gewesen; nicht einmal mehr ein Haar war dort zu finden.

Die An- und Aufnahme von tierischem Eiweiß ist je nach Jahreszeit und Wetter völlig unterschiedlich, die Hauptschwerpunkte liegen im Frühjahr und im Herbst, nach Mastanfall bis weit in den Winter hinein. Im Frühjahr wird allerdings von den Sauen auch bevorzugt pflanzliches Eiweiß aufgenommen, daher ist die Verfügbarkeit von Wildwiesen mit hohem Kleeanteil im Wald für ein gepflegtes Schwarzwildrevier unerlässlich.

Das Wetter spielt insofern eine Rolle, als in und nach Regenfällen Kleinlebewesen an der Erdoberfläche für die Sauen auch ohne Brechen leicht erreichbar sind. In längeren Trockenperioden oder immer dann, wenn die Sauen einige Zeit nicht nach Untermast brechen können, steigt der Bedarf der Sauen nach tierischem Eiweiß an.

### ► Schutz und Reparaturverfahren

Grünlandflächen lassen sich wegen ihrer Ausdehnung und meist engen Verzahnung mit dem Wald technisch nicht schützen. Die jagdliche Observation scheitert oft daran, dass die Sauen am ehesten da auswechseln, wo kein Jäger sitzt. Dazu kommen alle Unwägbarkeiten, wie verfügbare Zeit, Wind, Wetter und Licht. Weiter kann die vorhandene jagdliche Infrastruktur selten alle gefährdeten Grünlandflächen abdecken.

Sind die Schäden nicht zu umfangreich, also nur punktuell, und werden sie entdeckt, bevor die Graswurzeln vertrocknet sind, hat das Zurückklappen und Antreten der Soden einen Sinn. Großflächige Wiesenschäden lassen sich in verschiedenen Verfahren reparieren. Gebräuchliche Verfahren sind Handarbeit mit oder ohne Erdausgleich und Nachsaat, Frässaat mit Grünlandfräse, Wiesenwalze und Drillmaschine in getrennten Arbeitsgängen oder Kombiverfahren mit Wiesenhobeln, die bei entsprechendem Bodenzustand das Einplanieren und Einsäen der Schadensflächen in einem Arbeitsgang erledigen können. Beim Einsatz von Spezialmaschinen ist die Koordination anstehender Arbeiten innerhalb der Hegegemeinschaft oder betriebsübergreifend angezeigt. Die Reparatur der Grünlandflächen entbindet natürlich nicht von der Erstattung des Futterausfalls.

### ► Schutzmaßnahmen

Bei den technischen Schutzmaßnahmen scheidet die Vollgatterung in aller Regel aus – wiewohl einer meiner Jagdnachbarn einen Feldschlag von drei Hektar Größe mit Maisanbau unmittelbar am Waldrand meines Reviers und

## „Ah-Ha"-Futter – Idee, Entwicklung und Ende

Vor allem in Mittelgebirgsregionen, in denen in den letzten Jahrzehnten der Getreide- und Kartoffelanbau der Viehwirtschaft gewichen ist und wo Grünland und Futtermais das Bild der Feldlandschaft bestimmen, wurde ich in der Vergangenheit zunehmend mit der Frage der Grünlandschäden des Schwarzwildes konfrontiert. Als auch in meiner eigenen Region nach Eichelmasten – allerdings gepaart mit einem vorübergehend stark angewachsenen Schwarzwildbestand – die Grünlandschäden rapide anstiegen, setzte ich mich intensiv damit auseinander und kam dabei auf den Gedanken, dass es möglich sein müsse, ein Ablenkungsfutter mit einem hohen Anteil an tierischem Eiweiß herzustellen.

Prof. Dr. Wilhelm Hartfiel, Emeritus für Tierernährung und Futtermittelkunde der landwirtschaftlichen Fakultät der Universität Bonn, entwickelte daraufhin ein Schwarzwildfutter, das mit dem geschützten Namen „Ah-Ha" seit 1994 auf den Markt kam. Von 1992 bis 1996 wurden in unterschiedlichen Revieren Versuche mit „Ah-Ha" durchgeführt. Der Erfolg bei der Schadensverminderung war überzeugend. Von anderen Schalenwildarten wurde das Futter nicht angenommen. Ansonsten wirkte es für alle Fleischfresser wie ein Magnet. Bei Füchsen war es sehr beliebt, und aus einem Revier in Brandenburg erhielt ich die Nachricht, dass an einer Schwarzwildkirrung in einer Saison insgesamt 13 Marderhunde zur Strecke kamen, davon 10 Welpen (Schulz, briefl. 1999). Wie allgemein bekannt, musste dann mit der BSE-Krise die Herstellung und Verfütterung tiermehlhaltigen Futters verboten und eingestellt werden.

damit hoher Schadensgefahr erfolgreich einen Meter hoch eingatterte. Er hatte die Gewissheit, dass der Landwirt dort mehrere Jahre hintereinander Mais anbauen würde, was ja ohne Probleme möglich ist.

Bei größeren Feldzäunen ist es ähnlich wie bei großen Kulturgattern im Walde: Sie sind nur schlecht dicht zu halten und sehr kostenaufwendig. Draht und Pfähle kann man natürlich mehrfach verwenden. Klappt man den Gatterdraht auf dem Boden 20–30 cm nach außen, können die Sauen ihn nicht hochheben. In vielen Revieren werden zur Vollgatterung ein Meter hohe Baustahlmatten verwendet. Sie sind recht schnell aufzubauen und schützen zuver- lässig, beeinträchtigen aber das Landschaftsbild erheblich.

▶ **Elektrozäune und Verwitterungsmittel**

Elektrozäune bewähren sich am besten, wenn man sie an das Stromnetz anschließen kann. Hier habe ich ausgeklügelte und betriebssichere Anlagen gesehen. Inzwischen ist die Energieversorgung auch über Solaranlagen möglich. Elektrozäune müssen mehrdrahtig sein. Können Frischlinge in die geschützten Flächen eindringen oder stärkere Sauen den Zaun überfliehen, hat die Anlage allerdings keine lange Lebensdauer und verliert jegliche Schutzwirkung. Insgesamt steht und fällt die Sicherheit des Elektrozaunes mit seiner

Kann man Elektrozäune ans Stromnetz anschließen, schützen sie gut. Sie müssen allerdings ständig gewartet werden.

Wartung, insbesondere dem Freihalten von drahtberührendem Bewuchs.

Sämtliche Verwitterungsmittel zeigen meist nur kurzfristige Wirkung, die regional oder sogar von Revier zu Revier völlig unterschiedlich ist. Dazu ein paar Beispiele aus dem breiten Spektrum verfügbarer Mittel: M 7, eine Paste mit synthetischer Wolfswitterung und bestialischem Gestank wurde mir von einem bayerischen Jäger als sicheres und saisonlang wirkendes Mittel geschildert. Ein von mir angestellter Versuch beim Schwarzwild brachte keinen nennenswerten Erfolg, ich konnte damit nicht einmal Damwild für wenige Tage von einer besonders gefährdeten Laubholzkultur abhalten.

In hiesigen Revieren konnten Felder langfristig mit *Arbin* verwittert werden, anderswo blieben Erfolge damit völlig aus. *Menschenhaare*, auf Wechseln ausgelegt, wirken mancherorts Wunder, andernorts werden sie völlig ignoriert.

Ähnlich ist es mit *WC-Beckensteinen*. Ob es mit der unterschiedlichen „Menschendichte" der Regionen zusammenhängt, weiß ich nicht, es wäre aber denkbar.

### ▶ Optische und andere Abwehrmaßnahmen

Meine Erfahrungen mit optischen und akustischen Abschreckmitteln sind durchweg wenig überzeugend. Auf einem frisch eingesäten Acker wurden Lampen mit starkem rundlaufendem Blinklicht ausgestellt – in der dritten Nacht stießen die Sauen sie beim Brechen um. Da ich dies nicht glauben wollte, besichtigte ich den Acker unverzüglich. Möglicherweise wäre das in ei-

## Ein Radio gegen Schwarzwildschäden

Das Gerät zur Sauenabwehr von Äckern beschreibt W. WEBER (1997) wie folgt: „In einem Nistkasten ist in den Boden, nach unten abstrahlend, ein Lautsprecher eingebaut. An der Frontwand innen ist ein Radio so befestigt, dass die Senderskala und der Lichtsensor im Schlupfloch sichtbar sind. Die 9 Volt 55 AH Trockenbatterie findet auch noch Platz im „Vogelhäuschen". Das Radio empfängt UKW und Mittelwellen-Sender. An einigen Standorten ist der UKW-Empfang nicht optimal, die Lautstärke ist dann zu gering. Über einen Lichtsensor wird abends in der Dämmerung der Stromkreis geschlossen, der einen Intervallschalter aktiviert, der das Radio in Abständen von drei Minuten Spieldauer und sechs Minuten Pause bis zur Morgendämmerung ansteuert. Durch den Wechsel An/Aus und den Wechsel von Musik und Sprache wird der Gewöhnungseffekt umgangen. Außerdem wird die Batterie nicht permanent belastet, was die Lebensdauer auf bis zu fünf Monate erhöht. Die Radios werden auf sechs Meter langen Stangen montiert, was den Wirkungsbereich steigert. Im Programm des Anbieters gibt es ein weiteres Gerät mit Nachlaufautomatik, das verhindern soll, dass Schwarzwild in den Morgenstunden zu Schaden geht. Das Radio läuft dann morgens, je nach Einstellung, bis zu zwei Stunden länger, auch wenn es schon hell ist."

nem Raum, wo die Sauen nicht so häufig von irgendeinem Lichtreiz erreicht werden, nicht passiert.

In meiner Jugend kettete man Hunde im Feld an – von Tierschutz konnte da keine Rede sein, von Dauerwirkung aber auch nicht. Die Sauen hatten schnell gemerkt, dass die Hunde arretiert waren. Die (Un)Wirksamkeit all dieser Mittel scheint auf die rasche Gewöhnung und die außerordentlichen Anpassungsfähigkeit des Schwarzwildes zurückzuführen zu sein. Hier muss wohl jeder Jäger seine eigenen Erfahrungen sammeln. Wichtig bei allen Mitteln und Methoden scheint ihr permanenter Wechsel zu sein, damit der Gewöhnungseffekt ausgeschaltet wird.

Eine gute Abschreckung können hier intervallgeschaltete Transistorradios bewirken, die man in unzugängliche Nistkästen einbaut. Dauernd wechselnde Sprech- und Musikprogramme mit Sendepausen schließen eine Gewöhnung aus. Bei der Vertreibung von Mardern aus Dachböden konnte ich diese Methode in der Vergangenheit wiederholt empfehlen und hatte positive Rückläufe.

In Versuchen mit Schwarzwild über drei Jagdperioden konnte eine Abschreckwirkung bis zu 600 Meter vom Radio aus festgestellt werden.

▶ **Ersatz von Schwarzwildschäden**

Aufgetretener Wildschaden muss nach § 34 BJagdG bei Feldschäden binnen einer Woche, nachdem der Geschädigte von dem Schaden Kenntnis erhalten hat oder bei Beobachtung mit gehöriger Sorgfalt erhalten hätte, und bei Waldschäden zweimal im Jahre, jeweils bis zum 1. Mai oder dem 1. Oktober, bei der zuständigen Behörde angemeldet werden. Das sind nach den landesrechtlichen Bestimmungen in der Regel die Gemeindeverwaltungen. Bei nicht ordnungsgemäßer Anmeldung erlischt der Anspruch auf Entschädigung.

Die Abwicklungsverfahren der Wildschadensregelung sind länderunterschiedlich geregelt. Wichtig erscheint mir, dass man sich bei allen Schadensfeststellungen nicht auf pauschale Abschätzungen der geschädigten Flächen einlässt, sondern sie exakt ausmisst. Dabei staunt man immer wieder über die dabei auftretenden Differenzen zu den lapidaren Schätzungen der Geschädigten. Zur Festlegung der Schadenshöhe bedient man sich, auch wenn amtliche Wildschadensschätzer zugezogen werden, am besten aktueller Preis- und Kostentabellen der zuständigen Landwirtschaftskammern, Landwirtschaftsämter oder der Landwirtschaftsverbände, die meist Angaben je Quadratmeter für die einzelnen Feldanbauten enthalten. Großzügigkeit bei der Schadensfeststellung ist unzweckmäßig – sie mag allenfalls bei der endgültigen Abwicklung geübt werden.

### ▶ Wildschadensausgleichskasse

Die Möglichkeit der Gründung einer Wildschadensausgleichskasse als Mittel, den Wildschadensbetrag auf eine Mehrheit von Beteiligten zu verteilen und zur Minderung der Wildschäden insgesamt beizutragen, ist örtlich zu prüfen. Die Beiträge zu einer solchen Kasse werden nach der Größe, den unterschiedlichen Wildvorkommen und Wildschadensgefährdungen der einzelnen Reviere gestaffelt. In Mecklenburg-Vorpommern wurden Erfahrungen mit der Wildschadensausgleichskasse gesammelt, die man sich zu Nutze machen sollte. In den meisten Bundesländern ist allerdings infolge der Bestimmungen der Landeshaushaltsordnungen die Beteiligung von Revieren der Landesforstverwaltungen nicht möglich.

### ▶ Feld- und Waldjäger müssen an einem Strang ziehen

Schwarzwildschäden stehen in einem direktem Bezug zum Sozialaufbau des Wildbestandes, ab einer regional unterschiedlichen Bestandeshöhe allerdings auch progressiv zur Kopfzahl des Bestandes. Die Schwarzwildjäger im Feld können ihren Part durch schadensflächenbezogene, richtige Bejagung, unterschiedliche Schutzmaßnahmen und unumgängliche Schadensregulierungen leisten.

Die unerlässliche Mitwirkung der Waldjäger besteht darin, den Sauen zur Zeit der Feldgefährdung den Verbleib im Walde durch alle vorgeschilderten Maßnahmen so angenehm wie möglich machen. Die Regulierung der Schwarzwildbestände ist allerdings die permanente und gemeinsame Aufgabe aller Schwarzwildjäger in Feld und Wald.

# Service

## Literatur

ALBERT, H. P., 2000: Jagd auf den rauschigen Keiler. Diskussionsbeitr. Jäger 12.

AMANN, G., 1988: Bäume und Sträucher des Waldes. 15. Aufl., Melsungen, Neumann-Neudamm.

ARJES, S., 1994: Nachsuchen vermeiden. In Sonderh. Deutsche Jagdzeitung: Mehr Durchblick beim Schwarzwild.

BOESELAGER, A. v., 1956: Kreuz und quer durch Europa. Jagdfahrten in 60 Jahren. 2. Aufl., Hamburg u. Berlin, Paul Parey.

BÖHM, E., 1999: Jagdpraxis im Schwarzwildrevier. 2. Aufl., Graz, Leopold Stocker.

BONGARTZ, F., 1998: Gesund oder krank? Unveröffentlicht.

BRIEDERMANN. L., 1990: Schwarzwild. 2. Aufl., Berlin, Deutscher Landwirtschaftsverlag.

DIEZEL, K.-E., 1983: Diezels Niederjagd. 23. Aufl., Hamburg u. Berlin, Parey / jetzt Stuttgart, Kosmos.

FORSCHUNGSST. F. JAGDKUNDE UND WILDSCHADENSVERHÜTUNG NRW, 2000: Hinweise zur Hege und Bejagung des Schwarzwildes im Lande Nordrhein-Westfalen. 6. Aufl.

FREVERT, W., 1996: Rominten. 10. Aufl., München, Wien, Zürich, BLV.

FREVERT, W., BERGIEN, W., 2000: Die Führung des Schweißhundes. 7. Aufl., Stuttgart, Kosmos.

FRIESS, R., 1950: Hatz Watz! Ein Buch für Waid- und Rüdemänner und die es werden wollen. München, BLV.

Happ, N., 1994: Neuer Weg zur Verhinderung von Schwarzwildschäden an Grünland. Wild u. Hund 19.
 – 1994: Biologie für die Praxis und Schlusspunkt. In Sonderh. Deutsche Jagdzeitung: Mehr Durchblick beim Schwarzwild.
 – 2000: Jagd auf den rauschigen Keiler. Diskussionsbeitrag. Jäger 11.
 – 2000: Und es geht doch! Pirsch 13.

HARLING, G. v., 2000: Lehrbuch der Schwarzwildjagd. Braunschweig, Venatus.

HARTFIEL, W., 1997: Artgerechte Schwarzwildfütterung. Österreichs Weidwerk 3.

HECK, L., RASCHKE, G., 1985: Die Wildsauen. 2. Aufl., Parey–- jetzt Stuttgart, Kosmos.

HENNIG, R., 1998: Schwarzwild. Biologie, Verhalten Hege und Jagd. 5. Aufl., München, BLV.

KLUPS. N., 2001: Optik, Waffe, Munition. unsere Jagd spezial DLV Berlin, 2001.

LINDNER, K., 1985: Zum Selbstverständnis der Jäger. Wild u. Hund 15–18.

LÖNS, H., 1911: In Acht und Aberacht. In: Kraut und Lot, Hannover, Adolf Sponholtz.

MENZEL, K., 2000: Reife Keiler sind nicht immer Zufall. Wild u. Hund 25: 30–34.

MEYNHARDT, H., 1978: Schwarzwildreport. 4 Jahre unter Wildschweinen. Melsungen, Berlin, Basel, Wien, Neumann-Neudamm.
– 1989: Schwarzwild-Bibliothek. Melsungen, Neumann-Neudamm.

MILLAHN, G., 2001: Die weidgerechte Bewirtschaftung des Schwarzwildes. Krefeld, Bjoern.

MÜLLER, P., 1998: Jagddruck und Raum-Zeit-Verhalten telemetrierter Wildschweine. Schriftenr. d. LJV Bayern e. V., Bd. 6. Schwarzwildsymposium 05./06.02.1998, Kloster Banz.

OLOFF, H. B., 1951: Zur Biologie und Ökologie des Schwarzwildes. Dr. Paul Schöps Verlag.

PETRAK, M. 1999: Schwarzwildbejagung als Herausforderung. Biologische Grundlagen, Konsequenzen für die Jagdpraxis auch vor dem Hintergrund der Schweinepest. Zeitschr. f. Jagdwiss. 45, 2.

RAASFELD, F. V., 1988, REULECKE, K.

(Bearb.): Das Rotwild. 9. Aufl., Berlin, Parey / jetzt Stuttgart, Kosmos.

RHEIN. LANDWIRTSCH. BERUFSGENOSSENSCHAFT, 2000: Vorschriften für Sicherheit und Gesundheitsschutz (VSG) 4.4 – Jagd v. 01.01.2000

SCHANDAU, H., DREES, H., 1998: Das Jagdrecht in Nordrhein-Westfalen. Kommentar. 4. Aufl. (3. Nachl.), Wiesbaden, Kommunal- u. Schul-Verlag GmbH & Co.

SNETHLAGE, K., 1982: Das Schwarzwild. 7. Aufl., Hamburg u. Berlin, Parey.

STUBBE, C., 2000: Weit gefehlt. Wild und Hund 5.

STUBBE, C., LOCKOW, K.-W., 1994: Alters- und Qualitätsbestimmumg des erlegten Schalenwildesauf schädelanalytischer und biometrischer Grundlage. Berlin, Deutscher Landwirtschaftsverlag.

TEUWSEN, N., 1980: Das Lüneburger Modell. Sonderdr. aus Niedersächsischer Jäger 9.

UECKERMANN, E., 1977: Der Schwarzwildabschuss. Schriftenr. d. Forschungsstelle f. für Jagdkunde u. Wildschadensverhütung NRW, Heft 8. Paul Parey.

VOGEL, U., 1999: Das Geheimnis des Präparators. Deutsche Jagdzeitung 4.

WAGENKNECHT, E., 1967: Bewirtschaftung unserer Schalenwildbestände. 2. Aufl., Berlin, VEB Deutscher Landwirtschaftsverlag.

WEBER, W., 1997: Das hält keine Sau aus. Deutsche Jagdzeitung 10: S. 28–30.

WINSMANN-STEINS, B., 2000: Getroffen – aber wo? Wild u. Hund 23: 18–23.

## Register

Umschlaggestaltung von eStudio Calamar. Umschlagfotos von Toni Angermaier (Hauptmotiv), B. Winsmann-Steins u. E. Ophoven (Nebenmotive)

Mit 84 Farbfotos und 8 überwiegend farbigen Illustrationen

Zeichnungsnachweis
S. 10 aus Brandt/Behnke: Fährten- und Spurenkunde (Kosmos), alle weiteren Illustrationen von Wilfried Sloman

Fotonachweis:
S. 137: V. Kaden – S. 8: LÖBF NRW – S. 78, 81: E. Marek – S. 17, 25: K. Menzel – S. 36, 37, 109, 125, 127, 129: E. Ophoven – S. 15, 139 l.: W. Schneider – S. 143: C. Stubbe – S. 6, 18, 26, 62, 66, 74: Toni Angermaier – S. 28, 58, 59, 83, 89, 94, 98, 103, 118, 121, 163: K.-H. Volkmar– S. 22, 51, 88 u., 104: B. Winsmann-Steins, alle weiteren Fotos stammen vom Verfasser

Die Deutsche Bibliothek – CIP-Einheitsaufnahme

Ein Titelsatz für diese Publikation ist bei
Der Deutschen Bibliothek erhältlich

Informationen senden wir Ihnen gerne zu

Bücher · Kalender · Spiele · Experimentierkästen · CDs · Videos
Natur · Garten & Zimmerpflanzen · Heimtiere · Pferde & Reiten · Astronomie ·
Angeln & Jagd · Eisenbahn & Nutzfahrzeuge · Kinder & Jugend

**KOSMOS**   Postfach 10 60 11
D-70049 Stuttgart
**TELEFON** +49 (0)711-2191-0
**FAX** +49 (0)711-2191-422
**WEB** www.kosmos.de
**E-MAIL** info@kosmos.de

Gedruckt auf chlorfrei gebleichtem Papier

Alle Angaben in diesem Buch erfolgen nach bestem Wissen und Gewissen. Sorgfalt bei der Umsetzung ist indes dennoch geboten. Der Verlag, der Autor und die Herausgeber übernehmen keinerlei Haftung für Personen-, Sach- oder Vermögensschäden, die aus der Anwendung der vorgestellten Materialien und Methoden entstehen könnten.

© 2002, Franckh-Kosmos Verlags-GmbH & Co., Stuttgart
Alle Rechte vorbehalten
ISBN 3-440-09402-2
Redaktion: Ekkehard Ophoven
Produktion: Siegfried Fischer
Satz und Reproduktion: Typomedia Satztechnik GmbH, Ostfildern
Printed in Czech Republic/Imprimé en République tchèque
Druck und Bindung: Těšínská Tiskárna, a. s., Český Těšín

# Aus der Praxis für die Praxis

Das Erkennen und Lesen von Trittsiegeln, Fährten- und Spurenbildern gehört zum Handwerk jeden Jägers. Dieser Leitfaden schärft den Blick, vermittelt Erfahrungen und erleichtert das sichere Erkennen und Bewerten von Spuren, Fährten, Geläufen, Losung und mehr. Praxiswissen pur – auf den neuesten Stand gebracht von Andreas David.

Brandt/Behnke/David
**Fährten- und Spurenkunde**

128 Seiten
140 Abbildungen
gebunden

ISBN 3-440-08923-1

Zu jung? Alt genug? Zum Einmaleins des jagdlichen Handwerks gehört die Zuordnung des Wildtiers zu einer biologischen Altersstufe. Kurt Menzel vermittelt anschaulich, anhand welcher Körper- und Verhaltensmerkmale die wichtigsten Schalenwildarten nach Geschlecht und Alter eingeordnet werden können.

Kurt Menzel
**Die Altersansprache beim Schalenwild**

128 Seiten
ca. 110 Abbildungen
gebunden

ISBN 3-440-09134-1

Diese Reihe wird fortgesetzt